云南大学政治学学科"双一流"建设项目
云南省"兴滇英才支持计划"文体人才项目
云南省"彩云博士后计划"创新项目

云南大学政治学学科"双一流"建设项目
云南省"兴滇英才支持计划"文体人才项目
云南省"彩云博士后计划"创新项目

复合式治理
乡村社会治理创新的可能性

刘婷婷 罗强强 著

中国社会科学出版社

图书在版编目(CIP)数据

复合式治理：乡村社会治理创新的可能性 / 刘婷婷，罗强强著. —北京：中国社会科学出版社，2024.4
ISBN 978-7-5227-3275-6

Ⅰ.①复… Ⅱ.①刘…②罗… Ⅲ.①乡村—社会管理—研究—中国 Ⅳ.D638

中国国家版本馆 CIP 数据核字(2024)第 052629 号

出 版 人	赵剑英
责任编辑	刘亚楠
责任校对	张爱华
责任印制	张雪娇

出　　版	中国社会科学出版社
社　　址	北京鼓楼西大街甲 158 号
邮　　编	100720
网　　址	http://www.csspw.cn
发 行 部	010-84083685
门 市 部	010-84029450
经　　销	新华书店及其他书店
印　　刷	北京君升印刷有限公司
装　　订	廊坊市广阳区广增装订厂
版　　次	2024 年 4 月第 1 版
印　　次	2024 年 4 月第 1 次印刷
开　　本	710×1000　1/16
印　　张	13.75
插　　页	2
字　　数	238 千字
定　　价	88.00 元

凡购买中国社会科学出版社图书，如有质量问题请与本社营销中心联系调换
电话：010-84083683
版权所有　侵权必究

复合式治理
乡村社会治理创新的可能性

刘婷婷 罗强强 著

中国社会科学出版社

图书在版编目(CIP)数据

复合式治理：乡村社会治理创新的可能性 / 刘婷婷，罗强强著. —北京：中国社会科学出版社，2024.4
ISBN 978-7-5227-3275-6

Ⅰ.①复… Ⅱ.①刘…②罗… Ⅲ.①乡村—社会管理—研究—中国 Ⅳ.D638

中国国家版本馆 CIP 数据核字(2024)第 052629 号

出 版 人	赵剑英
责任编辑	刘亚楠
责任校对	张爱华
责任印制	张雪娇
出　　版	中国社会科学出版社
社　　址	北京鼓楼西大街甲 158 号
邮　　编	100720
网　　址	http://www.csspw.cn
发 行 部	010-84083685
门 市 部	010-84029450
经　　销	新华书店及其他书店
印　　刷	北京君升印刷有限公司
装　　订	廊坊市广阳区广增装订厂
版　　次	2024 年 4 月第 1 版
印　　次	2024 年 4 月第 1 次印刷
开　　本	710×1000　1/16
印　　张	13.75
插　　页	2
字　　数	238 千字
定　　价	88.00 元

凡购买中国社会科学出版社图书，如有质量问题请与本社营销中心联系调换
电话：010-84083683
版权所有　侵权必究

序

《复合式治理：乡村治理创新的可能性》即将提交中国社会科学出版社出版，看到这本学术成果即将面世，我很高兴能为之写个序。

这本著作是在刘婷婷的博士学位论文的基础上修改而成的。在博士论文写作期间，她多次前往田野点进行调研，获取了大量的研究资料。通过对调研资料进行整理与分析，很欣喜找到了调研点的发展特色，敏锐地发现复合治理正成为乡村治理创新的可能性，这也是该著作的一个亮点，可以说这个发现为乡村实现有效治理提供了一个理论视角，也进一步丰富了复合治理理论。

在进入博士后流动站之后，在我的指导下，她继续对博士学位论文进行了深入研究和补充，我们不仅对论文的框架和研究思路进行了重新调整，同时又进行了补充调研，对于乡村治理创新的可能性问题又有了更为全面和深刻的理解。

本书之所以深入思考乡村治理创新的可能性这一问题，在这背后有其现实基础。党的二十大报告指出，全面建设社会主义现代化国家，最艰巨最繁重的任务仍然在农村。伴随着乡村振兴战略的实施，乡村治理得到更大程度的重视，越来越多的治理资源投入乡村，乡村治理取得了显著成效。然而，在乡村治理现代化进程中，基层政府所需要应对的治理任务日益增多，如基层党建、产业发展、生态保护、社会安全、民族团结等。基于此，乡村社会纷纷采取现代层级化的科层治理方式。在此过程中，乡村治理体系逐渐成为只对上级负责的压力应对体系。实际上，乡村社会是一个关联国家与社会的特殊治理场域，这种单向负责的治理体系自然难以持续，极易引发基层形式主义问题。正如费孝通所言，"政治绝不能只在自上而下的单轨上运行。一个健全的，能持久的政治必须是上通下达，来往自如的双轨形式"（费孝通，2006）。

由此，本书主要以"复合治理"为研究视角来探讨乡村治理创新的可能性。乡村社会是一个复合的治理场景，它既有纵向的治理互动，又有横向的领域互动。在此情境下，为了更好地提升乡村社会治理效能，基层政府不仅意在短期内获取一个具有示范性的治理成效，而且更需要关注治理工程的发展性、可持续性等，其所需要面对的是自上而下的治理压力与自下而上的治理需求的动态交织环境。基于此，本书主要采用定性研究方法，在资料收集层面以深度访谈法为主，辅以参与式观察和文献资料，重点突出三个研究问题：（1）在国家权力不断地下沉过程中，多元治理主体在乡村治理中如何发挥效用？它们彼此之间如何进行互动？（2）具有宏观普适性的正式制度和自发内生的非正式制度如何形塑乡村社会秩序？它们之间如何实现有效互补？（3）如何依托自身丰富的文化治理资源，从情感治理维度出发，增强村民对乡村文化的认同？可以说，复合式治理更符合当下现实所需，复合式治理，一方面能够解决常规科层制体系治理"失灵"、治理错位，增加治理动能，延续权威惯性；另一方面又能以程序化、规范化制度体系作为长效支撑，积极扩展治理的动能渠道，全面推进乡村振兴。

总而言之，本书是乡村社会治理创新方面的一个有价值的探索，对于较好地化解乡村社会存在的各种矛盾，促使治理主体形成合力、治理要素合理流动，为我们在新时代探索乡村治理能力现代化之路提供了有益的启发。

罗强强

目录

绪 论 ……………………………………………………………… 1
  第一节　研究背景和意义 ……………………………………… 1
  第二节　国内外研究综述 ……………………………………… 6
  第三节　研究思路与方法 ……………………………………… 20
  第四节　核心概念的界定 ……………………………………… 23
  第五节　创新点与不足 ………………………………………… 30

第一章　乡村振兴背景下的村治 ……………………………… 32
  第一节　选点依据 ……………………………………………… 32
  第二节　田野点概述 …………………………………………… 39
  第三节　乡村治理生态 ………………………………………… 43

第二章　多元主体与互动治理 ………………………………… 58
  第一节　乡村的嵌入性治理主体 ……………………………… 58
  第二节　乡村的内生性治理主体 ……………………………… 64
  第三节　乡村多元治理主体的互动分析 ……………………… 78

第三章　制度协同与秩序重构 ………………………………… 91
  第一节　正式制度与非正式制度的关系 ……………………… 92

第二节 治理制度形塑下的乡村社会秩序 ……………………… 101
   第三节 正式制度与非正式制度的协同与冲突 …………………… 106

第四章 文化互嵌与情感治理 …………………………………………… 123
   第一节 乡村文化的概述 …………………………………………… 124
   第二节 乡村文化治理的情感建设路径 …………………………… 133
   第三节 乡村文化情感治理的反思 ………………………………… 145

第五章 结论与建议 ……………………………………………………… 150
   第一节 研究结论 …………………………………………………… 150
   第二节 政策建议 …………………………………………………… 154

参考文献 …………………………………………………………………… 174

附录一 访谈提纲及访谈对象列表 ……………………………………… 193

附录二 发展田螺养殖产业可行性报告 ………………………………… 200

附录三 村"两委"干部公开承诺制度 ………………………………… 202

附录四 基层综合性文化服务中心场馆管理制度 ……………………… 203

附录五 村民合作社章程 ………………………………………………… 206

附录六 村规民约 ………………………………………………………… 210

后 记 …………………………………………………………………… 212

绪 论

第一节 研究背景和意义

一 研究背景

在两个百年交汇之际，国家开启全面建设社会主义现代化国家的新征程。党的二十大报告明确指出，"健全城乡社区治理体系，及时把矛盾纠纷化解在基层、化解在萌芽状态"①。在加快国家治理体系和治理能力现代化建设、将制度优势转化为治理效能的过程中，要特别注意进一步提升社会治理效能，而要实现这一重要任务，厘清和优化乡村治理模式就显得尤为重要。

西方的诸多学者对东西方国家走向现代化进行了持久探究。马克斯·韦伯认为，西方现代化的动因起源于"宗教伦理"，而中国只有通过超紧密的血缘的社会关系才能实现现代化。② 帕森斯针对社会关系提出特殊主义和普遍主义标准。他认为在普遍主义社会，规则应该无差别地（平等地）用来约束每一个人。而在特殊主义的社会中，法律、规则会有因人而异的变化。而传统中国社会，就是一种"特殊主义"取向的社会类型。③ 近年来，中国学界围绕乡村社会治理内涵、模式、存在问题及提升路径等展开了大量的研究，其中乡村治理模式一直是学界关注的热点话题，学者们提

---

① 习近平:《高举中国特色伟大旗帜 为全面建设社会主义现代化国家而团结奋斗——在中国共产党第二十次全国代表大会上的报告》,《人民日报》2022年10月16日第1版。
② [德]马克斯·韦伯:《经济与社会》（上卷），商务印书馆2006年版。
③ Parsons, T., "The Structure of Social Action. Sociology", *Thought and Action*, No.1, 1937.

出了诸如简约治理、复合治理、科层治理、精细治理、协同治理、韧性治理等概念，其中对简约治理和复合治理的讨论尤为激烈。

简约治理是相对于国家正式科层治理而言的一种治理，是一种半正式或非正式治理，是一种讲究治理实效而非繁文缛节的实体治理。① 在治理主体上，简约治理的主体乡绅和宗族长老等地方精英，以及由社会提名的乡保、乡约等准官员，一般没有薪酬；在治理形式上，通常根据村规民约、习惯法以及人情面子等地方性规则展开非正式运作；在治理内容上，简约治理主要解决由土地、债务、继承、婚姻、老人赡养等乡村日常纠纷②。正因为简约治理有着较大的生存空间和自治的运行逻辑，因此，在乡村治理现代化、法治化、精细化的总体趋势下，创造性地发挥简约治理传统的价值，能够消解权力下沉带来的乡村僵化与活力不足带来的困境，从而找到国家政权建设和乡村社会发展的平衡点，实现具有可持续性的乡村善治。③

复合治理是相对单一治理机制而言的，强调通过多种治理机制的有机应用来解决现实问题。复合治理的基本内涵主要包括两大方面：一是多元治理要素累加；二是治理要素结构优化。当然，复合治理绝不是治理要素无规则的自组合，而是治理要素的有序、弹性组合，它强调多重治理场域的共时性存在，是对现有治理模式科学有效的整合④，是"自上而下"与"自下而上"两种治理模式并用，需要国家外在制度与农民内在意识无缝对接，需要历史基因和当代变化耦合创新⑤，构建国家政权建设与乡村社会自治双向赋能的基层治理体系⑥。

---

① 欧阳静：《简约治理：超越科层化的乡村治理现代化》，《中国社会科学》2022 年第 3 期。
② 史云贵、薛喆：《简约治理：概念内涵、生成逻辑与影响因素》，《中国人民大学学报》2022 年第 1 期。
③ 唐皇凤、王豪：《可控的韧性治理：新时代基层治理现代化的模式选择》，《探索与争鸣》2019 年第 12 期。
④ 姜士伟：《论转型中国社会治理的复合性及复合治理》，《湖北行政学院学报》2016 年第 5 期。
⑤ 孔祥成、刘芳：《中国乡村治理现代化的演进逻辑与路径选择》，《江淮论坛》2022 年第 2 期。
⑥ 张紧跟、张旋：《基层简约治理何以失灵？——以 A 省 C 县"一村一警务助理"为例》，《中共天津市委党校学报》2023 年第 2 期。

绪 论

今天的乡村治理到底是简约抑或复合，对这一问题的回答也是推进中国式现代化进程必须解答的重要问题之一。2019 年，笔者第一次前往广西壮族自治区 G 村进行田野调查，此次调研的初衷是对乡村社会组织的资料进行收集分析，来考察乡村社会脱贫攻坚的成果，在田野调查期间，笔者发现影响乡村社会治理的并不局限于某一个治理要素，而是多重有效治理要素。这不禁让人深思：乡村社会治理创新的可能性是什么？在国家的权力不断地下沉过程中，乡村多元治理主体间如何以形成协同关系？具有宏观普适性的正式制度和自发内生的非正式制度如何形塑乡村秩序？丰富多彩的文化如何通过情感治理来增强村民对文化的认同？这些要素又如何形成合力共同推动乡村社会的发展？

从理论层面来看，社会治理的相关研究理论，使得大部分乡村的治理问题能在理论上获得较好解释。然而，从现实层面来看，广西壮族自治区的乡村在治理中具有更加明显的复杂性和特殊性。其一，乡村多元治理主体间的关系更为复杂，这与地方文化、宗教信仰和空间环境等多种因素有着密切的关系。其二，国家治理权力不断下沉，普适性的正式制度不断增多，与此同时，乡村又存在大量的自发内生的非正式制度。其三，乡村社会治理受地方文化影响而具有特殊性。在广西壮族自治区，居住着壮、汉、苗等多个民族，民族传统文化节日活动有壮族"三月三"、牛魂节、陀螺节、苗族芦笙节、苗节、吃新节、"四月八"、花山节等；民间音乐舞蹈如扁担舞、铜鼓舞、绣球舞、芦笙舞等各具特色；民间戏剧及地方剧种有壮剧、桂剧、彩调剧等。这些都展现了广西地域文化优势及乡村文化的多样性，是乡村振兴的宝贵财富和重要基础。这种治理的复杂性和特殊性构成了复合治理属性，即在乡村治理过程中受到多种要素共同作用而形塑出复杂叠加的复合治理样态，这也形成了本书的问题意识。

对乡村复合治理进行研究，不仅源于学术研究的使命，更是因为在田野调查中，村民经常会从治理主体的互动、正式制度与非正式制度的力量交汇、乡土文化的情感力量来谈论乡村治理。多位村民在谈论与驻村干部的关系时，用"我们是很好的朋友""经常和他们在一起喝酒、吃饭""有一天他们任期满了要走，我们可不愿意了"来评价主体间的互动；第一书记用"在我们这里不会喝酒的干部不是好干部""实在对一些人做不通工作,就找屯长,找他最信赖的亲戚"来评价正式制度和非正式制度如何进行力量交汇;村民在谈论起壮族"三月三"、山歌、扁担舞、绣球舞、铜鼓舞等民族文化时所流露出的自豪感,如此等等,让笔者进一步意识到,复合治理是乡村社会治理创新的可能性。

2020年,笔者再次长途跋涉来到田野点G村进行调研,一路上脑海里还不断浮现着一年前在这里驻村干部一趟趟去村民家做工作,经常到了深夜还在村民家里进行交流,村民不愿意留在乡村,纷纷出去打工的场景。然而,才短短一年多的时间,乡村就发生了很大的变化:村民在田螺塘、柑橘果园忙碌,乡屯道路完全硬化,越来越多新建的房屋,有一些村民已经购买了家庭汽车,村民们脸上洋溢的笑容,小孩嬉戏打闹,村民经常去村委会找村干部聊天,村干部依然忙碌的身影,耳边不时传来的山歌声,夜晚农活停下来时大家聚在一起的欢歌笑语,等等。这一切变化在很大程度上隐喻着多重治理要素在不断整合中所构建的复合治理,在不断破解着乡村社会的治理难题,不断推进乡村治理的创新。

二 研究意义

本书对广西壮族自治区的一个乡村的社会治理进行探究,通过对多重治理要素的有效"复合"建构过程的呈现,展示了一个乡村有效复合治理得以实现的可行之道。本书在对多重治理要素的分析中提炼的乡村复合治理模式,尤其是在乡村振兴背景下,具有重要的理论意义和现实意义。

(一)理论意义

第一,丰富了乡村治理研究的理论成果。本书主要立足于广西壮族自治区一个乡村的治理情境,对乡村复合治理进行全面、系统的研究,进一步丰富了乡村治理的研究内容,使乡村治理理论更加系统化、科学化,推动乡村治理研究向更深层次发展。同时,本书也有助于研究者进一步加深对民族地区乡村治理理论的认识和理解程度,为研究乡村治理问题提供理论引导及思路借鉴,也是对现有乡村治理的研究视角、研究方向的一种拓展与延伸。

第二,本书主要探讨乡村社会的复合治理,在分析复合治理理论的同时,也对该理论进行了相应的补充与创新,主要体现于对乡村治理过程中嵌入性治理主体与内生性治理主体的互动、正式制度与非正式制度之间的关系和文化治理共同造就的复合治理体系进行剖析,为乡村治理提供可行的发展道路。晚清帝国以降,中央政府开始将复合治理运用到乡村治理的实践中,改变了传统时期乡村社会的"简约治理",具体表现在:国家既在乡村社会推行一套与地方性规范不尽相同的普适性公共规则,同时也认可地方性规范的合理性。随着乡村社会的不断变迁,乡村治理的理念与方式也在不断发展,复合治理的理论内涵日益丰富。在构建"共建共治共享"治理新格局的背景下,乡村复合治理也开始指向多元治理主体。但是,在乡村社会的治理实践中,主体的互动、制度的互补与文化的认同作为密不可分的三个要素,不应该被割裂开来强调第一性或唯一性。因此,在乡村复合治理的研究中,需同时兼顾治理的这些要素,并以有效的复合治理方式来构建乡村治理体系,以解决当下乡村治理中的重重困境。

(二)现实意义

第一,对解决由多元治理主体不能进行良好互动的治理困境具有现实意义。党的十九大以来,国家将"产业兴旺、生态宜居、乡风文明、治理有效、生活富裕"的乡村振兴作为农业农村进一步发展的战略目标,这暗示着乡村社会进入关键的战略发展期,同时也对乡村治理提出了一系列新目标、新要求。在这一关键发展时期,解决好乡村社会发展中多元治理主体间的关系是非常重要的。在乡村治理中,各种主体冲突与矛盾不可避免,尤其是嵌入性治理主体和内生性治理主体之间的矛盾表现得尤为突出。显然,促进多元治理主体彼此之间形成良好的互动关系,使不同治理主体能在治理中发挥自身优势,实现治理主体的多元化格局,以突破这一治理困境,是实现乡村有效复合治理的基本条件,对于构建乡村多元治理主体协同共治具有重要的现实意义。

第二,对解决正式制度与非正式制度之间的张力造成的治理困境是极为有利的。在乡村治理场域中,当具有宏观普适性的正式制度作为行为规则与自发内生的非正式制度发生碰撞时,由于二者生成方式和运行机制各不相同，导致它们之间不可避免地产生冲突，致使一些具有地方特色的有效非正式制度不断消解，这将不利于正式制度与非正式制度之间实现良性互动，进而阻碍治理的有效性生成，造成乡村社会失序。为此，在乡村治理中，可以通过正式制度在治理实践中的普适性内嵌、非正式制度在治理实践中的与时俱进变迁等方式，不断推进二者之间形成有效互补的关系，促使乡村社会治理的共同规则有效形成，从而可以更好地破解乡村治理中的制度困境。

第三，对乡村社会治理模式的创新具有现实意义。实现乡村治理现代化，既对实现国家治理现代化的目标具有极其重要的意义，也对推进乡村振兴和全面建设社会主义现代化强国有重要的价值。随着党和国家对社会治理工作的不断重视，党的十九大报告明确提出要"健全自治、法治与德治相结合的乡村治理体系"，这意味着在乡村社会治理实践中要不断探寻治理模式，实现治理模式的创新，这对推进乡村实现有效治理是极为重要的。当前，在乡村振兴背景下，乡村社会面临着传统农业社会所不曾遇到的复杂问题。为此，要不断探索和创新乡村社会治理模式，对于较好地化解乡村社会中存在的各种矛盾，促使各治理要素形成合力共同推动乡村社会发展是很有价值与意义的。

第二节 国内外研究综述

乡村治理是实现乡村振兴的重要基础。在中国，乡村研究是学术研究的一个重要议题，为此，乡村治理研究吸引了多个学科的参与。近年来，伴随着中国乡村的快速发展，围绕中国乡村的发展、变迁、治理等主题的研究成果极为丰富，乡村"学术井喷"盛况几度呈现。当前，在乡村振兴背景下，乡村治理日益受到国家重视和学者关注，学者们通过深入的田野调查，从不同角度对乡村社会展开研究，研究成果也不断丰富。这些研究成果为乡村治理研究奠定了坚实的理论基础。学者们的研究思路与方法也为本书提供了很好的借鉴，有利于进一步对乡村复合治理问题进行翔实分析与研究。在此，本书试图对国内外相关理论研究进行翔实梳理，并对相关学术研究的得与失、成果与不足进行简要概述与归纳。

一 国外乡村治理相关研究

(一) 第一阶段：20世纪50年代以前

从人类学、社会学的学科视角来看，国外学者对中国乡村社会的关注和研究起步早、视野宽、见解深，主要是日本学者和美籍汉学家，都曾对中国农村进行了大量的田野调查，大多从家族主义、组织制度、权利地位和权力结构等角度深入剖析和研究中国乡村社会发展与变迁所面临的关键要素，形成了一定的研究特色。从历史发展的时间脉络进行梳理，国外对乡村治理问题研究具有代表性的有：早在19世纪末，美国传教士明恩溥被誉为第一个对中国乡村生活进行系统调查和研究，他运用结构—功能分析的思路对晚清中国农民生活的世界进行了深入观察和研究。[①] 20世纪20年代，美国社会学家丹尼尔·哈里森·葛学溥以乡村民族志的研究方式，运用当时最新的社会学方法和理论，全方位描述和分析了广东凤凰村的人口、经济、政治、婚姻家庭、宗教信仰和社会控制等，创造性地提出"家族主义"这个核心概念，认为家族是所有价值判断的基础，家族主义是一种社会制度，乡村里所有的其他社会制度，包括政治制度、社会控制、宗教信仰、亲属制度都围绕着基于血缘聚居团体利益的社会制度，并且分析了乡村政治的自治性和宗族对乡村社会的控制，这也是中国人类学、社会学第一次对乡村进行全面的田野调查。[②] 杜赞奇主要运用满铁（南满洲铁道株式会社，简称满铁）调查资料，以华北平原的冀—鲁西北地区的6个村庄为研究对象，对1900—1942年华北乡村的权力结构进行了细致的研究，认为中国的乡村并不是孤立存在的，并提出了"国家政权建设""权力的文化网络"两个中心概念，旨在探讨国家主权与乡村之间的互动关系，揭示国家政权的扩张对乡村社会权力的影响，国家运用行政和文化的渠道和方式向乡村社会进行渗透和延伸，极大地改变了乡村的宗族和宗

---

① [美]明恩溥:《中国的乡村生活》，陈午晴等译，电子工业出版社2016年版。
② [美]丹尼尔·哈里森·葛学溥:《华南的乡村生活——广东凤凰村的家族主义社会学研究》，周大鸣译，北京知识产权出版社2012年版。

教，对乡村的社会结构带来了重大变革。① 李怀印使用晚清和民国时期直隶（河北）获鹿县的历史档案，主要对传统的乡村治理实践和 20 世纪早期的新式村政建设进行研究，认为国家政权与乡村社会之间，除了对抗的一面，还有在日常治理活动中为了讲求实效而相互依赖、合作的一面。此研究与过去依靠满铁资料、以冀东北村庄为重心的研究形成互补，为整个华北乡村社会提供更为完备、翔实的研究图景。②

(二) 第二阶段：20 世纪 50 年代之后

20 世纪五六十年代，鉴于当时的时代背景，海外研究中国乡村社会的学者难以进入中国继续开展研究，只能以中国香港、澳门和台湾地区作为主要田野工作点，美国的经济人类学家威廉·施坚雅和英国的人类学家莫里斯·弗里德曼是主要的代表学者。施坚雅在对中国乡村基层市场的研究中，通过深入描述和分析 20 世纪初至 60 年代中国农村集市、乡镇和中心城市三级市场的发展、变化，提出了包括中国农村集市体系理论和区域体系理论在内的"施坚雅模式"，这在国内外学术界均产生了广泛影响，成为研究中国乡村社会的新范式。③ 弗里德曼从研究新加坡华侨社区开始了解中国，由于无法亲身到中国的东南地区进行田野调查，因此只能结合大量对于中国基层社会记叙的文献材料，"想象"出一个接近于真实的中国传统的社会组织形态。作者的注意力主要集中在对福建和广东地区的宗族组织进行研究，因为这一地区不仅具有大范围的单系亲属组织，而且向海外大量移民。此研究以分化社会中的单系亲属组织和集权政权体系为主题，详细地阐释了当地宗族的各层组织，如房、支、户的规模及这些组织在地方社区中的政治经济功能以及宗族与国家权力之间的关系，可以帮助解释近年来已经引起人类学家极大兴趣的社会复合体问题。④

---

① [美] 杜赞奇：《文化、权力与国家：1900—1942 年的华北农村》，王福明译，江苏人民出版社 2010 年版。
② [美] 李怀印：《华北村治：晚清和民国时期的国家与乡村》，岁有生等译，中华书局 2008 年版。
③ [美] 施坚雅：《中国农村的市场和社会结构》，史建云等译，中国社会科学出版社 1998 年版。
④ [英] 莫里斯·弗里德曼：《中国东南的宗族组织》，刘晓春译，上海人民出版社 2000 年版。

绪 论

20世纪60年代以后，随着国内形势的不断好转，国外学者继续对中国乡村社会进行深入研究，以黄宗智、萧凤霞、欧爱玲等人为主要代表。黄宗智对长江三角洲农民糊口农业长期延续的过程与原因进行详细探讨，把"中国小农经济内卷化"的概念应用于中国经济发展和社会变迁的研究，认为明清以来，在人口的压力下，中国的小农经济逐渐变成"糊口经济"，到了20世纪90年代，质的发展才真正在长江三角洲出现，农民的收入相当程度上超过了维持生存的水平。[①] 中村则弘、石田浩、佐佐木卫等人也在研究中关注国家与地方的关系、地方基层干部在沟通国家与村民之间关系中的作用、农村基层干部的划分、中国乡村结社的性质，等等。萧凤霞以广东新会县环城地区为考察对象，运用丰富的历史文献资料和深入的田野调查，以国家控制乡村社区所利用的精英层的变化为切入点，探寻乡村社区内部权力关系、行为主体之间的互动、政治与文化历史的相互影响，向读者充分展示新中国成立初期乡村社会的发展历史。[②] 弗里曼、毕克伟、塞尔登通过对河北五公村的考察，探讨中国共产党在战争时期和胜利后在华北农村推行的一系列改革对农民、战争和国家建设的影响，提出传统的个人关系网、亲属关系、宗族、文化观念等要素构成了农村权力的基础，对于进一步深入了解华北农村社会变迁有着重要的价值和意义。[③] 陈佩华、赵文词、安戈以陈庆发和陈龙永之间的权力斗争及其各自的命运为研究主线，描述了国家与社会互动背景下陈村近40年的发展变化，展示出一个完整的中国社会主义体制下的农村社会生活变迁全貌，既是一部政治史，也是一部陈村实现现代化的发展史。[④] 欧爱玲通过对广东梅县客家乡村——月影塘的研究，详细分析道德话语的特征和意义，同时发现当地人有关道德互惠的观念并没有随着经济生活和伦理观念的剧烈变化而瓦解，反而随着时间的推移和环境场域的革新而不断变化，以在更广的范围

---

① [美] 黄宗智：《长江三角洲小农家庭与乡村发展》，中华书局2000年版。
② Sui Helen F., *Agentsand Victims in South China: Accomplices in Rural Revolution*, New Haven: Yale University Press, 1989.
③ [美] 弗里曼等：《中国乡村社会主义国家》，陶鹤山译，社会科学文献出版社2002年版。
④ [澳] 陈佩华等：《当代中国农村历沧桑：毛邓体制下的陈村》，孙万国等译，香港牛津大学出版社1996年版。

内探讨道德话语的未来。①

经过文献梳理可以看到，国外研究学者对中国农村治理中的历史、经济、政治、文化的各个方面都有较为详尽的研究，成果也较为丰富，在理论和实践上为今天的中国乡村社会研究提供了一定的借鉴和参考，具有非常重要的价值意义。但值得注意的是，一方面，部分学者只是通过对中国的某个或某些乡村进行田野调查来了解中国国情，并没有上升至系统的理论高度来进行整体性研究；另一方面，较多学者以西方民主发展状况来评价和判断中国乡村的民主治理模式，并没有立足中国社会发展的角度去真正地了解和把握中国乡村治理体系发展的实际。为此，国外研究尽管在理论和实践上为中国社区治理提供了丰富的借鉴，但是具体到中国乡村治理研究上，缺乏具体的指导意义，仍然需要将研究不断进行本土深化和扩展。

二 国内乡村治理相关研究

（一）第一阶段：20 世纪 80 年代以前

我国乡村治理研究可追溯到 20 世纪二三十年代，关于乡村治理探讨主要代表人物有：吴文藻、林耀华、费孝通等著名的中国早期社会学家、人类学家。吴文藻作为我国人类学发展的主要影响人之一，是最早倡导民族学、人类学、社会学进行中国化的学者。吴文藻认为："以试用假设始，以实地证验终，理论符合事实，事实启发理论；必须把理论和事实糅合在一起，获得一种新综合，而后现实的社会学才能根植于中国土壤之上；又必须有了本土眼光训练出来的独立的科学人才，来进行独立的科学研究，社会学才算彻底的中国化。"② 他在借鉴学习西方人类学和社会学的理论基础上，不断促进西方理论和中国实际相结合，建立了中国人类学、社会学的理论体系，为中国人类学和社会学发展打下坚实的根基。在吴文藻的影响下，林耀华、费孝通等学者开始致力于研究中国乡村社会。在费孝通的

---

① ［美］欧爱玲：《饮水思源：一个中国乡村的道德话语》，钟晋兰等译，社会科学文献出版社 2013 年版。
② 孙本文：《当代中国社会学》，胜利出版公司 1948 年版。

两次学术生命历程（大致为 1924—1957 年、1979—1998 年）中，都把乡村的发展问题作为研究主题。他撰写的著作有：《花篮瑶社会组织》《江村经济》《云南三村》《乡土中国》《乡土重建》《生育制度》等。费孝通在《江村经济》里所提出来的关于土地所有权的流转问题，到现在依然是一个很重要的问题，对于促进实现乡村社会的有效治理依然具有非常大的启发意义。在这一阶段，费孝通在对江村、云南禄村、易村、玉村进行实地调研，更为全面、深刻地思考了乡土工业的问题，认为乡土工业复兴是推动中国乡村社会发展的必由之路。1934 年，林耀华到福建义序进行了三个月的实地调查，详细分析了宗族组织的形式、功能，宗族与家庭的关联以及亲属关系，以及重点描述出生、童年、婚嫁、死丧以及与之相关的各种礼俗。[①] 正如蓝林友所言："在严格意义上讲，义序是中国学者按规范的人类学田野调查方法进行中国宗族研究的第一个调查点，正是义序这个小地方，开启了中国宗族研究的新局面。"[②] 许烺光通过对云南西镇的田野调查，紧紧抓住了中国文化的命脉，非常详细地描述和分析了以祖先崇拜为主的文化行为方式，对于更好地了解中国的家庭生活做出了重大贡献。[③] 1941 年，田汝康在云南小镇芒市那木寨经过 5 个月左右的调查研究，对芒市的傣族社会的"摆"文化进行了解析，通过摆的仪式把整个摆夷社会的文化体系都呈现出来。[④] 杨懋春先生运用社区研究方法对山东台头村作了详尽而全面的研究，从家庭、村庄、村际（市镇）这三个层面呈现台头村总体的生活面貌，揭示了村庄内部村民之间的文化关系，构建出一套具有中国本土特色的传统乡村经验研究体系。[⑤]

20 世纪 50 年代至 70 年代末，是中国人类学、社会学曲折发展阶段。在这一时期，运用人类学、社会学方法对中国乡村社会的研究几乎处于停滞发展状态。直至改革开放之后，中国人类学、社会学才进入重建和兴盛发展阶段。

[①] 林耀华：《义序宗族的研究》，生活·读书·新知三联书店 2000 年版。
[②] 蓝林友：《义序与中国宗族研究范式》，《中央民族大学学报》2001 年第 5 期。
[③] 许烺光：《祖荫下》，王芃等译，南天书局 2001 年版。
[④] 田汝康：《芒市边民的摆》，云南人民出版社 2008 年版。
[⑤] 杨懋春：《一个中国村庄：山东台头》，江苏人民出版社 2001 年版。

(二) 第二阶段：20世纪80年代之后

改革开放之后，乡村社会逐渐成为人类学、社会学、政治学等学科领域所关注的焦点，关于乡村治理的研究成果也更加丰富。20世纪80年代初，人类学、社会学的学者开始对具有学术影响的调查点进行追踪研究。其中，在1982年春节前夕，费孝通重访江村。在这一次田野回访之后，费孝通在整个江苏省内发起了一次规模宏大的调查研究，1000余人参加了小村庄的田野调查工作。1985年夏天，费孝通再次重返江村进行调查，并在《新华日报》上发表了《故里行》一文。庄孔韶的《银翅》是《金翼》的中国本土研究续篇，他对林耀华《金翼》所写的福建黄村进行田野回访，经过400多个日日夜夜的田野调查，生动形象地把黄村的文化变迁展示在世界的眼前，为中国人类学、民族学"田野回访"的实践路线做出了巨大贡献。① 此外，戴瑙玛、潘守永、周大鸣、阮云星、段伟菊、张华志、孙庆忠、覃德清、兰林友等对杨懋春的台头村、葛学溥的广东凤凰村、林耀华的福建义序、许烺光的云南西镇、杨庆堃的广州南景村等人类学著名田野点进行再研究。这些研究既可延伸先驱者作品的学术生命，又可对相关理论进行创新，具有重要的人类学理论价值，极大地推动了中国人类学的发展。

随着乡村社会的不断发展，不同学者从不同的学科视角对乡村进行研究。一部分成果是对乡村社会变迁进行研究。王铭铭以"国家与社会"理论为研究框架，结合历史学者、人类学者、社会学者和民俗学者的不同方法论特点，以一个社区历史的叙述架构描述了福建省安溪县溪村的家族组织与社会过程，力图在一个家族社区变迁的历史中彰显大社会变迁的场景。② 于建嵘以湖南中部地区一个典型的农业村庄（毛泽东曾经考察过的湖南省第一个农民协会所在地），对20世纪一百年来中国农村政治的变迁进行了详细的描述与分析。③ 吴毅以研究四川东部地区一个村庄在20世纪一百年历史中的治理变迁为主旨，着重对变迁中的权威与秩序

---

① 庄孔韶：《银翅：中国的地方社会与文化变迁》，生活·读书·新知三联书店2016年版。
② 王铭铭：《社区的历程——溪村汉人家族的个案研究》，天津人民出版社1997年版。
③ 于建嵘：《岳村政治——转型期中国乡村政治结构的变迁》，商务印书馆2001年版。

进行考察。① 徐勇试图将中国政治与农村问题置于历史的深处,从广阔的时空背景下发现其独特性,寻找乡村治理的中国根基,探讨乡村发展的历史轨迹。② 还有的研究成果涉及乡村社会分层、乡村人口流动、小城镇建设、乡村制度、乡村文化、社会组织等各个方面。

三 民族地区乡村治理相关研究

自徐勇教授将治理理论引入乡村社会并首次提出"乡村治理"概念后,越来越多的学科相继将其纳入研究范围之内,研究深度不断拓展。民族地区乡村治理作为国家治理体系的重要组成部分,对民族地区乡村治理进行研究对于推动乡村振兴、促进民族地区繁荣发展和稳定具有重要作用。为此,近年来,对民族地区乡村治理进行研究日益受到国家重视和学者关注,相关研究成果也不断丰富,主要有以下几个方面。

(一)关于民族地区乡村治理主体研究

黄光宗基于广西A村田野调研,对乡镇政府、村两委、村民等多元主体治理现状进行阐释,结合民族地区乡村的实际特点,提出构建乡村治理共同体,提升乡村治理的有效性的多元主体协同治理机制路径。③ 柯尊清等认为提升乡镇政府执行力是政府能力建设的重要内容,是推进西部民族地区乡村有效治理的关键。④ 马正立、朱仁印通过对少数民族村干部的成长场域、成长机制和成才角色进行深入探讨,提出优化成长场域、健全成长机制和塑造成长角色三个进路,促使少数民族村干部作为民族地区乡村"领头雁",在乡村治理中发挥至关重要的作用。⑤ 李媛立足于新疆南部少数民族乡村社会的现实基础,针对乡村治理的困境,提出在保持社会内部

---

① 吴毅:《村治变迁中的权威与秩序——20世纪川东双村的表达》,中国社会科学出版社2002年版。
② 徐勇:《乡村治理的中国根基与变迁》,中国社会科学出版社2018年版。
③ 黄光宗:《民族地区乡村治理多元主体协同机制研究》,硕士学位论文,广西民族大学,2020年。
④ 柯尊清等:《西部民族地区乡镇政府执行力问题及对策研究——昭通市X乡个案》,《云南行政学院学报》2013年第5期。
⑤ 马正立等:《少数民族村干部成长进路选择——基于场域、机制与角色分析框架》,《贵州社会科学》2018年第2期。

团结的基础上创造社会外部链接，实现传统社会关系的现代转型、发展社会组织、畅通社会力量参与途径，同时面对特殊又复杂的社会环境，要在党的强领导和政府的强作为下多方参与，稳步推进共建、共治、共享的社会治理体系的实现。① 郑世林、毛海军认为，影响民族地区乡村治理的因素体现在历史与现实两个方面，推动具有民族特色的多元主体参与是民族地区乡村治理的重要实践路径，可以有效地将民族特色转化成乡村振兴的动能与优势。② 何阳从多元主体互动视角，对民族地区乡村治理体系建设进行探讨，具体包括多元主体互动推进民族地区乡村治理体系建设形成的机理和面临的问题。③

（二）关于民族地区乡村治理制度研究

李康平、段威指出在乡村振兴战略背景下，少数民族特色村寨保护与发展中出现的许多新问题，凸显当前法律治理体系的不健全，在国家层面尚未建立专门针对民族特色村寨的法律法规。为此，需要进一步健全完善民族特色村寨治理法律保障体系，提升法律治理水平，以实现民族特色村寨的振兴。④ 覃晚萍、王世奇认为健全民族地区乡村公共法律服务体系建设，不断提高公共法律服务体系建设水平，是实现乡村振兴的关键举措。⑤ 王莺桦、吴大华对西南民族地区新型城镇化进程中乡村治理的法治化困境进行了分析，认为法律之治的实现是城镇化最终取得成功的关键；提出在探寻现代形式理性法治方向的同时，要融合西南民族地区传统治理优势，从而更好地推进形式法治与实质公平的有效实现。⑥ 马敬

---

① 李嫒：《"社会"视角下新疆南部少数民族乡村治理的困境与路径》，《民族论坛》2021年第1期。
② 郑世林等：《乡村振兴背景下民族地区乡村治理路径研究》，《财经问题研究》2021年第5期。
③ 何阳：《多元主体互动视域下民族地区"三治合一"乡村治理体系建设》，《西南民族大学学报》（人文社会科学版）2020年第12期。
④ 李康平等：《乡村振兴视角下民族特色村寨建设的法律治理研究》，《社科纵横》2021年第2期。
⑤ 覃晚萍等：《民族地区乡村公共法律服务体系建设的困境与出路》，《华南理工大学学报》（社会科学版）2020年第5期。
⑥ 王莺桦等：《西南民族地区新型城镇化进程中乡村治理的法治化困境——基于独山县基长镇的调研与思考》，《贵州社会科学》2016年第12期。

认为应当认真对待村规民约的文本制定以规范其形式，吸收实践中发挥积极作用的其他社会规范以充实其内容，改变重义务、轻权利的规则配置模式，以加强其权利设定。① 曾宪义分析了民族地区乡村民主建设及村民自治制度化建设的现状、问题和原因，提出了加强村民自治制度化建设的建议，认为乡村法治秩序能否真正形成的关键在于制度建设，即创造性的制度设计和制度完善。② 任新民、刘园园、施静春对三个处于社会演变不同场景、不同社会交往关系状态下的少数民族村寨进行比较研究，对村规民约在乡村治理格局嬗变中的价值、价值再现及主要特点进行探讨。③ 王崇从乡村治理与非正式制度之间呈现"互塑"关系出发，认为两者相辅相成、相互塑造，非正式制度可以对民族地区乡村治理的方式与路径产生重要影响，民族地区乡村治理在非正式制度的推动下不断趋于完善。④

（三）关于民族地区乡村治理模式研究

王丽霞以民族学、社会学学科视角和研究方法为主，对保安族乡村社区进行田野调查，详细梳理保安族历史上的基层组织管理体制，阐释保安族乡村社区治理中的国家基层组织力量和宗教力量，提出现代化进程中保安族乡村社区治理模式，以实现保安族乡村社区的善治。⑤ 王猛认为民族地区乡村治理模式创新是实现民族乡村振兴的重要保障，提出推动民族地区乡村治理模式创新，需提升乡村建设能力、激活乡村社会组织、创新乡村服务形式、保障乡村社会权利与整合乡村治理资源，以实现民族乡村振兴。⑥ 孙萍、张春敏对贵州 G 县"十户一体"抱团发展模式进行分析，认为这样的发展模式在加强党的基层组织建设，提升乡村公共服

---

① 马敬：《村规民约在西北民族地区社会治理中的积极作用》，《学术交流》2017 年第 5 期。
② 曾宪义：《论民族地区现代乡村法治秩序的构建》，《中南民族大学学报》（人文社会科学版）2003 年第 3 期。
③ 任新民等：《共构谐变：民族地区乡村治理格局嬗变中村规民约的价值再现》，《云南师范大学学报》（哲学社会科学版）2021 年第 1 期。
④ 王崇：《"互塑"理论视阈下民族地区乡村治理中的非正式制度研究》，《广西民族大学学报》（哲学社会科学版）2022 年第 3 期。
⑤ 王丽霞：《保安族乡村社区治理模式研究》，博士学位论文，兰州大学，2014 年。
⑥ 王猛：《乡村振兴下民族地区乡村治理创新的目标模式及实现路径》，《广西民族研究》2019 年第 6 期。

务水平，化解基层内部矛盾，促进乡村脱贫与振兴和深化村民自治的探索与实践等方面都取得了很大成效，成为破解和走出民族地区农村基层治理困境的一个创新探索，同时也为其他地区农村基层治理改革提供了有益启示。① 张玉强、杨蕾以边疆民族地区临沧市耿马自治县M村为研究对象，基于协同治理的视角，对耿马自治县M村关于乡村振兴战略实施模式进行深刻的探索，提出以政策协同、项目协同、服务协同为分析框架，以乡村社会体制吸纳为着力点，实现生态共治的乡村治理模式。② 牛绿花、马俊对民族地区民事习惯嵌入乡村治理经验与模式进行分析，进而在情理法互润与协调中通过自治深化、德治实化、法治强化来提升乡村治理功效。③ 刘达、王奕运用协同治理理论，对云南的一个彝族村治理模式进行分析，认为其形成了较完备的村社协同治理模式。④

（四）关于民族地区乡村治理文化研究

宗喀·漾正冈布、王振杰基于文化资本视角的分析，以青海民和县杏儿藏族乡为田野调研点，在对杏儿乡文化资本与乡村文化振兴的耦合逻辑进行深入探讨的基础上，提出将文化资本有效转化为经济社会发展动能的有效路径。⑤ 陶自祥基于对云南的考察，认为文化振兴是实施乡村振兴的内在动力和重要内容，从云南民族地区乡村文化振兴物质性文化、社会性文化和制度性文化三个价值维度着手，对民族地区文化振兴的价值选择进行了探讨。⑥ 王振杰、宗喀·漾正冈布以青海民和县杏儿乡7个村为例，在文化交融视域下探索民族乡村文化的变迁与振兴，构建符合时代发展要

---

① 孙萍等：《再组织化与民族地区农村基层治理创新——以贵州G县"十户一体"抱团发展的村治实践为例》，《西南民族大学学报》（人文社会科学版）2020年第11期。
② 张玉强等：《边疆民族地区乡村振兴战略实施模式研究基于协同治理的视角》，《实事求是》2020年第1期。
③ 牛绿花等：《民族地区民事习惯嵌入乡村治理经验与模式研究——从甘肃民族地区几例民事习惯现存样态谈起》，《原生态民族文化学刊》2022年第2期。
④ 刘达等：《彝族村社协同治理模式建构研究——以楚雄武定白路镇平地村为例》，《云南行政学院学报》2019年第3期。
⑤ 宗喀·漾正冈布等：《民族杂居地区乡村文化振兴与社会治理的耦合逻辑——基于文化资本视角的分析》，《西北农林科技大学学报》（社会科学版）2021年第5期。
⑥ 陶自祥：《论民族地区文化振兴的价值认知——基于云南的考察》，《中南民族大学学报》（人文社会科学版）2021年第4期。

求的新型乡村文化系统。① 李玉雄、李静基于对广西河池市宜州区石别镇的田野调查，对壮族乡村文化振兴的现实境遇进行分析，并积极探索壮族乡村文化振兴的路径。② 彭永庆以武陵山区为例，通过对湘鄂黔等分别具有白族、土家族、苗族和侗族特色民族村寨进行田野调查，从社区营造视野下对乡村文化建设进行全面探讨。③ 李凯等从价值引领、空间优化、组织动员、机制构建等方面对提升乡村文化生态重塑效果进行详细论述，持续推动乡村文化的蓬勃发展和乡村的全面振兴。④ 罗兰从盘活民族文化资源、打造村落文化空间、激活特色文化产业等方面优化乡村文化振兴的路径，以求更好地发挥文化的主体性。⑤ 闻云峰将典型的彝族山村——松鹤村作为个案研究，通过对松鹤村艺术乡建的具体实践进行分析，提出在乡村振兴战略下艺术介入美丽乡村文化建设的实践路径。⑥

四　复合治理相关研究

（一）公共事务的复合治理

复合治理的研究在我国真正的勃兴则发端于国内对城市公共事务治理转型的关注。陈娟认为，随着城市尤其是发达城市中第三部门、企业、居民等社会主体不断发展壮大，这些主体的参与能力和影响力日益增强，不仅对传统公共行政模式提出严峻挑战，也为多元社会主体有效参与社会事务治理提供了有力的支撑。⑦ 屈群苹提出，城市社区养老服务复合治理的

---

① 王振杰等：《文化交融视域下的乡村文化变迁与振兴——基于青海民和县杏儿乡7个村的探析》，《西北农林科技大学学报》（社会科学版）2020年第3期。
② 李玉雄等：《壮族乡村文化振兴的现实境遇与路径选择——基于广西河池市宜州区石别镇的田野调查与思考》，《广西民族研究》2019年第4期。
③ 彭永庆：《社区营造与民族地区乡村文化建设》，《华南农业大学学报》（社会科学版）2017年第3期。
④ 李凯等：《乡村振兴视域下乡村文化生态重塑的现实困境与纾解策略——基于广西贺州瑶族乡村的样本分析》，《广西民族研究》2022年第6期。
⑤ 罗兰：《民族地区乡村文化振兴：现实困境、发展逻辑与优化路径》，《理论月刊》2022年第7期。
⑥ 闻云峰：《艺术乡建：少数民族地区乡村文化振兴的实践路径——以云南省洱源县松鹤村为研究个案》，《贵州民族研究》2022年第4期。
⑦ 陈娟：《复合联动：城市治理的机制创新与路径完善——基于杭州市上城区的实践分析》，《中共浙江省委党校学报》2014年第2期。

主体包括了行政机构、社区自治组织、养老服务志愿组织和准市场主体，要通过社区养老服务的主体分工和复合运用的方式重构城市社区养老服务治理的运行机制，实现养老服务多元治理主体的复合联动。① 近些年，关于复合治理的实践研究也开始在乡村公共治理领域进行拓展。郭道久、陈冕提出农村民间组织与基层政府、村"两委"以及村民，共同构成了村治的参与主体，这些主体之间的协同合作和良性互动，使公共事务伦理走向一种复合治理，实现乡村社会的良好治理②。陈荣卓、王熙中认为，在精准扶贫场域内存在国家与乡村社会的双重治理目标、外部与内生的两种治理资源、正式与非正式的多维治理规则以及多元化的治理主体，由此形成复合治理的结构样态，实现精准扶贫有效治理的关键是使不同治理要素之间实现融合互嵌。③

（二）乡村社会秩序建构与复合治理

翟学伟在分析具有中国特色的"土政策"的功能时指出，当具有普遍意义的政策法规从上层机构传达到地方机构时，"因为本地区某一方面的需要（包括合理和不合理），都必须要有一套结合本地情况的规范性策略"，他认为："土政策作为一个完整的制度所体现的特点既非特殊主义，也不是普遍主义，而是把两者巧妙地糅合在了一起。它避开了西方社会学家对中国与西方社会做的特殊主义和普遍主义二分法比较，成为很具中国特点的一种'你中有我，我中有你'的（圆通）模式。"④ 由此可见，"土政策"在乡村治理场域中的功能作用发挥，可以更好地维系乡村社会秩序。孙立平等在对定购粮收购事件的分析中指出，当拥有国家公共强制权力的乡镇干部面对拒交粮食的农户时，往往选择利用地方本土资源来进行

---

① 屈群苹：《复合治理视域下的城市社区养老服务供给》，《中南大学学报》（社会科学版）2015年第5期。
② 郭道久等：《走向复合治理：农村民间组织发展与乡村治理变革——基于四川仪陇燎原村的研究》，《理论与改革》2014年第2期。
③ 陈荣卓等：《精准扶贫场域内复合治理的实践张力与有效运转》，《当代世界社会主义问题》2020年第2期。
④ 翟学伟：《"土政策"的功能分析——从普遍主义到特殊主义》，《社会学研究》1997年第3期。

情景的建构，从而使得正式的权力表现出一种非正式的运作方式，由此强化了国家权力在基层社会的影响。① 这体现出正式制度在与非正式制度进行交汇时，二者呈现一种有机嵌合的关系以维系乡村社会秩序，这也就使得基层社会治理具有复合的色彩。狄金华在一个以乡镇作为基层治理单位的研究中，更为系统性地描述了复合治理中不同主体和规则互动的细致脉络，他提出河镇的乡村社会所呈现的既不是简约治理实践之下的传统共同体秩序，也不是法治所维系的现代法理秩序，而是复合治理实践之下的乡村秩序。②

经过梳理文献可以看出，乡村治理研究已经成为国内学界研究的一个重要内容，并取得了较为丰富的理论成果。这些研究成果对乡村振兴背景下乡村治理研究提供了深刻的启发和重要的参考。然而，当前有关乡村治理研究仍然存在着一些有待进一步完善的地方，具体表现在：第一，多数研究仅局限于对某一个治理要素进行研究，缺少系统的理论提炼和全局视角。第二，乡村振兴战略对于乡村治理提出了许多新的要求和考验。实现乡村振兴，最重要的是进行有效的乡村治理。但是，从现有的研究成果来看，从乡村振兴的视角对复合治理进行研究的文献还比较匮乏。第三，当前学界对于复合治理的相关研究虽然已经充分考虑到基层社会治理环境的复杂性，因而强调依托多元主体的复合与协动而展开治理实践，但是极少有深入不同主体治理活动的交互动态过程及其所依托的制度、文化之间的协同治理的研究。

综上所述，国内外已有的研究成果并没有完全解决乡村社会所面临的一系列复杂问题。本书在借鉴国内外研究成果的基础上，选择广西壮族自治区 G 村作为田野调研点，在乡村振兴的视角下，着重对乡村复合治理问题进行探讨，试图为乡村治理研究开拓新思路，提供全新的理论分析框架，不断推进乡村治理的创新。

---

① 孙立平等：《"软硬兼施"：正式权力非正式运作的过程分析——华北 B 镇定购粮收购的个案研究》，鹭江出版社 2000 年版。

② 狄金华：《被困的治理》，博士学位论文，华中科技大学，2011 年。

第三节 研究思路与方法

一 研究思路

本书基于对广西壮族自治区一个乡村的田野调查,主要从民族学、社会学的视角出发,运用多学科的研究方法对民族地区乡村复合治理进行阐释和分析。本书突破了单独对乡村某一种治理要素的分析,而是依托多种有效治理要素的复合与协同对乡村治理问题进行研究,以更好地从整体上、全局上把握乡村治理的全貌。本书立足于扎实的田野调查,探讨多元治理主体在乡村治理中如何发挥效用以及彼此间如何形成协同关系;具有宏观普适性的正式制度和自发内生的非正式制度如何形塑乡村秩序及其之间如何实现有效互补;如何依托自身丰富的文化资源,从情感的治理维度出发,增强村民对乡村文化的认同等问题意识;从"是什么"到"为什么"的逻辑递进内容,深入分析乡村多种有效治理要素的具体构成;探讨多种有效治理要素共同作用于乡村治理的内在机制,尝试呈现出一个民族地区乡村复合治理的发展面貌。在此基础上,提出促进乡村多元治理主体的良性互动,实现正式制度与非正式制度的有效互补,增强村民对乡村治理文化的认同,为乡村治理研究提供借鉴,构建乡村振兴发展需要的乡村治理结构和治理模式,以进一步促进乡村社会实现善治,更好地推进乡村振兴战略目标的实现(见图绪-1)。

二 研究方法

本书主要从民族学和社会学的研究视角出发,运用文献研究法、田野调查法和规范研究法展开研究。

(一)文献研究法

围绕研究选题,主要对广西柳州市融安县的文本资料进行了搜集、整理、归纳和记录,具体包括县政府相关文件与统计数据、县志和年鉴、乡镇及田野点的政策文件、会议记录、制度章程、宣传材料等,尽可能全面

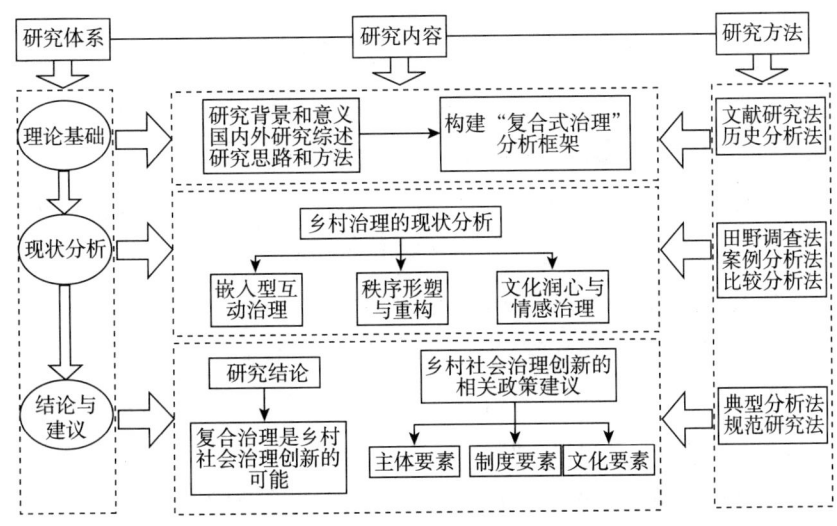

图绪-1 研究思路

地了解田野点的治理情况,为后期论文撰写奠定扎实的理论基础。

(二) 田野调查法

民族社会学研究要结合理论分析和田野调查两条路径同时开展。在调研方式上,主要通过参与观察与深度访谈进行,做到点面结合,获得乡村治理的第一手资料,更好地把握乡村社会发展全貌。同时,对乡村治理进行了较为深入的入户访谈,"深描"被研究者的言行和评价,以更好地了解当前乡村治理所取得的实效以及存在的真实问题,从而为提出有效的治理路径给予支持。在田野调查过程中,共分为三个阶段进入田野点调查。

第一阶段,2019年9月至12月。

此次调研是对田野点进行初步了解和调查,主要目的在于了解田野点的整体治理状况。其一,对田野点的乡镇政府进行考察,初步了解乡镇政府的治理权力、治理职能、治理人员等方面的问题。其二,前往田野点进行实地调研,对村委会的组织情况、该村的发展状况、乡村成员的民族构成、生计方式、生活方式、参与乡村治理等状况进行初步了解。

第二阶段,2020年8月至10月。

此次调研主要目的在于了解田野点乡村正式制度与非正式制度的运行、乡镇政府与乡村自治的关系、治理主体间的互动、乡村文化的发展等治理内容。

深度访谈，本次主要访谈了村干部 6 人，61 户家庭，壮族 55 户，汉族 3 户，苗族 3 户，涉及 8 个屯。主要以包村组组长、驻村干部、村委会干部、屯长、村民等为调查研究对象，紧紧围绕党建工作、乡村产业发展、村集体经济发展、贫困户脱贫进展、村民参与乡村治理的程度与水平等问题进行深度访谈，充分认识和掌握田野点乡村治理的现状、存在的问题及其所实施的治理对策。具体来说，此次通过对各治理主体进行深度访谈，一是了解国家正式制度在乡村运行中与非正式制度的互动与冲突；二是了解在乡村治理中乡镇政府与乡村自治之间的关系、发展现状；三是把握乡村多元治理主体间的互动关系以及他们对乡村治理的看法、评价与参与状态；四是了解当地民族文化资源、民族文化产业的发展以及对乡村治理的作用。

参与式观察，主要观察了田野点的田螺加工厂、规模化养殖基地的产业项目开展、产业合作社的运行、生态鸡养殖状况，跟随村干部夜访贫困户，参加全面脱贫双认定会议、乡镇金桔节、全国第七次人口普查等乡村治理工作与活动。

第三阶段，2021 年 6 月至 11 月。

此次调研主要在于进一步深入了解关于巩固脱贫成果，有效减少返贫风险和预防可能发生的新的贫困风险，落实易地搬迁工作的后续工作，以及实现巩固拓展脱贫攻坚成果同乡村振兴有效衔接的有效治理措施。

（三）规范研究法

通过对乡村复合治理问题的文献资料进行整理，结合广西壮族自治区 G 村治理的主要内容和实际发展现状，以相关理论基础为前提，对乡村复合治理问题进行规范性研究分析，展示了一个乡村有效复合治理得以实现的可行之道，最后笔者认为复合治理正成为乡村治理创新的可能性，并在分析存在问题及成因的基础上，提出了相关政策建议。

第四节 核心概念的界定

对相关核心概念的界定是展开理论研究的前提。对民族地区乡村复合治理问题进行研究，首先需要对乡村、治理、乡村治理、复合治理等核心概念进行阐释。

一 乡村

乡村与农村是相对于城市而言的称谓，意指城市以外的广大区域。正如费孝通在《论城·市·镇》指出："人类经济生活发展到某一程度，一个区域里会发生若干人口密集的中心地点，像一个细胞中发生了核心。一个区域的核心就是'城'，核心外围人口密度较低的地带是'乡'。"① 城市并非自然形成，而是在乡村发展中产生。城市从建立伊始就孕育了与乡村缓慢发展相向的成长态势，它的迅速发展是催化城乡对立的关键要素。因此，中国的城乡发展是在城乡不断对立融合的发展进程中相互影响、相互制约并向前发展的。随着中国特色社会主义进入新时代，政府更加关注城乡关系的健康发展，促进城市生产要素流向乡村，更好地推进乡村振兴战略的实现。值得注意的是，在此我们对城市和乡村、农村给予对立划分，并非为了突出二者之间的差异，而是为了更好地找准乡村的发展定位，厘清它们之间的关联，有针对性地去分析和研究乡村治理这一重要课题。

乡村与农村作为区别于城市的概念，在内涵上具有一致性，不存在本质的区别，主要意指农民赖以进行多种活动的场所，它以特定的自然景观和一定的社会经济条件为基础，是集农民生产与生活、历史发展、政治经济、社会文化、生态环境等多元要素于一身的价值文化集合体。但是，这并不意味着乡村完全等同于农村，二者之间的差别核心体现于"乡"与"农"。"乡"作为基层行政单位，能为村庄研究提供明确的区域范围，也能够全面反映乡村成员从事产业的基本状况。"农"主要是依据单一农业

---

① 费孝通：《乡土中国 乡土重建》，生活·读书·新知三联书店2018年版。

生产结构对村庄进行命名和定位，展现了村庄和农业发展的密切关系。党的十九大报告把中国"农村"的称谓在乡村振兴战略的相关文件中统一恢复为"乡村"，虽仅有一字之差，但已深刻体现了党中央对乡村治理的新认识和新观点，摒弃并整合了多年来关于"农村"各要素发展的碎片化思维，突破了把农村视为一个单纯的农业生产部门的传统治理方式，而是更多地把它看作一个在乡的行政区域范围内，从事多种产业发展的社会共同体。

"乡村"与"农村"相比，此称谓更具有合理性和优越性。一方面，"乡"自古以来就具有行政区划的内涵，最早可以追溯到周朝时期，在《周礼·大司徒》中就有"五州为乡，使之相宾"记载，《说文解字》也有关于"乡，国离邑民所封乡也。啬夫别治封圻之内六乡六卿治之"等相关论述。尽管历朝历代关于乡的范围界定各有不同，但乡都被界定为一种行政区划。直到唐宋时期，乡被确定为县以下的基层社会组织，自此一直沿用至今，"乡"通常是由几个或多个村组成。将乡和村相连，形成乡村这一称谓，更为凸显"村"是归属于"乡"这个行政区划范围，是"乡"中之"村"。即便是经济发展水平较高的发达地区所开展的撤乡建镇工作中，镇逐渐取代了乡的这一称呼，但乡村这一称谓仍然被保存和沿用，因为乡村相比于农村而言，可以更直接明了地体现村庄的行政区域归属。清晰的区域范围界定是进行相关研究的基本前提。相对而言，农村这一称谓不能准确表达和反映村庄的区域范畴，则不利于对村庄相关治理问题开展全面深入的研究。另一方面，尽管基于现代经济学的"三次产业"分类理论，中国乡村也被定义为农村，可以更为直接地反映农业和农民之间的密切联系，即成为专门从事农业或与农业相关生产、为城市供给粮食的农用生产场域。然而，随着我国改革开放和城镇化的深入发展，传统乡土社会的封闭性被逐渐打破，城乡之间的土地、人口、文化等资源加速流动。在快速的城镇化进程中，农村社会日益开放和多元化，农民的流动性也日益增强，大量劳动力涌入城市劳动力市场，农民的经济收入不再仅仅依靠农业来获取。特别是党的十九大以来，随着乡村振兴和城乡融合发展战略的深入推进，城市对农村的反哺力度不断增强，农村的产业结构和劳动力就业结构发生了深刻的变化，农民不再只是从事农业，而是不断向第二、三产业发展。在这样的一种发展形势下，使用乡村这一称谓则更为准确、贴切，它突破了以往用单一农业生产结构的命名方式，更能全面反映村民目前从事产业的状况以及乡村的发展变化。

二 治理

20世纪，西方的社会学家和管理学家在社会运行中既看到了国家管理的失效，也看到了市场控制的失灵。一方面，单纯依靠市场调控都无法达到经济学中的帕累托最优状态，尽管市场在资源配置方面有着诸多优势，但是在公共产品供给、限制垄断、约束市场主体的自私行为及克服生产的无政府状态等方面却存在着调控的失灵；另一方面，单纯依靠政府的统治力量也不能使一个社会的资源达到最优配置，政府统治所存在的诸多"公共弊病"不断制约着公民的政治、经济和社会权利的有效获得与发展。在此发展背景下，治理作为一种既重视政府治理又重视各种非政府组织管理的理论体系，可以有效地弥补政府和市场管理的缺陷，在20世纪90年代开始成为学者们关注和研究的热点。

在西方，"治理"一词最先来源于拉丁文和古希腊文，本意是指引导、控制和操纵。"治理"作为一种应对社会公共事务传统解决思维、传统机制、传统方式的根本变革，是20世纪90年代进入公共领域的新术语，西方国家出现的管理危机是其兴起的主要动因。1989年世界银行在概括非洲的情形时最早提出"治理危机"，自此"治理"的措辞被广泛应用于政治、经济、公共管理、社会等研究领域，它也不只局限于在英语世界使用，也开始在世界各种语言中流行，成为相关学术界探讨的理论热点。"治理"概念在中国古已有之，中国历代典籍中也先后出现过"所居治理""京师治理""治理有声""治理民事""治理之绩"等表述①。从这一演化可以看出，汉语中的"治理"，早期通常是指国家处于一种按规则行事、井然有序的状态，之后演变为一种治国理政方式的统称。可见，从本源上讲，

---

① 卜宪群：《中国古代"治理"探义》，《政治学研究》2018年第3期。

中西方的治理概念之间并无本质区别。在一般意义上，治理泛指管理、控制、统治某个事物或某个实体（包括国家）的行为和方式。纵观人类的历史发展，人类对公共事务的应对策略基本遵循着从"统治"到"管理"，再到"治理"的图谱演进，"治理"概念逐渐取代"管理"概念。"治理"作为区别于"统治"和"管理"的概念，更侧重于"引导"与"服务"，治理主体更加丰富，强调多元主体间的合作与共赢，重视自上而下和自下而上的互通机制，除了关注事务的结果之外，更多注重改进技能和增强责任，治理的内在动力主要来源于共同目标的使命感，而非仅仅出于国家强制性力量的制约。由此可以看出，"治理"不仅涵盖的范围远远超出传统"管理"的领域，其实际含义也与管理相去甚远。

国内外学术界关于"治理"做了大量而深入的研究与分析，主要是从主体、机制、目标等方面对治理进行界定，为此，"治理"也经常被阐释为有效的治理、善治、合作治理、多中心治理等。全球治理理论的主要创始人、美国学者詹姆斯·罗西瑙将治理定义为："一系列活动领域里的管理机制，它们虽未得到正式授权，却能发挥作用。治理是一种由共同的目标支持的活动，这些管理活动的主体未必是政府，也无须依靠国家的强制力量来实现。"[①] 英国地方治理指导委员会发起人之一罗伯特·罗茨认为："治理意味着统治的含义有了变化，意味着一种新的统治过程，意味着有序统治的条件不同于以前，或是以新的方式统治社会。"在诸多的治理概念中，联合国全球治理委员会发表的《我们的全球伙伴关系》研究报告对于"治理"的解读是最具有代表性和权威性的，"治理是个人和公共或私人机构管理其共同事务的诸多方式的总和。它是使相互冲突的或不同的利益得以调和并且采取联合行动的持续的过程。它既包括有权迫使人们服从的正式制度和规则，也包括人民和机构同意的或以为符合其利益的各种非正式的制度安排。认为治理的特征在于治理不是一整套规则，也不是一种活动，而是一个过程；治理过程的基础不是控制，而是协调；治理既涉及公共部门，也包括私人部门；治理不是一种正式的制度，而

---

① ［美］詹姆斯·罗西瑙：《没有政府的治理：世界政治中的秩序与变革》，张胜军等译，江西人民出版社2001年版。

是持续的互动"①。这一定义深刻揭示了治理的内涵和本质,对治理的主体、机制和目标等方面都给予了合理准确的阐释,全面表达了治理的应有之义。

值得我们注意的是,以上对于治理理论的分析与探讨主要是基于西方的基本国情所进行,其中的相关理念和认识并不能完全与中国特色社会主义的发展实际相契合。治理概念在运用与发展中,一定会与特定的时代问题相结合,从而形成不同的治理话语。但任何的话语指向都不具有无可置疑的规定性,每个国家都可以依据自己面临的实际境况赋予治理以特定的内涵和指向。为此,对于治理理念的理解与运用一定要结合自身的治理情境,以实现治理中国化、本土化。在我国,著名学者俞可平对治理的基本含义进行了阐释:"治理是指在一个既定的范围内运用权威维持秩序、满足公众的需要。治理的目的是在各种不同的制度关系中运用权力去引导、控制和规范公民的各种活动,以最大限度地增进公共利益。"② 这个定义被国内理论界和学术界所基本认同,国内研究学者所提出的治理理论基本上都是以此定义为基础展开相关的阐释。

三 乡村治理

"乡村治理"作为一个学术名词,其概念的历史并不长,其内涵并非西方理论的简单照搬,而是深度融合了中国乡村治理的具体认识与实践,充分彰显了学者对学术理论的灵活运用以及对社会现实的人文关怀。1998年华中师范大学著名的三农研究学者徐勇教授将治理理论与乡村基层自治结合起来进行研究,提出了"乡村治理"这一更具有概括性的概念来诠释和研究乡村社会。在此之后,越来越多的国内研究学者开始从各种不同的研究角度和学科基础出发去关注和研究乡村治理问题,取得了非常丰富的研究成果,对于建立健全乡村社会治理理论体系、推进乡村振兴战略的实施与发展具有非常重要的现实意义。张厚安和徐勇认为:"村级治理实质上是通过对公共权力的配置与运作而实现对乡村社会的组织、管理与调控

---

① 全球治理委员会:《我们的全球伙伴关系》,牛津大学出版社1995年版。
② 俞可平:《治理与善治》,社会科学文献出版社2000年版。

从而达到一定目的的政治性活动。"① 贺雪峰认为："乡村治理是指如何对中国进行，或中国乡村如何可以自主管理，从而实现乡村社会的有序发展。"② 可见，"乡村治理"一词具有很强的指向性与针对性，是一个以村民自治为主体框架和核心内容的综合性理论体系，涉及乡村社会的政治、经济、文化、社会、生态等各个方面，主要运用治理的理念与分析范式来剖析中国乡村社会的发展状况，并提出切实的解决方案以维系乡村秩序的发展。同时，社会治理也蕴含着"总体性治理"的特征，注重治理规则系统性、治理主体协同性、治理机制结构性、治理绩效整体性。治理规则系统性强调乡村治理既要遵从国家建构的正式规章制度，又要考量乡村社会的非正式制度，实现二者之间的互动与融合。治理主体协同性强调充分调动多元主体的积极性和主动性，通过互动、协商建立合作伙伴关系，促进多元主体间的相互配合、相互促进和相互补充，共同管理乡村社会的公共事务，提升治理绩效。治理机制结构性强调乡村治理突破传统的自上而下的指令性工作机制，转向包括沟通、主导、互动、协调的结构性工作机制，更好地激发乡村社会的活力与潜能，形成乡村治理合力。治理绩效整体性强调乡村政治利益、经济利益、文化利益、社会利益、生态利益等全方位的实现，促进乡村集体公共利益的获得与提升。

四 复合治理

治理理论是源于西方社会的"舶来品"，必须与中国治理实践相结合，实现治理理论的中国化，才能更好地解决中国治理实践中所面临的种种问题。复合治理作为治理的一种具体形态，是基于对中国治理场域中治理理论的"失败"或"空转"问题的反思而提出来的治理理论。复合治理最早是在 2004 年由我国的学者杨雪冬提出的，在分析因为全球化推进孕育的深度风险社会在造成国家中心治理的结构性失效、制度性失效和政策性失效的背景下，指出国家治理和全球治理危机中公共的扩展促进了复合治理的产生，并总结出其五大特征：由多个治理主体组成；具有多维度；强调合

---

① 张厚安等：《中国农村村级治理》，华中师范大学出版社 2000 年版。
② 贺雪峰：《乡村治理研究的三大主题》，《社会科学战线》2005 年第 1 期。

作互补关系；个人是最基本单位；目标是就地及时解决问题。① 这一论述主要是在全球社会与国家治理这一宏大议题下提出的。随着乡村社会的不断进步与发展，传统的单一治理手段已经不适应当前乡村治理的需要。在复合治理这个理论被提出后，我国学者随即也开始在乡村治理领域对复合治理模式进行一系列的探索和研究，尝试发展出一条独具中国特色的治理之路。复合治理理论在乡村治理场域中的应用，既是治理理论与乡村社会发展情景相适应的产物，也是对传统治理模式的进一步反思和突破。与此同时，诸多学者也开始尝试对复合治理进行阐释，以促进复合治理理论更好地运用于中国社会的治理情境。刘超指出："社会冲突的复合治理模式发扬公共价值的理性，并在治理中运用行政、法治、社会、市场等复合手段，实现以政府为主导，强调政府同社会多元主体共同进行社会治理，达到治理成效。"② 范巧和郭爱君认为："复合治理是指在小政府的善政和大市场的自由化基础上，将政府公共服务等职能通过转包、招标等形式让渡给公民社会组织，通过公民社会的良好运行，弥补政府失灵和市场失灵，从而达到政府、公民社会和市场的和谐发展。"③ 狄金华在对河镇进行分析时提出："在复合治理实践中，地方社会所呈现出来的不是统一的、单一的治理规则，一方面，国家树立了涵盖乡村社会之内的公共规则；另一方面又包容国家在乡村的代理人遵循地方性规范在村社内进行治理。"④ 总的来说，目前对"复合治理"并未有一个确切的定义，而现有的大部分定义都只指向了治理过程中主体或规则某一方面的复合，具有一定的片面性。在本书中，结合词语本身的语义和在乡村治理场域中的适用性，笔者将复合治理定义为，嵌入性主体与内生性主体的互动、正式制度与非正式制度的协同、多元文化的互嵌所构建的多主体、多维度、多领域的新型治理模式。这样的定义不仅突出了多元治理主体的复合，也包括多种有效治理规则的融合以及文化的治理问题，进一步扩展了治理范围和治理触角，以更

---

① 杨雪冬：《全球化、风险社会与复合治理》，《马克思主义与现实》2004年第4期。
② 刘超：《邻避冲突复合治理：理论特征与实现途径》，《中国行政管理》2020年第1期。
③ 范巧等：《从"复合行政"到"复合治理"——区域经济一体化与行政区经济矛盾解决的新视角》，《南方经济》2009年第6期。
④ 狄金华：《被困的治理》，博士学位论文，华中科技大学，2011年。

好地适应乡村振兴背景下的社会治理实践。

第五节 创新点与不足

一 研究创新点

本书以田野调查为基础,对乡村复合治理问题进行研究,创新之处主要体现在以下三点。

一是全面系统地阐释了乡村复合治理中的有效治理要素。实现有效的乡村治理,涉及多方面影响要素,多元主体的互动、制度的互补、文化的认同等构成了一个有效的乡村复合治理系统,这些治理要素的交织与合力推动着乡村有效治理的实现。目前,关于乡村治理研究,诸多国内研究者通常把论述的焦点集中在某一个要素上,全面系统地论述乡村有效治理要素的研究并不多见。本书立足于扎实的田野调查,对多元主体的互动、治理制度的互补、文化的认同等要素的协同治理问题进行分析,促使乡村治理的研究更加完善。

二是实现了理论研究与实践关怀的相互融合。本书立足于扎实的田野调查研究,将民族学、社会学等相关理论充分融合到乡村治理实践之中,并将乡村治理过程中的经典案例进行理论升华。为此,本书对广西壮族自治区乡村复合治理问题进行研究,能够不断促进相关学术理论与乡村治理实践的有机融合,为乡村治理中存在的现实问题给予切实可行的治理建议。

三是给予了乡村实现有效治理的合理建议。本书通过对广西壮族自治区乡村复合治理现状进行描述和解释,将主体间的互动、制度与秩序的建构、文化的情感力量等方面一一呈现出来,提出促进乡村多元治理主体的良性互动、实现乡村治理制度的有效互补、增强村民对乡村文化的认同等合理建议,为实现乡村有效治理提供有益的借鉴。

二 研究不足

在对广西壮族自治区乡村的实地调研中,笔者对乡村社会复合治理进行了深入思考，通过对复合治理相关理论的探究，最终形成了关于乡村复合治理的研究，但仍有许多研究不足的地方。

首先，个案选择仍有不足之处。从本书所选取的对象来看，本书所选择的研究对象是广西壮族自治区的一个乡村，虽然笔者前后多次进入田野点，但由于疫情、距离等原因未能实现长期持续深入田野调研，只能分阶段进入田野点，这可能会造成对信息掌握得不够全面。同时，也存在语言方面的障碍，所调查的田野点既有壮族也有苗族村民，他们在日常生活中使用民族语言也较为频繁，这为参与观察带来了语言沟通障碍。

其次，资料分析不足。在研究中，由于访谈次数多、访谈内容多、时间跨度大，所使用的访谈资料仅是众多资料中的"冰山一角"。在资料分析运用时难免忽略一些内容，从而影响整个研究分析的深度。

最后，研究结论的不足。从现实情况来看，本书所选取的调研点是一个广西壮族自治区的民族乡村，乡村在治理过程中受到多种要素共同作用而形塑出复杂叠加的治理样态。由于乡村治理远比所访谈到的和所观察到的要更为复杂，因此不论用何种理论来阐释这一过程，都难免会有削足适履之感。

第一章 乡村振兴背景下的村治

广西壮族自治区乡村治理与其他乡村治理相比，有其自身的特殊性，因而在调研中发现，在乡村治理中不能一味照搬中东部乡村治理的做法，也不能复制其他民族乡村的治理方法，否则就会出现"水土不服"的状况。在本书研究中，首先对选点依据、田野点概况以及治理生态等要素进行梳理分析，可为乡村复合治理研究的开展提供必要的前提和基础。

第一节 选点依据

在研究中对所有的乡村进行田野调查是不现实的，只能选择具有代表性的田野点进行"深描"，以为乡村实现有效治理提供一个理论视角。在乡村振兴背景下，本书所选取的田野点G村呈现出经济稳步增长、多元治理主体协同共治、以壮族为主的多元民族特色文化和民族关系团结融洽的治理状态，由此体现出，乡村多重治理要素在不断整合中所构建的复合治理方式，在不断破解着乡村社会的治理难题，不断推进乡村社会的发展。

一 经济层面：乡村经济稳步增长

自脱贫攻坚战启动至今，G村的经济实现了快速发展。国家政府通过政策扶贫、专项扶贫、产业扶贫、金融扶贫、援助扶贫、党建扶贫、基建扶贫等多方面协同的大扶贫格局建构，共同促进乡村经济的快速发展，为全面推进乡村振兴战略奠定了坚实基础。在以第一书记为核心的村干部带领下，利用自身得天独厚的地理优势以及地质特点，不断发展壮大当地特色的产业，带动当地经济的发展，提升村民的经济收入水平。同时，还深入推进"脱贫村产业 + 互联网",利用互联网平台将脱贫村农产品通过网络渠道进行大力宣传营销,设计特色的产品品牌标识,提升乡村特色农产品的销售数量,促进村民增收致富。致富带头人村副主任 QJH 有技术、有文化,利用自身优势发展农村淘宝事业,建立了一个农村淘宝网点,将大山深处的土特产卖出去,将群众所需的物资运进来,增加了群众收入,提高了群众的生活水平。

乡村振兴战略实施以来,村干部注重将产业发展和精准扶贫紧密结合。乡村致富带头人 LCJ 抓住机遇,成立了砂糖橘种植专业合作社,该合作社建有 80 亩柑橘产业示范基地和选果厂一个,带动农户 15 户 58 人,其中贫困户 10 户 39 人,每户每年平均增收 10000 元;在责任区党员带头人 LHF 的带领下,G 村创办了果园生态土鸡养殖示范基地,示范基地用工优先聘用贫困户,共安排贫困户 5 户 13 人(其中 2 人是贫困残疾人)务工,每户每年获得劳动报酬 5000 元左右;田螺养殖基地共带动全乡养殖户 105 户 357 人养殖田螺 800 多亩,直接解决 20 位贫困户在家门口就业,直接为就业的贫困户增加收入 1800 元/月;村团支书 LQD 主动从广东回村建设家乡,为乡村建设贡献力量,扶贫工作勤勤恳恳,任劳任怨,发展养殖、种植产业,成为村里的致富带头人。

因地制宜,引导集体经济发展。G 村的优势种植项目在于砂糖橘种植,目前种植面积已达 2000 亩,2020 年约 400 亩已经进入产果期,出果量达到 200 万斤。砂糖橘是 G 村优势产业的实际,2017 年年底,村干部抓住扶持集体经济的契机,主导成立村民合作社,并筹集资金 57.5 万元,以村集体占 40% 的股份,入股支持由致富带头人成立的砂糖橘合作社,2020 年、2021 年分别为村集体经济增收 20000 元、23000 元;G 村有着养殖田螺得天独厚的自然条件,村党支部经过反复调研、慎重论证,以"公司 + 合作社 + 农户"的形式,于 2019 年在村里建立了田螺加工厂,目前建成田螺养殖示范基地一期 278 亩,其中合作社养殖示范 178 亩。田螺养殖基地于 2020 年年初开始陆续投放种螺,每年让养殖户人均增收 5000 元以上,村集体经济分红 4.1 万元以上。目前此项目已经获得县委组织部的大力支持,并给予发展村集体经济 30 万元的资金援助;村党支部依托县委组织部的平台优势，利用组织部给予的25万元村集体经济发展资金，于2017年入股县优质龙头企业，2019年、2020年、2021年为村集体经济增收1万元、1.2万元、1.5万元；针对林下养殖土鸡另一大优势产业，村委会筹集资金5万元与党员、致富带头人合作，在果园建立了村集体生态土鸡养殖基地，2020年继续追加投资5万元扩大其养殖规模，直接带动合作农户户均增收0.8万元，增加村集体经济收入1万元。2021年继续追加投资7万元，直接带动合作农户户均增收1.2万元，增加村集体经济收入1.4万元。

果园生态养殖户带头人LHF说：

> 我们的果园鸡，平时吃的是玉米、南瓜、米粕，喝的是山上流下的山泉水，散养的果园鸡能自由觅食，活动量大、肉质紧实，符合人们绿色健康的消费需求。2021年全年共养殖5500只生态土鸡，每只生态土鸡大约有4.5斤，88元一只，每到过节的时候经常供不应求。村集体生态土鸡养殖业的发展，既增加了脱贫户收入，又增加了村集体经济收入，产业造血功能初见成效。(LHF，果园生态土鸡养殖带头人，女，壮族，40岁)

二 主体层面：形成了多元治理主体协同共治的乡村治理机制

打赢脱贫攻坚战是促进乡村振兴战略全面推进的前提与基础，也是实现乡村社会善治的重要手段。伴随着社会的深入改革和市场经济的不断发展，各种社会内生性的问题相继出现，乡村社会的传统治理方式也不能再适应和满足乡村治理现代化的发展要求。为了应对当前乡村治理的新问题，政府在总结基层治理实践的经验基础上提出选派"第一书记"政策，以一种嵌入式的治理方式，提高服务管理的针对性和时效性，推动精准扶贫，提升治理水平，也体现了乡村治理体系和治理能力的现代化建设。2015年4月，中组部联合中央农村工作领导小组、国务院扶贫开发小组印发了《关于做好选派机关优秀干部到村任第一书记工作的通知》，提出在党组织软弱涣散村和建档立卡贫困村派驻"第一书记",要求在全国实现全覆盖。驻村"第一书记"是由各级党政机关、国有企业和事业单位选派的优秀党员干部,政治素养高,工作能力强,治理思路开阔,在产业规划、产品营销方面的市场把握能力要比村两委干部更具有优势。为此,在基层工作治理中,驻村"第一书记"加入乡村党支部建设工作,不仅可以提升党建工作和乡村治理的质量和水平,也可为乡村的发展带来较为丰富的发展资源,更好地解决乡村所面临的实际问题。同时,随着乡村振兴战略的深入推进,党和政府高度重视多元主体在乡村治理中的重要作用,调动多元主体的积极性,凝聚各方力量,形成政府、社会、市场协同推进的扶贫格局,共同促进乡村有效治理。G村作为市级重点帮扶的"十三五"贫困村,由市级单位选派优秀干部担任第一书记,在以第一书记为纽带的多元主体协同作用下,乡村治理成效显著,通过努力发掘自身动力、攻坚克难,已于2017年年底通过国家核验实现脱贫摘帽,顺利完成了脱贫任务。2018年以来,通过提升巩固灌溉水渠、修建公路、硬化产业路、开展饮水提升工程项目、发展多种经济产业等措施,大大改善了乡村基础设施相对落后的现状,实现了高标准扶贫、高质量脱贫。毋庸置疑,其典型的治理经验和成功典范无疑对我国其他地区的乡村治理发展有着重要的示范效应。

三 文化层面:呈现出以壮族为主的多元民族文化特色

从文化方面来说,G村呈现出以壮族为主的多元民族文化特色。根据2010年全国人口普查统计,壮族人口大约1692.64万人,主要分布在我国的南部边疆,在全国形成了大聚居小分散的分布特点。壮族作为中华民族大家庭中人口最多的一个少数民族,也是广西壮族自治区最大的世居民族。广西壮族自治区内的壮族人口约为1444.84万人,是全自治区人口总数的31.4%,占全国壮族人口总数的85.4%,主要居住在广西中部、西南部和西北部的柳州、来宾、南宁、河池、崇左、百色六市辖区各县境内。G村人口总数为1339人,95%以上为壮族,还有少数人口为汉族和苗族。多个民族的风俗、文化相互影响、相互融合,从而形成了形式多样、内容丰富的民族文化。其中具有代表性的民族传统文化有：以彩调、文场、山歌为代表的传统戏曲；以板榄三月三、大袍苗寨正月初九芒篙节为代表的传统民族节庆；以赛龙舟为代表的传统体育；以滤粉、芙蓉酥、龙舟为代表的传统制作技艺；以生育、婚姻、丧葬为代表的人生礼仪习俗；以起房造屋、耕作为代表的生产技艺习俗；以"十大碗"为代表的饮食习俗。这些具有强烈地方、民族色彩的文化形成了一条无形的精神纽带，激发乡村成员保护、传承的责任，在传承中创新，更好地促进人类的创造力和文化的多样性，增进乡村成员对乡村的认同感和归宿感。

乡村文化是乡村的精神与灵魂，是乡村振兴最为重要的思想源泉。党的十九大报告提出了乡村振兴战略，乡村文化振兴作为其重要组成部分和题中应有之义，贯穿于乡村振兴全过程与各领域，不仅直接与乡风文明紧密相关，亦是乡村特色产业发展、生态文明建设及乡村治理现代化的基础。乡村振兴战略实施以来，基层政府坚持以文化发展促进乡村振兴，以乡村振兴带动文化发展。在文化建设方面，在加大农村公共文化服务体系的投入、保护和传承民族特色的优秀传统文化基础上，还致力于发展乡村文化产业，更好地保护和发展乡村传统文化以及促进村民脱贫致富。目前，围绕旅游从事相关文化产业已经成为当地村民的重要生计方式。在乡村干部的带领下，村民围绕民族传统文化资源特色每年举办金桔节、板栗节，着力从特色饮食、特色民居等方面打造民族风情乡村，吸引游客前来观赏消费，充分发挥民族地区乡村文化发展的社会价值，让更多乡村居民享受到更充分的文化红利。

四 社会层面：民族关系团结融洽

民族团结是我国各族人民的生命线。历史深刻表明，中华各民族只有把自己的命运同整个中华民族的命运紧密结合，才有前途和希望。广西壮族自治区位于祖国南疆，共生活着壮、汉、瑶、苗、侗、仫佬、毛南、回、京、水、彝、仡佬12个世居民族和其他44个民族。广西民族团结进步事业的辉煌成就，受到了党和国家领导人的充分肯定和高度赞扬。广西壮族自治区被党中央誉为民族团结进步的模范、维护祖国统一的模范、维护社会稳定的模范，是我国民族关系"三个离不开"的模范。我国乡村民族团结进步工作的好坏，直接关系到国家和基层能否持续稳定、团结与发展，也关系着乡村振兴战略的顺利实施。可以说，民族团结进步创建工作的持续健康发展是乡村振兴战略顺利实施的重要基础保障。与此同时，乡村振兴战略的持续推进，也有利于民族团结进步创建工作的稳步发展，二者是相辅相成、密不可分的关系。近年来，依托乡村振兴战略背景，立足当地发展实际，紧紧围绕各民族"共同团结奋斗、共同繁荣发展"的主题，G村始终坚持把维护和促进民族团结作为重要的责任和任务，努力构建民族团结进步模范村。同时，也为其他地区乡村开展民族团结创建工作做出了榜样和表率，也给全国的民族团结进步创建工作带来了新的发展思路与启示。

乡村振兴战略实施以来，G村的村"两委"团结和带领村民一心一意谋发展，大力发展当地特色产业经济，乡村经济快速发展，村民居住条件持续改善，乡村的生产生活条件发生了翻天覆地的变化，进一步夯实各民族团结进步的物质基础。在乡村治理中，村"两委"通过积极引导，形成了柑橘种植、螺蛳养殖、生态鸡养殖等特色优势产业，村民的人均收入逐年提升。同时，注重加强基础设施建设，完成危房改造、村道路硬化、安装太阳能路灯、雪亮工程、修建洗衣台、农家书屋等项目建设，使村民共享改革发展的成果。

推动民族团结进步事业，做好民族团结进步创建工作，不仅要发挥好物质力量的作用，更要注重精神力量的作用。通过积极开展以民族团结进步为主题的各类文化体育活动，营造良好的民族团结氛围，进一步夯实各民族团结进步的文化基础。文化活动在不断丰富各族人民精神生活的同时，也正确引导各族人民互相尊重彼此的传统文化、宗教信仰以及生活习俗，增强各民族的凝聚力、认同感和归属感，促进自觉维护民族团结的意识真正融入壮乡村民的血脉之中。"壮族三月三"是广西各族人民的法定节日，当地村干部把每年的"壮族三月三""正月初九芒篙节"等民族传统节日作为开展民族团结进步文化活动的重要平台，不仅促使多彩民族风情和优秀民族文化在少数民族传统节日得到继承和展现，而且利用这一平台集中开展民族团结进步宣传教育活动,广泛宣传党的民族理论、政策和法规,形成各族人民讲团结、讲和谐、共同发展进步的思想共识。一位壮族村民在谈到民族关系时说:

> 我们村共生活着壮、苗、汉三个民族,大多都是壮族,有一些苗族都是嫁过来的媳妇。原来我们壮族不会做油茶,现在基本上都会做了,但是感觉还是没有她们苗族做得好喝。所以,每年农闲以及过节日的时候,我们壮族妇女都会和苗族妇女聚集在一起做油茶、滤粉,相互学习嘛。尤其是这几年党和国家的政策越来越好,我们村也发生了巨大的变化,大家的思想觉悟也提高了,民族之间的关系也越来越融洽了,真正成了一家人。(QZ,村民,男,壮族,38岁)

一位苗族的村民也谈道:

> 我刚嫁过来的时候,还有些拘谨,也担心生活习惯不同,不能很好地融入大家的生活,但慢慢就被邻居的热情所感染,大家在生活中会相互帮助,在一些重要节日还会一起做饭。所以,现在就觉得是一家人,相处非常融洽。(QXF,村民,女,苗族,32岁)

妇女主任在提及民族关系这个问题时谈道:

> 我平时既要做好妇女主任的管理工作,还要负责生态土鸡养殖基地的工作,家里还种植着80亩的沃柑。我经常会把妇女主任的工作放在第一位,我爱人也在外面务工,家里很多事情就顾不上。村里的妇女们都了解我家情况,她们在不忙的时候就都来我家帮忙干活,有壮族、苗族、汉族,不分彼此,我们村就这样,团结友爱,互相帮助。(LHF,妇女主任,女,壮族,40岁)

第二节 田野点概述

一 乡镇概况

G村所属的乡镇位于广西融安县城东南部,距县城大约60公里。乡镇地势形似烟叶,东北角西南角共长。东西两部下陷,中部自南往北隆起,形成屋壮地貌。东面宽平坦,南面多丘陵,西群山围绕,北面漫山重叠,出现有小盆地。全乡境内总面积为231.69平方千米,其中有耕地面积1721公顷,水田面积1142公顷,林地面积7411.67公顷,石山面积196.36平方千米,是典型的石山地区,难以利用的石山地带占全乡总面积59.7%。全乡下辖10个行政村,108个自然屯,3679户,总人口20183人,其中农村居民19859人,有壮族、汉族、侗族等民族,壮族人口占比99.3%,是一个壮族人口集中居住地。美丽的拉寨河和东安河在乡境内汇合,有3座小型水库及9座可供灌溉的山塘水库。地下水丰富,地表水急缺,易涝易旱。

乡镇地处广西四十八弄腹地,为典型的喀斯特地形地貌,境内遍布地下河及溶洞,山多地少,最高点是奶娘山,海拔775米,山下有小盆地,自然石灰岩溶洞较多。山中有丰富的矿藏,据初步探明,蕴藏有铅锌矿、硫铁矿、氧化锌矿、磷矿等。乡镇随处可见石灰岩溶洞,大部分因其危险性较大不对游客进行开放,其中有一些可作为旅游观赏的岩溶洞,特别是乾境岩,洞内雄伟壮观,景色迷人,是历来各地游客游览的胜地。

乡镇的主要农产品有柑橘、西红柿、糖料蔗、优质稻、青蒿、罗汉果等。此外,当地饲养山羊、种植土烟叶、从事竹编织品手工业是增加当地农民收入主要的经济来源。土烟叶是比较有名的特产,其特色是刀耕火种,不施任何肥料,依靠土壤中的自然肥力生长,烟叶橙黄,味道醇香,不少烟叶销往永福、鹿寨、柳城等地。此外,农民编织已有百年历史,依靠竹编织品所获得的收入大约占农业收入的一半,成为农民增收的主要渠道，主要编织雨帽、箩盖、簸箕、竹叶蓑衣等手工品。近年来，乡党委、政府紧紧围绕实现乡村振兴的奋斗目标，不断提高乡镇政府的管理水平，切实为山区人民群众脱贫致富提供服务，通过加大农业产业结构的完善与调整、加强农村基础设施建设、强化改善招商引资环境、大力发展教育、卫生事业等方面措施努力提升乡村治理水平。

二　田野点概况

（一）人口及收入来源状况

G村共辖8个自然屯，有12个村民小组，截至2020年年底，全村共417户，人口1339人，党员45人，男女比例为108∶100，有壮族、汉族、苗族，其中95%以上的村民为壮族。全村外出务工的占比30%—40%，其中，到沿海地区务工的近80%，附近的有20%左右，外出务工者中90%以上是中青年人。随着劳动力成本的提高，村民务工收入不断增加，省内务工村民人均年收入可达2.5万元，省外务工村民年收入可达3.5万元。山林面积45047亩，耕地面积2151亩，其中农田面积1385亩。主要以种植柑橘、优质稻、香杉、中药材、叶菜；养殖田螺、山羊、鸡、鸭及外出务工为主要经济来源，2018年、2019年、2020年、2021年人均年纯收入分别是7685元、8383元、9142元、9876元，逐年稳步上升。

（二）民居结构模式

村民结合北方四合院的结构模式，适应生活实用需要，依山就水顺势建立村寨，形成了简朴方便舒适的民宅，透露出朴实的审美需要。主要的建筑布局有两屋两院式和三屋两院式的民居结构。三屋两院式的民居结构为平行的三列房屋夹着两个院子，即道厅、前院、正屋、后院、厨房。前院宽、后院较狭窄，院子两端砌围墙把院子围起来。道厅前即为大路或巷道。道厅是一列若干个单间房的屋子，入宅的大门一般在道厅的中间或两端。道厅一般用作卧室或厨房或放置农具杂物的，也有用作关牲畜家禽的。道厅有建成两层楼的，上层可住人，下层关牲畜或放置农具杂物。前院上去是正屋，正屋地势比道厅前院高，意味着步步高升。营造住宅是人生的一件大事，家家户户都极为重视。造房子之前请来风水先生看风水，以确定住宅的形制或朝向，然后按主人的生辰八字选择吉日良辰动土营造。

（三）居住习俗

壮族有聚族而居的传统，一个村落多为同一姓氏的人居住。明清以后，随着各姓氏人口的繁衍增多与迁徙流动，逐渐出现不同姓氏的人共居一村的现象，但同一姓氏的人依然相互毗邻而居，有的则以门楼相隔。G村村民的主要姓氏为覃、罗、廖，现在依然保持着传统的居住习俗。由于壮族是以稻作农业为主的农耕民族，其村落则选择依山、傍水、近田，以方便农作。村落房屋朝向南、东或东南，忌朝向北面；房屋开间（包括楼梯级数）流行奇数，忌偶数；忌房屋大门正对大道、巷口或白色崖洞；忌在旧庙址上建房屋；村落或房屋前挖塘蓄水，房前屋后种竹植树。屋前檐要高于后檐，形成昂首挺立的阳刚之势；男居左室女居右室、男居上室女居下室；神台后的居室由老年男性居住；门边立以雕刻的石狗，用以镇宅辟邪；门搭上刻画太极或八卦图像，以驱逐鬼邪入室，保持居室清静；忌坐在门槛上；主人不在家，外人不得擅自推门入室；外人不得随意进入主家卧室、闺房或储藏室；家有新生儿须插门标，一个月内外人不得进入，否则要喝酒或茶以解禳；不得随意触动厅堂神台上的香炉等。这些习俗是人们对平安、幸福的追求与期待，是对各种灾害的畏惧和防范。

（四）经济发展情况

G村经济发展主要优势在于种植砂糖橘、养殖田螺、养殖土鸡，目前砂糖橘种植面积已达2000亩，2020年约400亩已经进入产果期，出果量达到200万斤，2021年约600亩已经进入产果期，出果量达到260万斤。结合养殖田螺得天独厚的自然条件，G村于2019年建立了田螺加工厂，目前建成田螺养殖示范基地一期278亩，其中合作社养殖示范178亩。田螺养殖基地于2020年5月开始陆续投放种螺，每年让养殖户人均增收5000元以上，村集体经济分红4.1万元以上。同时，利用山地优势，在田弄果园建立了村集体生态土鸡养殖基地，2020年村委会追加投资5万元扩大其养殖规模，直接带动合作农户户均增收0.8万元，增加村集体经济收入1万元，2021年继续追加投资7万元，直接带动合作农户户均增收1.2万元，增加村集体经济收入1.4万元。近年来，乡村产业经济的发展吸引了相当一部分人回村创业，如村团支书LQD就是一个典型的例子。

（五）交通情况

"由于交通的改变，并且总是朝着人类便利交往的方向而变，这样不仅促进了物资的流通，也加快了人的交往频率，扩大了人的交际地域。由于物资的流通，过去没有的东西今天可以买到，人们对于自己的传统生活方式及用品有了新的选择。而自己的物产也可以上市交易，并依据市场的需求而生产，又带动了新的产业的出现。"① G村曾经是市级重点帮扶的"十三五"贫困村，为了帮助乡村脱贫，在三家帮扶单位的共同努力下，不仅对村子里八个屯的路面进行了硬化，同时也实施了从乡村到乡镇、县、市的道路工程，为村民的出行提供了很大的便利，也为乡村经济的发展打通了枢纽。

（六）非物质文化遗产现状

非物质文化遗产作为人民群众在日常生活、劳动、文化娱乐中产生，又是在日常生活、劳动、文化娱乐中保存、发展的文化形式，与各个群体生产、生活环境息息相关。一方水土养一方人，人们在不同的生产、生活环境中形成千姿百态的语言、生产技艺、生活习惯、游艺娱乐、文学艺术，这些带有浓郁民族、地方特色的传统文化，在历史的演变中，有的被强化，有的在消失，而能保留至今的则成为弥足珍贵的人类精神家园，使一个地方、一个民族、一个群体被打上强烈地方、民族色彩。笔者在调研中得知，当地具有代表性的非物质文化遗产非常丰富，具体包括：以三月三、正月初九芒篙节为代表的民族节庆；以赛龙舟为代表的传统体育；以彩调、文场、山歌为代表的传统戏曲；以生育、婚姻、丧葬为代表的人生礼仪习俗；以滤粉、芙蓉酥、龙舟为代表的传统制作技艺；以"十大碗"为代表的饮食习俗；以起房造屋、耕作为代表的生产技艺习俗等。

（七）脱贫攻坚战所取得的成就

G村作为曾经是市级重点帮扶的"十三五"贫困村，在乡村振兴战略

---

① 郑晓云：《文化的认同与文化的变迁》，中国社会科学出版社1992年版。

的推动下，如今发生了翻天覆地的变化。2017 年年底，在各级政府的共同扶持下，乡村发掘自身发展动力、攻坚克难，打赢了脱贫攻坚战，贫困发生率、村集体经济收入等 12 项指标均达到脱贫摘帽标准，全村顺利脱贫摘帽，贫困率由原来的 30.8% 下降到 2.9%，顺利完成了脱贫任务。2015 年全村共识别建档立卡贫困户 186 户 640 人，贫困发生率为 30.8%，其中 2014 年、2015 年退出户 57 户 204 人，经历贫困人口动态调整后，共有建档立卡贫困户 171 户 603 人。2016 年脱贫 29 户 109 人，2017 年脱贫 91 户 283 人，2018 年脱贫 3 户 10 人，2019 年脱贫 2 户 4 人，2020 年年底已经实现了全部脱贫，2021 年开始从政治、经济、文化、社会、生态等方面全面推进乡村振兴。

第三节 乡村治理生态

一 乡村具有传统"熟人社会"的特征

笔者在调查中发现，由于 G 村地理位置偏远，尽管乡村受到了现代化冲击，但仍在相当程度上保留了着传统"熟人社会"的特征。在乡村内部，村民之间都非常熟悉，对每家的状况以及发生了什么事情，大家也都很清楚，这也为笔者的田野调研带来了很大的便利性。这种熟悉也造成了村民彼此间的信任。费孝通对乡土社会的理解非常多面，"熟悉"是其中一个非常重要的面向。他在《乡土中国》中写道："乡土社会在地方性的限制下成了生于斯、死于斯的社会。常态的生活是终老是乡。假如在一个村子里的人都是这样的话，在人和人的关系上也就发生了一种特色，每个孩子都是在人家眼中长大的，在孩子眼里周围的人也是从小就看惯的。这是一个'熟悉'的社会，没有陌生的社会。"①

我们村的人都非常热情好客，从外面来的人可以随便去哪一家喝

---

① 费孝通：《乡土中国 生育制度》，北京大学出版社 1998 年版。

酒、吃饭，不管之前认识不认识，酒喝开了大家就都认识了，我们也都会用家里最好的饭菜去招待客人，有时家里没有准备好菜，客人突然到访，我们都会觉得特别不好意思。（LDL，村民，男，壮族，45岁）

我去乡里接小孩，一般都是一下子接四五个，谁家有事了，大家提前互相打个招呼，没事的那个人就把小孩一下子都接回来了。小孩回来后也是谁家有饭就去谁家吃，这都是大家习惯了的事情。（QXF，村民，女，壮族，30岁）

去年村里一个老人突然生病，孩子都在广州打工，回不来，邻居们知道以后，都自发轮流照顾这个老人，差不多一个月的时间，老人才恢复健康，大家都在一起生活了这么多年，在心里面早就把彼此当成家人了，不分你我的。（QMT，屯长，男，壮族，55岁）

在我们村，几乎没有人不好好赡养老人的，家家户户都对老人非常好，我们经常在电视上看到不养老人的事情，这在我们这里是不可能发生的，大家都是熟人，你不养老人，在村子里就没法做人了。（LYY，村民，女，壮族，49岁）

由此可以看出，G村社会仍在相当程度上保留着传统"熟人社会"的特征，存在着大量具有地方性特点的非正式制度，这种地方规范恰如费老所说，是一种生活在这个社区的村民自然而然具有的一种知识，对于乡村社会的秩序维护具有不可忽视的作用。

二 乡村居民的生活水平不断提高

（一）乡村居民收入大幅增长

广西壮族自治区成立60多年来，特别是改革开放极大调动了人民群众的生产经营积极性，广西经济快速发展，产业规模不断发展壮大，就业人数不断增加，工资水平不断提高和收入渠道的逐渐增多，广西城乡居民的收入大幅增长，储蓄存款连年增加。2019年广西城镇居民人均可支配收入为 34745 元，城镇居民人均消费支出为 21591 元；2019 年广西农村居民人均可支配收入为 13676 元，农村居民人均消费支出为 12045 元。① G 村在 2018 年、2019 年、2020 年、2021 年人均年纯收入分别是 7685 元、8383 元、9142 元、9876 元，并随着乡村治理水平的不断提升呈现逐年稳步上升的态势。虽然人均年收入和全国人均年收入、广西农村居民人均年收入相比，存在明显的差距，处于较为落后的状态，这决定了乡村治理最主要的任务是带领乡村居民增加经济收入，但是，从乡村自身发展来看，特别是脱贫攻坚战略实施以来，随着乡村产业经济和集体经济的不断发展和壮大，乡村村民的经济收入水平有了很大的提升。一位曾经是贫困户的 Q 姓村民说：

> 我家原来是村里典型的贫困户，家里孩子多，老婆身体又非常不好，我也没办法出去务工，家里人吃饭都成了问题。村干部在发现这一情况之后，将我家列为重点扶贫对象。村干部鼓励我养牛，在政府的扶持下，现在我家一共养了十头牛。家里也种植了砂糖橘、养殖田螺，这两年家里的经济收入一下子提高了很多，还有了存款，归根结底还是要感谢我们国家的政策。（QLH，村民，男，壮族，38 岁）

村主任 QQJ 谈道：

> 这几年国家对民族地区乡村的发展制定了许多优惠政策，村民的收入水平都有了大幅提高，我们充分利用这些优惠政策，大力发展乡村经济产业，不断激发村民的生产积极性，进而提升家庭收入水平。现在，村里再也不会出现吃不饱、穿不暖的现象，今年村里又有 5 户购置了家庭汽车，这点也反映了我们村民收入在不断提升。（QQJ，村主任，男，壮族，52 岁）

---

① 广西壮族自治区统计局：《广西壮族自治区国民经济和社会发展统计公报》，2017 年。

(二) 消费水平大幅提高，消费结构不断改善

随着乡村居民收入水平的大幅提升，人均消费支出也较快上升。根据相关统计资料，1985年，广西农村家庭人均消费支出为268.3元。1995年、2000年、2005年、2010年农村家庭人均消费支出分别上升到1142.04元、1487.96元、2349.60元、3455.29元。党的十八大以来，城乡居民人均消费支出继续以较大幅度增长，2013年、2017年、2019年，农村居民人均消费支出为6035元、9437元、12045元。① 消费能力快速提升的同时，乡村居民的消费结构也在不断改善，恩格尔系数不断降低。在食品消费中，粮食消费量逐渐下降，肉类、蔬菜、鲜果、鲜奶等高营养、高维生素类食品消费逐渐增加。乡村居民的家庭耐用品的品种档次也不断提升，现代化家庭耐用品持有量不断增加。家用汽车拥有量稳步上升，家用汽车、摩托车、电动车取代了自行车，手机、电视、电脑、洗衣机已经普及，收音机、录音机、缝纫机等逐渐退出家庭生活。1980年，农村居民家庭恩格尔系数为63.5%，2012年降为42.8%。党的十八大以来，广西农村居民家庭恩格尔系数从2013年的40%、2017年的32.2%下降为2019年的30.9%。这反映了广西乡村居民家庭食品消费支出比例逐年降低，用于交通通信、娱乐教育、文化服务等支出比例逐年提升，在满足基本生活需要后，有更多的收入被投入娱乐消遣、个人素质提升等方面，在很大程度上提高了乡村居民的生活质量。妇女主任对此谈道：

> 这几年我们村的发展变化非常大，去年我弟弟和弟媳妇从杭州回来过年，我们每顿饭都做一大桌子的菜，平时我们自己也是这么吃的，荤素搭配，我们自己种蔬菜、养鸡，去赶集的时候买一些自己家没有的蔬菜和肉类，弟媳妇说感觉我们现在的生活水平比他们都高。去年我们也买了辆新车，每天接送小孩去乡里上学也方便了许多，周末还可以带小孩去县里逛逛。上周去县里给小孩买衣服，买了一件400多元的羽绒服，小孩特别高兴。说起来还是要感谢国家的政策和

---

① 广西壮族自治区统计局：《广西壮族自治区国民经济和社会发展统计公报》，2017年。

驻村工作队，为我们村做了许多有益的事情。（LHF，妇女主任，女，壮族，40岁）

一位村民对此也说：

过去收入低，家里种什么就只能吃什么，连蔬菜也很少买，现在收入高了，家里肉、牛奶、蔬菜样样俱全。家里去年也添置了一辆轿车，出行方便了很多，农闲的时候我就带着家人去县城逛逛，体验一下城市的生活。（QDL，村民，男，壮族，38岁）

（三）居住条件极大改善，出行便利

受我国经济发展水平的制约，在相当长的一个时期内，乡村居民住房条件改善速度比较缓慢。在广西壮族自治区，20世纪六七十年代，乡村存在大量土房、茅草房。改革开放之后，乡村新建住房中砖木结构和钢筋混凝土结构的住房逐渐增多。随着改革开放的不断深入，2007年起，广西启动乡村茅草房改造工程。2009年起，广西实施乡村危房改造项目。2012年广西乡村家庭住房中，钢筋混凝土结构的面积占人均居住面积78%以上，乡村居民人均居住面积35.98平方米。党的十八大以后，广西对民生投入进一步加强，乡村居民居住条件改善步伐加大，基础设施不断升级、完善。2013年起，实施为期5年的危旧房改造计划，乡村贫困户住房困难的情况得到大大缓解。2016年，广西乡村居民家庭人均居住面积达到46.28平方米。为实现乡村贫困群众"两不愁，三保障"目标，2019年田野点精准实施乡村危旧房改造，至2020年年底基本完成建档立卡贫困户等4类重点对象现有存量危房改造任务，全力打赢了脱贫攻坚战。村干部QQJ说：

为了方便群众，更好地给群众办实事，危房改造手续非常便利。有些群众出于年龄比较大、行动不便等原因，自己办理手续比较困难。县里送政策、送审批、送服务、送基金上门，专门协助群众办理，一次

都不用跑，就能搬进新房。（QQJ，村主任，男，壮族，52岁）

在乡村振兴背景下，为改善乡村基础设施建设相对滞后的现状，村干部积极协调市、县相关部门，在相关部门及后盾单位市人大常委会的大力支持下，共协调到基建资金1072万元，争取到美丽乡村专项资金81万元。在"十三五"期间，G村提升巩固了4条灌溉水渠，修建了两座公路桥，硬化了5条约10公里的产业路、8条约30公里的通屯道路，共惠及村民417户1339人。随着危房改造、桥梁建设、河道清淤及硬化、产业路建设、通屯道路硬化扩宽、饮水工程、水利灌溉等一批批项目的建成，极大改善了村民的生产生活条件，也方便了群众出行和农产品的运输，为乡村振兴工作做好有效链接。第一书记说：

在饮水提升项目工程中，最难的部分就是上山找水源，由于水源点的不断变迁，我们要到山里找一处稳定、干净的水源引入水渠，在那段日子里，我每天都和村干部、村民一起跋山涉水寻找水源，村里8个屯的饮水工程得到了巩固提升。（YMX，第一书记，男，汉族，35岁）

2018年，新修的4公里的产业路把原本由于地理原因分割的"上四屯"和"下四屯"连为一体，彻底结束了"上下屯"分离的历史，将原来40分钟的车程缩短为现在的6分钟，解决了村民们出行难的问题。一位村民开心地说：

原来一到下雨天就特别发愁出行，好多天路上都是泥巴，自行车、电动车和摩托车都没办法骑，遇到事情需要出门，那可太不容易了。现在好了，路修好了之后，下再大的雨都不耽误出去办事。（LZJ，村民，男，壮族，51岁）

三 村民教育程度总体偏低

贫困地区乡村居民文化素质较低既是贫困产生的根源，又是贫困的结果，二者之间存在着一种恶性循环机制。教育是提高乡村居民综合素质、破解贫困恶性循环的重要方式，也是阻止贫困代际传递的重要途径。广西壮族自治区原有的教育基础比较薄弱，进入21世纪之后，随着广西经济的快速发展，广西的教育经费投入也连年增长，极大改善了农村义务教育的办学条件和环境，进一步促进城乡协调均衡发展。同时，广西通过精准帮扶的方式，帮助乡村贫困学生学习就业，实现了贫困人口脱贫致富。

乡政府通过扎实落实县、乡两级干部定人、定向联系的帮扶责任，全面负责、全程跟踪贫困户子女，直至其完成学业和就业。近几年来，G村无一小孩辍学，大学升学率逐年提升，2020年、2021年分别有5人、6人考上二本及以上的大学，村委会奖励每位大学生5000元助学金。但从整体上来看，乡村居民受教育程度仍然偏低。据统计，受教育程度为小学的人占40.42%，受教育程度为中学的人占41.97%，受教育程度为高中的人占13.27%，受教育程度为大学的人占6.34%。由此可见，乡村居民受教育程度仍然整体偏低，这主要是由于长期以来乡村存在的师资力量不足、教师结构不合理、教师专业素质较低等问题所致。当前，乡中小学音乐、体育、美术、英语、地理、生物等学科的专任教师仍然相对缺乏，教师队伍专业性不强，课堂教学整体水平不高。从社会学的理论来看，受教育程度和个体接受新鲜事物以及其认知能力、理解能力呈现正相关。也就是说，乡村居民整体受教育程度偏低，在很大程度上限制了他们参与乡村治理的能力，也导致他们不能准确理解和掌握国家颁布与实施的相关政策。这种现象的存在进一步增加了村干部的治理难度。为此，在相关惠农政策下发以后，村干部不得不挨家挨户登门上访去逐条解释文件的释义。

在田野调研过程中，笔者发现村干部的文化水平也较低，有些村干部连基本的用电脑打字也不熟练，对一些文件也不能准确理解，这反映了当地居民受教育程度不够高的整体事实，不能完全胜任参与治理的重任，影响乡村有效治理的实现。一位乡镇政府工作人员也是包村干部在谈到选举村干部时说：

> 村干部的文化素质整体较低，这导致了许多文件性的基本简单工

作都必须由我和驻村帮扶干部来亲自做，所以我们的工作事务特别多，基本上每天晚上都忙到半夜才睡觉，而有些村干部却每天没有什么事情可做。所以现在我们就开始考虑下一届的村干部人选，一定要选举一些文化水平较高的村民来担任村干部，但现在有一个问题就是，文化水平较高的大学生基本上都是在外面工作，不愿意回来。这也是我们现在大力发展产业经济的动力，希望通过产业经济的发展吸引更多人才返乡，共同参与乡村治理。（WQS，驻村干部，男，壮族，30岁）

我是小学二年级就不读书了，那个时候不太注重上学，我们这一代好多都是小学、初中毕业就不再读了，说影响吧，当然有很大影响，有些报纸上的字我也认不全，想出去打工，但觉得文化不够也不好找工作。（LTF，村民，男，壮族，42岁）

实现乡村有效治理，要求治理主体的多元化，村干部和普通居民作为乡村社会中非常重要的治理主体，由于受教育的程度偏低，将会制约他们参与乡村社会公共事务治理的能力和水平，影响多元治理主体间实现有效互动。

四 村干部队伍结构发生显著变化

在乡村振兴背景下，基层政府由"汲取型"向"服务型"的转型进程中，在有着"皇权不下县"深厚基层治理传统的中国，任何形式的乡村治理始终不能偏离村民自治主题。从乡村治理实践来看，国家权力重新回归乡村社会，村民自治并不排斥国家权力，国家在乡村治理中扮演着资源供给者的角色，将各类资源输入至乡村社会，国家权力与村民自治二者在乡村治理场域中呈现出协调共生的关系，对村民自治实践具有重要意义。

在国家治理权力下沉进程中，乡村村干部队伍结构发生了显著变化。除了村民自治选举出来的村民委员会和村党支部委员会两个治理主体，还有来自国家权力下派的驻村帮扶干部。从工作职责来看，村"两委"由村民选举和提名产生，和群众接触也最为密切，可以更充分了解乡村的实际状况和村民的实际需求。在乡村治理中入户宣传、讲解国家政策、动员村民参与治理等方面的繁杂工作由村"两委"来完成。与此同时，国家下派的驻村帮扶干部在乡村治理中也发挥着重要的作用，主要表现在以下几个方面。

一是可以避免国家资源向乡村输入时出现的局部空转情况。国家资源以项目制的形式输入乡村社会，在资源分配中容易产生精英俘获和分利秩序的不良现象。为此，驻村干部在乡村组织开展党建工作，努力提高村干部队伍的整体素质和政治觉悟，全面加强项目管理和监督，公开自上而下的国家资源使用情况，避免暗箱操作，以解决基层代理人的谋利化难题。

二是可为乡村发展带来丰富资源，增强村民自治。经济收入的提升则会增强村民参与乡村治理的意愿。作为驻村工作队队长的第一书记，特别是来自职级较高且具有实权单位派出的第一书记，在借助于派出机构的平台基础上，为乡村发展带来的资源也就更为丰富，为村民自治创造了有利条件。2014年市级单位向G村下派第一书记，并提供扶贫资金，在第一书记的带领下，将螺蛳、柑橘、山鸡作为村主导经济产业。近几年乡村集体经济蓬勃发展，合作社给予村民实实在在的分红，激励了一些常年在外务工的乡贤返乡担任经济发展领头人，很多年轻人也纷纷回乡发展，他们对村集体经济、基础设施建设、合作社如何实施分红等乡村事务非常关心，参与村民代表大会的积极性也有很大程度的提高。目前，越来越多的在外务工的村民返回家乡加入村合作社，参与乡村治理。一位村民表示：

> 在外务工每月也就是赚两三千块，还照顾不了老婆、小孩和老人。现在国家的政策对乡村支持的力度越来越大，我们返乡加入村合作社，每年的收益也不少，还能为家乡的发展贡献自己的一分力量。所以，现在越来越多的村民都有返乡发展的意愿，我的两个弟弟原来都在外务工，今年都回来了，村里也越来越热闹了。（QSB，村民，男，壮族，29岁）

三是驻村帮扶干部可以更专业地向村民传达、解释国家政策，激发村民自治内生动力。驻村帮扶干部在文化水平、思想觉悟等各方面都要比村干部高,驻村帮扶干部对于国家政策也有着准确的理解和把握。所以,驻村帮扶干部可以更为专业、全面地为村民讲解、传达国家政策,实现自上而下的政治动员。笔者在对田野点调研时发现,在脱贫攻坚阶段,关于贫困户的识别、调整与退出、返贫纳入等方面的村民代表大会中,村民的评议热情非常高,贫困户评选和调整甚至比选举村两委干部还要竞争激烈。但是,仅靠村民的评议难以选举出真正的贫困户,容易产生投票偏差,一些人缘不好的真正贫困户无法通过村民代表大会投票产生。为此,驻村帮扶干部在村民代表大会召开之前入户为村民详细讲解扶贫政策,打消村民疑虑,甚至表示"我们帮助真正贫困户脱贫,以后这些人不会再向大家借钱,不会再去你家蹭吃蹭喝"。之后,在召开村民代表大会中,即使人缘不好的贫困户也获得了村民代表的支持,全票通过。另外,贫困户脱贫和贫困户识别程序相同,都需要村级民主评议和"两公示一公告"程序,个别贫困户不愿意脱离国家扶贫的优惠政策,在达到脱贫标准后也不会主动提交脱贫申请。驻村帮扶干部会对贫困户户主详细讲解政府对贫困户所实施的脱贫不脱政策的具体措施,所有符合脱贫标准的贫困户都自愿提交了脱贫申请。由此可见,下派驻村帮扶干部作为国家权力的代表在民族地区乡村治理中并不与村民自治产生对立,而是发挥着村务工作协助者的作用,真正解决了村民的实际诉求和需要,获取村民的支持和信任,激发了村民自治的内生动力,如此便形成了一个良性互动的局面,不断提高乡村社会的整合度。

五 国家对乡村社会的资源投入力度持续增加

2006年农业税的取消无疑是国家对乡村政策的一次重大战略性政策调整。自此,乡村治理资源的流动方向发生了变化,国家对乡村政策由资源汲取型向资源输入型转变,国家越来越多的资源流入乡村,乡村也开始分享到国家发展的成果。在此之前,国家从乡村提取资源来进行社会主义事业建设,乡村大量的劳动力和物质资源流向城市,导致城乡之间发展严重失衡,乡村呈现衰落迹象。税费取消之后的资源流动转变的根本目的则在于着力提升乡村治理的效率和水平,促进乡村治理现代化,化解乡村长期存在的公共服务供给不足的问题，也是国家对于现有乡村治理模式创新的大胆尝试和有益探索。特别是党的十九大报告提出乡村振兴战略以来，乡村发展被纳入整个国家发展战略之中，国家对乡村治理日益重视，国家对乡村社会的资源投入力度持续增加，各种惠农支农资源源源不断地以专项资金的形式下乡，专项资金具有专款专用、降低资金挪用概率等优势特征。未来可预见的是，国家对于乡村发展的公共资源的输入不会止步，只会越来越多。由此可见，项目制已成为国家对乡村输入资源的主要方式，从而可以更充分地满足村民对乡村公共用品的需要。

乡村振兴战略实施以来，G村申请立项了多个项目，主要包括螺蛳养殖、山鸡养殖、蜜橘种植、产业路硬化、排洪道三面光建设、水坝修复工程、灌溉水渠三面光建设工程等。为了解决项目落地"最后一公里难题"，科学、公平、合理地分配财政专项资金，G村主要采用村民议事会的方式来商议、决定项目资金的分配和管理。村民议事会作为乡村的常设决策机构，主要负责乡村重大事务的讨论和决策，是在原有村级权力结构中嵌入的一个新的权力中心。村民议事会制度规定其成员不少于25人，其中村组干部不超过40%，村民议事会成员由村民选举产生，其选举过程与村两委选举同步。村民议事会成员主要由包村干部、驻村干部、村两委干部、党员、屯长、村企业代表以及村民代表等治理主体构成，充分彰显了乡村多元共治、民主协商的治理特色，从而可以更好地实现对基层干部的权力监督，进一步提高资源分配和使用效率。长期以来，乡村重大公共事项决策权往往由基层主职干部所掌控和支配，项目实施过程带有较强的自上而下的治理色彩。可以说，村民议事会这一制度创新真正凸显了村民在公共服务需求表达中的主体地位，村民在乡村重大公共事项中的主体地位得到了合理保障，村干部的决策权被压缩，这在很大程度上能够充分调动普通村民参与乡村事务中的积极性，实现村民与其他治理主体的良性互动。

每次产业项目的申报都由村工作人员统一制定民意征集表，即"户推表"，由各个屯的屯长发放给各屯村民亲自填写，对于外出务工人员也必须由屯长联系获知其真实意愿。各屯屯长收集"户推表"之后，召开村民小组议事会对相关项目进行商讨，确定本屯拟推荐的项目，随即提交给村两委。村干部根据实际情况对项目的实施可行性和所需资金进行预估,将可实施的项目交由村民议事会进行协商讨论。村民议事会成员对所提交的相关项目进行投票表决,只有票数超过 2/3 的项目才能入围名单。随后,村干部将入围项目报请乡镇政府进行审查。乡镇政府公布审查名单后,村两委再次举行村民议事会,对入围项目进行表决,对票数未超过 2/3 的项目进行淘汰,票数超过 2/3 的项目最终获取立项。同时,村委工作人员将所通过项目进行张榜公示,村民无异议后则进入项目实施阶段。最后,在项目竣工之后,也必须经由村民议事会进行质量评议,合格达标后才能给施工方划拨项目工程款。

六 乡村治理现代化的能力增强

自脱贫攻坚和乡村振兴战略实施以来,在党和国家的集中统一领导下,G 村发生了翻天覆地的发展变化,在乡村治理体系完善和治理能力提升方面取得了很大进展,乡村治理取得了历史性的成就,对于推进乡村振兴战略的实施、民族的团结和谐以及国家治理现代化具有重要意义,也彰显了我国国家制度体系和治理体系的巨大优势。

乡村治理体系现代化意指建立以村两委为核心的具有现代价值属性的组织系统和制度安排,具体包括组织结构、治理过程和实施方式三个方面。随着乡村振兴战略的实施与推进,在乡村治理实践中呈现出三方面的逻辑:组织结构的科层化、治理过程的规范化、实施方式的技术化,具体表现在:

第一,乡村进入后税费时代,乡村组织结构的科层化逻辑愈加明显和增强。村干部的职业化程度和乡镇政府对村级组织人事管理具有进一步强化的态势。当前,面临乡村振兴的一系列治理任务和要求,乡村村干部的"兼业"状态已不再满足乡村治理的现实需求,开始实施"坐班制"或值班制。基于发展的现实状况,实施值班制的值班时间具体如下:村主任 QQJ 为每月 1—6 日,村支书 YHL 为每月 7—11 日,副主任 QJH 为每月 12—16 日,村委助理 WLY 为每月 17—21 日,团支书 LQD 为每月 22—26 日,妇联主席 LHF 为每月 27—31 日。在笔者与村干部谈到为何不实施坐班制时，村支书说：

> 目前主要是工资太低了，一个月只有一千七百多元，实行坐班制不符合实际，工资低难以应付家庭开销，所以在现有情况下只能实行值班制，不值班的时候村干部还可以去做自己的事情，增加点家庭收入。（YHL，村支书，女，汉族，45岁）

在后续田野调查中，笔者获悉，自2021年起国家已经大幅提高了村干部的薪酬，对其职业岗位形成保障，进一步加强村干部的职业化程度。

第二，为了较好地应对乡村振兴给乡村社会所带来的新任务和新问题，乡村治理过程也不断规范化，呈现出制度化和程序化的趋势。在税费改革之前，基层政府主要侧重于农业税费征收和计划生育等硬性指标，由此带来村级事务管理制度的不健全以及村两委干部在部分事务上的决策和裁量不遵循规则等不良现象。在乡村振兴背景下，在乡村治理中，针对村干部竞选人具有"五禁止""七不宜"选举制度，村级财务上出台了"零招待"制度，以及在村集体"三资"管理、环境治理、项目管理等方面治理的制度化都有集中体现。治理过程的制度化在于保障村民的正当权益不受侵害，实现对治理过程全方位的监督和防控，达及治理结果的公平与公正。与此同时，乡村治理过程也走向程序化。村民选举、村级财务的开支环节、项目的竞标和实施都按照标准化的治理原则和多层面的审批程序进行。

第三，随着电子技术的迅速发展，治理的信息化极大提升了乡村治理信息传递的精准性和效率，乡村治理实施方式的技术化逻辑已成为不可避免的发展趋势。当前，在乡村治理实践中，贫困户和项目的管理、土地流转交易信息、纠纷调解信息、阳光惠民政策等各类政务或村务都借助大数据、"互联网+"、人工智能的理念和技术，大大提升了乡村治理的智能化、精细化、专业化水平，此种治理方式也是非人格化治理的具体表现形式。这种借助于网络技术的、不具有人格特征的标准化治理方式更有利于有效发现治理的盲点，形成横向和纵向、深度和广度协同的治理全方位覆盖，确保村民权益得到充分保障，实现治理结果的精准性。

乡村治理现代化既包括"物"的现代化，也包括"人"的现代化，治理能力归根结底是治理主体的能力，乡村治理能力现代化具体可以分为领导能力、服务能力和公共管理能力三个方面。

其一，作为乡村治理的主体性力量，乡村干部的领导能力是乡村治理能力现代化的核心，在乡村治理过程中发挥着重要的引领作用。当前，乡村干部的领导能力整体呈现精英化的特征。乡村的驻村干部是由政府所选派的受过高等教育、年轻化、高素质的优秀人才来担任。在驻村干部的带领下，不断培养并提升现任村两委干部的领导能力。鉴于乡村干部大多文化水平偏低，知识结构单一化，学习新鲜事物（电脑操作和网络办公）能力跟不上，对于基层党建、乡村振兴等要求较高的重点工作业务知识吸收慢，乡镇政府不断加强关于农技知识、网络办公、集体经济管理、民族政策和惠农政策等方面的专业培训，全面提升乡村干部的综合素质和治理能力。目前，随着脱贫攻坚任务的完成，乡村产业的不断发展吸引了一部分大学生及乡贤返回家乡参与治理，为乡村干部队伍建设提供了强有力的后盾力量。今后村干部的选举也更加倾向于有政治觉悟和奉献精神、有经济头脑和致富本领、有良好品行和公道之心的人才精英，他们更有能力利用自身资源和社会关系网络带领乡村经济发展和落实自上而下的各项治理任务。县农委会一位工作人员谈道：

> 这届的村干部在扶贫干部的带领下，个人素质和治理能力都有了很大提高，但在下届选举中，我们会考虑支持有能力、有魄力、有经济头脑的精英人物担任村干部，带领村民致富。（QHL，县农委会干部，男，壮族，50岁）

其二，服务能力是乡村治理现代化的关键。在服务型政府建设的理念引领下，村两委的服务型职能日益增强，服务能力呈现社区化的特征。G村将村委会的办公场所设立为村民提供一体化、柜台式便民服务的党群服务中心，将困难补助申请、民宅基地审批、社保办理、计划生育审核等村务事宜都囊括其中,这充分显示了基层政府所提供的便民服务和民生服务水平开始提档升级。同时,参照在社区开展推动服务的方式,村两委还设置了对服务进行网络投诉和信箱投诉平台,并要求村干部及时回应解决,以获取村民的认可和执政的合法性,通过服务监督和服务反馈的方式倒逼乡村服务能力的提升。

其三,公共管理能力专业化是乡村治理现代化的重点。公共管理能力是指以基层政府和部门为主体依法依规行使对各项公共事务进行科学管理的能力,为建设良好的乡村秩序提供基础。公共管理能力专业化集中体现在公共管理的责任化。乡村通过制定乡镇政府干部包村、签订管理责任书、村两委干部职责分工等系列管理制度,提升管理的责任化程度,推动基层管理向专业化的方向发展,实现公共管理的现代化。

需要强调的是,乡村治理现代化的实现需要高度关注乡村社会发展的实际,只有二者相匹配才能实现乡村治理现代化的实践与乡村社会协同共进。二者是否相匹配则受到乡村社会所处的时间和空间两个因素的制约。从时间上来看,G村刚刚完成脱贫攻坚任务,正处于全面推进乡村振兴的初始阶段。在这个阶段,乡村社会处于由传统向现代的转型期,农民的土地流转已经开始形成发展趋势,但小农户自耕的模式和状态还大量存在,大多数农民家庭的收入通过采取"半耕半工"的方式来获取,乡村社会具有典型的自上而下的国家整合和乡土社会自身传统特征的"复合治理"特征。这种复合治理状态与乡村治理现代化则会产生一定的张力。族规祖训、民族习惯、宗教习俗等传统因素对村民的思想和行为具有较强的影响力,在乡村治理中仍然扮演着重要的角色。这就决定了在目前的乡村治理现代化进程中依然需要人格化治理来进行相应补充。若忽视这一实际发展状况,则会出现治理现代化实践与转型中的乡村治理匹配错位,导致乡村治理现代化举措陷入局部空转状态,造成乡村治理低效。同时,乡村经济社会发展和文化教育水平相对滞后,导致部分村民的民主政治观念薄弱,参与乡村治理的积极性不足,不能与其他治理主体展开良好的互动。这些治理现状在遭遇乡村治理现代化实践时,二者的匹配则会带来空间局限。

第二章 多元主体与互动治理

政府、市场、社会作为三大主体，都不可避免地要参与社会治理。三者通过彼此互动和沟通，聚合乡村社会内部的各种资源，并转化成乡村发展的内在动力，有效地表达和实现村民的意愿和利益，更好地推动乡村社会发展。在"一核多元"治理模式下，乡村治理由单一治理主体向多元治理主体的机制转型。多元治理主体能否充分发挥自身治理优势并形成协同合作的治理关系，直接影响着乡村社会的发展。从乡村治理主体的来源方式划分，治理主体主要包括嵌入性主体与乡村社会内生性主体。嵌入性主体包括乡镇政府、驻村干部，乡村社会内生性主体主要包括村两委、社会组织、村干部、村民等。对于乡村治理而言，一个重要的方面是多元治理主体在乡村社会中是如何发挥效用的，以及彼此之间是如何互动的，这是构成乡村治理场域的一个重要方面，也是乡村复合治理的基本条件。在调研中发现，近年来，在多元治理主体的良好互动下，G村由一个贫困村实现了所有贫困户全部脱贫，政治、经济、文化、社会、生态等各个方面得到了很大的发展，乡村面貌焕然一新，村民生活也有了很大的改善。

第一节 乡村的嵌入性治理主体

一 乡镇政府：村务工作的"重要指导者"

脱贫攻坚的重点在乡村地区，全面推进乡村振兴最艰巨、最繁重的任务也在乡村地区。在从脱贫攻坚到乡村振兴的进程中，乡镇政府具有十分重要的作用。乡镇政府作为国家基层政权，依据法律法规和上级党委、政府授权,统筹管理辖区事务,为群众提供"最后一公里"服务,是联结国家与乡村社会的重要节点。当前,乡镇政府与村民委员会之间是指导与被指导的关系,推行村民自治也并不是要弱化乡镇政府的角色和作用,而是乡镇政府作为代表国家主导乡村治理最强有力的一级政权,其职能作用主要体现在对乡村治理进行整体性、宏观性的指导。确定好乡镇政府在乡村振兴战略全面实施中的治理角色,有助于发挥乡镇政府的治理作用。随着精准扶贫、乡村振兴等国家战略的实施,乡镇政府既不能效仿西方国家政府,以"守夜人""划桨者""掌舵者"角色参与乡村治理,反而要突破传统治理时期"集权者""强权者"的治理角色,更不能借口农民是乡村治理的重要主体而弱化政府职责,影响乡镇政府在乡村振兴中指导作用的发挥。在当前乡村治理中,乡镇政府要以重要指导者的治理角色出现在治理场景中,履行好基层政府职能,将工作重心回归至公共服务的供给上,为乡村振兴做好引导、协助、调节等服务工作,促使多元主体共同参与、介入乡村治理之中,做好巩固脱贫攻坚同乡村振兴的有效衔接。乡镇包村干部 WQS 在谈及乡镇政府与乡村之间的关系时,也一再强调乡镇政府在乡村治理中主要起到指导和引导的作用,其工作重点在于培育乡村的自治能力。WQS 对此谈道:

> 过去我们乡镇政府对村里的什么事都管,村干部要做什么决策必须向乡镇政府汇报。现在不同了,我们把主要决策权交还给了村委会,我们只负责宏观上的指导和服务。(WQS,包村干部,男,壮族,30 岁)

村民对当前这种"服务型"乡镇政府的满意,也体现了村民对国家政权的认可,是国家政权在乡村社会有效渗透的体现。为了更好地推动乡村振兴战略的实施,国家制定了一系列扶持政策,这些政策的落实主要靠乡镇政府来执行。在乡镇政府去落实这些扶持政策的过程中,也就自然搭建起了和村民进行有效互动的渠道,不断建构起政府的权威,使其在乡村社会治理中获得更多的话语权。笔者在调研中获悉,基于国家对乡村的扶持政策,仅在 2020 年,村基础设施改造项目就有 10 项,包括村里三个屯的产业路硬化、新建排洪渠、大坝进行加固处理、新建人行桥一座、新建水坝一座等，这些项目的实施在很大程度上改善了村民生产、生活的环境。同时，在国家扶贫政策的帮助下，村里的贫困户每月都能领到贫困补助，并且每家每户都加入了村里的经济产业社会组织，家庭生活有了很大的改善。在问及村民对国家的帮扶政策的看法时，他们都表现出了非常满意的态度：

> 现在国家政策对我们乡村的发展很照顾，过去我们这里好多贫困户，住的是危房，也没有收入，好多人就跑出去打工，现在国家搞乡村振兴，扶贫政策也下来了，贫困户住上了新房，都是政府给补贴建起来的，每个月领补助，生活就过得去了，政府还鼓励我们发展经济产业，这几年村里有田螺养殖、蜜橘种植、山鸡养殖经济发展项目，我们村民每年的收入也多了很多，好多人也就不出去打工了，生活环境也好了，路也修好了，去哪里都很方便。（QJH，村民，男，壮族，46岁）

> 原来村民见了我们乡政府工作人员，总认为我们是上面派来的，不愿意和我们交流，现在不一样了，村民见了我们都主动打招呼、和我们交流，经常会问我们最近有没有好的政策，对我们也产生了信任感，也愿意听我们对乡村发展的一些建议了。在发展田螺养殖项目的时候，对于如何划分经济收入分配问题，当时村干部和村民之间意见不能统一，后来也是在乡政府的调解下达成了统一。（WBQ，乡政府工作人员，男，汉族，37岁）

由此可见，在乡村振兴背景下，乡镇政府依靠国家优惠政策在乡村社会所建构起的权威，可以更好地促进与村民的有效互动，形成协同合作的治理关系。

二 驻村帮扶干部：村务工作的"帮扶者"

驻村帮扶干部是国家政府高度重视乡村发展的实践产物，是在脱贫攻坚背景下国家力量主动下沉至乡村以强化村级党组织建设和推进乡村振兴的重要制度安排。在乡村振兴背景下，政府权威和村民自治力量缺一不可，需要有适度的政府权威嵌入乡村治理，构建政府—社会协作互助的乡村治理新模式。国家精准扶贫、乡村振兴战略的实施使乡村驻村干部工作进入一个全新的、更具有挑战性的社会发展阶段。新时期驻村帮扶干部下沉乡村社会延伸了国家的可及之处，促使国家的在场更具能动性，更好地融合国家、基层组织、社会三者的利益与诉求，连通国家与社会，促进乡村振兴全面推进。驻村帮扶干部是由政府从企事业单位选派的优秀干部，代表政府权力嵌入乡村的治理，领导并协助村两委工作，形成了国家支持、村委主导、村民参与的多元合作性乡村治理格局。在调研中笔者发现，村干部的年龄偏大，文化程度不高，很难带领村民脱贫致富。驻村帮扶干部作为政府权威的代表，发挥着至关重要的作用，在政策落实、思想引领、资金帮扶等方面，领导、协助村两委开展乡村治理工作，较好地解决了长期以来政府不完全了解乡村而导致治理效率低下、项目错配等问题，也在很大程度上提升了基层组织能力和基层干部领导能力。在乡村治理中，村干部也充分利用熟人社会的信息优势辅助驻村帮扶干部快速融入乡村治理，全面完成帮扶任务。

G村的驻村帮扶干部共4名，乡镇包村干部1名，脱贫攻坚（乡村振兴）工作队员3名（含第一书记）。他们严格执行相关工作、考勤、请销假等管理制度，坚决吃住在村，每天App打卡；开展大走访活动，驻村帮扶干部走访、夜访农户，入户宣传政策、收集民意、化解矛盾、讨论发展计划、对农户进行感恩教育，力争年内走访完所有在家农户；坚持每天写驻村日志和走访记录，每月写工作台账和考勤记录，每季度写工作汇报，每年写调研报告和工作计划。

驻村帮扶工作队用2018—2021年的3年时间为偏远山村争取了1072万元资金。这一届的驻村帮扶工作队自2018年3月开始驻村后，迅速融入角色，带领全村谋发展、抓建设，落实人大代表接访制度，全心全意为群众办实事、解难事，想方设法帮助困难群众脱贫致富。在驻村帮扶干部的协助下，在危房改造、道路硬化、水渠建设、产业发展、环境改造等方面取得了很大的成就。驻村帮扶干部具有自上而下的政府权威性，不受制于血缘、地缘的影响，秉持公平公正的原则处理乡村事务，更容易被村民接受与认同。第一书记谈道：

> 我们刚到任的时候，上一届书记交代我们的第一件事就是注意喝酒，刚开始到任和群众不熟悉，村中的事务他们也不愿意说，在他家喝酒喝开了，他们就开始和我们交心，主动给我们反馈问题，逐渐打开了局面。喝酒也只是引子，真正能带领农民脱贫致富还得靠实实在在的作为。带动村民过上好日子，除了增产增收和建设基础设施外，还要让村民住上好房子。（YMX，第一书记，男，汉族，35 岁）

G 村曾经是一个贫困村，贫困户较多，对于愿意危房改造的贫困户，政府部门一次性给予 3 万元的补助，但是因为需要贫困户补足其余部分，有些贫困户有钱不愿要，无论如何都不肯建新房，村两委干部对此也无能为力。村民 QJQ 曾经是一位典型的贫困户，2017 年因在外务工时手指被机器打断落下残疾，生活经济来源堪忧，只能回家住在破旧的泥房子里。第一书记介绍道：

> 去他家入户时，黄土砖盖成的房子摇摇欲坠，碰到下雨时我们都只敢在外面跟他讲解政策，根本不敢进屋，多次拆迁他都不愿意拆旧建新，因为他觉得自己快 60 岁了，换了也住不了多久，他也没结婚，总感觉生活没有奔头，只想这辈子就这样了，比较消极。（YMX，第一书记，男，汉族，35 岁）

驻村帮扶干部经过分析，认为导致此结果的最根本原因在于经济贫困。为此，在驻村帮扶干部的引导下，村民 QJQ 开始养猪。2019 年非洲猪瘟导致诸多生猪死亡，猪价骤涨，他一下子赚了十几万元。驻村干部趁热打铁，QJQ 很快同意拆旧房建新房。笔者在田野调研中专门走访了 QJQ 的新家，房子非常干净整洁，提起驻村帮扶干部，QJQ 非常激动地说：

> 我这辈子都没有想过还能过上这种好日子，现在我不仅住上了新房，这几年家庭经济收入也提高了很多。说起来，我要特别感谢我们村的驻村帮扶干部，尤其是第一书记。他们为了让我过上好生活，数不清来我家多少次了，一有时间就来我家陪我聊天，做我的思想工作。有一次，他们晚上来我家给我做思想工作，走到屋子里的灯光下才发现一条小毒蛇趴在第一书记的脚上，他们为我们村民能够过上好生活真的是付出太多了。（QJQ，村民，男，壮族，59岁）

驻村帮扶干部还负责帮助村民带货，在村民中流行一句话"不会带货的干部不是好干部"。2019年，种植金桔的贫困户ZDF找到驻村干部，希望他们帮忙卖出一些滑皮金桔。驻村帮扶干部亲自"代言"把金桔源源不断地往后盾单位销售，并发动果商朋友前来收购，两万多斤的滑皮金桔很快就销售一空。妇女主任感动地说：

> 在驻村工作队的帮助下，生态鸡养殖克服了技术问题，但是销路又成了难题。为打开销路，第一书记化身"销售员""带货员"，到县、市一家家单位、超市去联系。有一次快过年了，我们的生态鸡还没销完，第一书记就和我们一起凌晨5点多拉鸡去卖，一直卖到除夕夜，他是我见过最"塄有嗦"（壮语：扎实肯干有能力的意思）的一位书记。（LHF，妇女主任，女，壮族，40岁）

驻村帮扶干部有较强的工作能力，以协助好村委会完成好相关工作为己任，切实从村民的实际需求出发，真心实意为村民排忧解难，在这个过程中，驻村帮扶干部获得了村民的信任与认可，也逐渐取得了在乡村事务治理中的话语权，进而生成自我权威，有效促进了乡村事务工作的开展。

第二节　乡村的内生性治理主体

一　乡村基层党组织：村务工作的"核心领导者"

《中国共产党章程》规定："企业、农村、机关、学校、科研院所、街道社区、社会组织、人民解放军连队和其他基层单位，凡是有正式党员三人以上的，都应当成立党的基层组织。"① 乡村基层党组织是党的"终端"，是村级政权的领导核心，负责贯彻党的路线、方针、政策，全面领导村级各类组织和各项事务，是团结带领党员和广大群众实现乡村振兴战略的工作堡垒，地位无可替代。党在乡村的战斗力来自乡村基层党组织，要全面推进乡村基层党组织建设，夯实乡村基层党组织在乡村治理中的核心地位，是实现乡村振兴的重要抓手。由此可见，乡村基层党组织是乡村和谐稳定发展的核心领导者。

当前，G村已经实现全面脱贫，进入全面推进乡村振兴的发展阶段，必须把乡村基层党组织放置于核心领导地位。乡村基层党组织作为党在乡村的领导核心，承担着领导乡村一切事务发展的重任。但这并不意味着乡村基层党组织要事无巨细地包揽、干预乡村的具体事务，而是要在当前乡村治理主体多元共存、利益诉求多样化的背景下，充分发挥领导、统筹、协调、控制、服务等治理作用，促使不同性质的社会组织共同参与乡村治理，充分发挥各自优势，实现多元治理主体的协调效应，使乡村社会呈现出经济蓬勃发展、民族和谐稳定、村民生活富裕的良好局面。乡村基层党组织作为乡村的领导核心，是党在乡村全部工作的基础，充分发挥其凝聚力、号召力，是全面落实乡村振兴战略的关键。结合乡村的具体治理，党的领导作用主要表现在以下几方面。

第一，思想领导。主要表现为乡村基层党组织通过全面贯彻落实党的十九大精神及各次中央全会精神，带领村民深入学习习近平总书记治国理

---

① 转引自《中国共产党章程》，《理论学习》2017年第12期。

政新理念、新思路、新战略及关于脱贫攻坚、乡村振兴的重要论述和系列讲话精神，提升人们的思想觉悟和认识水平，并在人民中培育社会主义核心价值观。乡村基层党组织通过各种途径和形式向村民进行党的理论宣传教育，以提高农民的思想觉悟，增强对党的理论、路线、方针、政策的认同。乡党委和村党支部组织党员采用挨家走户、党员会议、群众会议等直接宣传的方式，将党的方针政策传递于村民。由于村民的文化水平较低，为此需要采用简洁明了、通俗易懂的语言进行讲解；通过报刊、书籍、宣传册子、文艺演出、播放电影等村民喜闻乐见、形象生动的方式向村民宣传党的理论路线；发挥党员先锋模范作用，充分彰显党员的先进性，引领和号召广大党员干部和人民群众一起拥护党的指导思想。笔者在调研中发现，村民更喜欢通过文艺演出、观看影片这些方式接受党的教育。一位姓L的村民说：

> 我们文化水平低，原来一听领导讲党的理论，经常理解不了，我们也着急啊，现在我们村党员会用各种方式给我们讲解，每次有宣传理论的文艺演出、电影，我们都积极去观看，也喜欢看。（LDW，村民，男，壮族，51岁）

第二，政治领导。乡村基层党组织在乡村社会的核心领导地位决定了其必须发挥政治引领作用，保证乡村社会发展的正确方向。所谓政治领导是指乡党委和村党支部在政治态度、政治立场、政治观点等方面对于乡村社会具有直接指引和带领的作用。乡村基层党组织要牢固树立"四个意识"，坚定"四个自信"，坚决贯彻"四个服从"，做到旗帜鲜明讲政治，理直气壮树核心，巩固乡村基层党组织在人民群众中的核心领导地位，使人民群众坚定不移地拥护、追随党组织。在领导乡村社会的发展进程中，乡村基层党组织要坚定不移地坚持走中国特色社会主义道路，按照党中央对乡村振兴战略的部署和安排，把握中国特色社会主义本质，解放生产力，发展生产力，有效解决目前乡村各种新旧矛盾和深层次矛盾，实现乡村有效治理。

第三，组织领导。中国共产党的组织领导主要是通过党员在相关组织机构中担任领导工作和党组织对干部的管理得以实现。与此同时，要不断加强乡村党员队伍和干部队伍建设，提升广大乡村党员和干部的主动性、积极性和创造性，努力实现乡村基层党组织引领下的乡村治理现代化。在具体乡村治理实践中，党的组织领导体现在以下三个方面：一是在村两委等相关机构中，党支部书记 YHL、村主任 QQJ、副主任 QJH、妇女主任 LHF、团支书 LQD 等村干部都为党员，使我们党组织始终保持先锋队政党的本色，始终成为乡村社会发展的坚强领导核心。二是吸收和培养思想觉悟高的优秀青年加入党组织，增强基层党组织的凝聚力和战斗力，着力解决所面临的热点、难点问题，为产业结构调整、农民增收致富提供强有力的保障。2019年、2020年、2021年党支部共吸纳15名年轻党员，包括返乡创业大学生2名、积极进步青年13名。大学生 QHJ 在大学毕业后，毅然回到家乡发展，为村民种植柑橘、养殖田螺提供技术指导，现被聘为乡村技术指导员。三是加强对普通党员进行管理和教育，不断探索适应民族地区乡村社会发展新形势下的党建模式。

在"一核多元"治理模式下，党的领导是实现乡村社会有效治理的基本保障，而村支书也只有在做好乡村社会发展"领路者"这一角色时，才使其权威得以生成，在乡村治理场域中更具号召力。目前，在乡村社会治理中，村支书的治理角色由"经纪人"转向了"领路者"。经纪人最显著的特点是村支书是以政府为立场，处处维护政府的利益，却忽视了村民的实际需求。当村支书的治理角色转换为"领路者"时，也就意味着村支书在落实上级下达的政策的过程中，更多的是以与村民共同协商的方式完成具体的工作，不再是所有任务的强行下派，而是与村民保持良好互动后的共识结果，充分发挥乡村事务领路者的角色，不断满足村民的需求，维护乡村的利益。

> 我们村近几年发展的最大特色就是建立了一些具有民族乡村特色的新型合作化组织，包括田螺养殖产业、果园生态土鸡养殖产业、砂糖橘种植，等等，发展这些产业不是我们党支部强行要求的，都是和

我们村的村民一起协商,共同商讨发展策略制定下来的发展方案,为了解决好发展产业的资金问题,我就和驻村干部、村主任一起去市里,切实从村民经济状况的角度和相关部门商量,希望能给予更多的资金支持,让大家可以放心去搞这些产业,不要有后顾之忧。现在经常有人跟我说,书记帮我们搞的这个产业发展真好,我心里就特别开心,也有少数吵闹的,这个要看具体情况,要是合情合理,那就可以答应,如果太出格,那就不可能了。(YHL,村支书,女,壮族,45岁)

村支书作为村干部中的领头人,在处理乡村事务中,如果他的行为与村民的预期保持一致,那么村民往往会体验到村支书与他们同一立场的感受。在当下乡村治理实践中,只有村支书和村民建立起共同立场的同伴关系,村民才可以切实感受到自己是利益的主要获得者,从而更好地促进党支部和村民之间构建起良性互动的关系,这种良性互动也可进一步促进党支部在乡村社会树立更高的领导权威,增强村民对党支部权威的认同,也只有党支部的权威得到村民的认可才是真的权威。

二 村民委员会:村务工作的"具体执行者"

村民委员会会成员主要包括主任、副主任、村委助理、妇联主任等核心成员。村民委员会是掌握村民信息最多、与村民关系最为密切的组织,具体负责乡村各项事务的运作,是村民参与乡村治理的核心平台。村民委员会作为权威性主体是科层体系的外延,作为自治组织承担着自下而上的民意。村民委员会既是政府的"代理人",负责贯彻落实国家的相关政策法规,同时也是广大村民的"当家人",承担着处理乡村公共事务、调解民间纠纷、协助维护社会治安、维护民族团结、依法管理本村属于村民集体所有的土地和其他财产、保障村民民主权益等多方面的任务。

在全面推进乡村振兴战略进程中,作为乡村自治主体的村民委员会发挥着至关重要的作用。2018年修订通过的《中华人民共和国村民委员会组织法》(以下简称《村委会组织法》)第二条,对村民委员会的性质作了明确规定:"村民委员会是村民自我管理、自我教育、自我服务的基层群众性自治组织，实行民主选举、民主决策、民主管理、民主监督。"① 根据《村委员会组织法》，村民委员会成员由村民会议选举产生，对村民会议负责，并向村民作报告。村民会议作为乡村内部最高的决策机关，其主要职责包括：审议乡村工作计划、村庄自治章程、村民公约等，以及为村民热点、难点、疑点问题商议解决方案，等等。村民委员会是村民会议的具体执行机构，承担着本村经济、政治、文化、社会、生态等多方面的建设工作。在乡村振兴背景下，村民委员会作为乡村治理的重要主体，直接面对村民，是乡村事务的具体执行者，组织、计划和推动乡村各项事务的发展，在乡村治理中发挥着重要的作用，具体表现在：

一是组织村民开展自治活动。村民委员会带领村民开展自治活动主要包括宣传国家政策、宪法和法律法规，号召村民学习、遵守社会主义核心价值体系及村民公约；召集村民共同商讨有关本村发展的各项事务；解决关乎村民切身利益的一切问题；及时向上级有关部门反映村民的利益要求；等等。

二是为村民提供所需的公共服务进行一定的公共管理活动。笔者在调研中发现，在经济方面，尽管当前乡村经济建设水平有了一定的提升，但因受复杂多样的地理状况影响，仍然面临产业发展动力不强、资金相对缺乏的问题。在此种经济发展状况下，村民委员会承担着发展各种形式的乡村经济、进一步巩固脱贫攻坚的战略成果的职责。在政治方面，村民委员会有向村民宣传党的方针政策、向上级反映村民的需求和意见的职责。在文化方面，面对村民整体受教育程度不高的状况，村民委员会有发展乡村文化教育、开展科技知识的普及以及促进乡村文化建设的职责。在社会方面，面临民族地区的环境特殊性，村民委员会有管理乡村公共事务、为村民提供公共服务、促进多元民族团结合作、维持乡村社会有序发展的职能。在生态方面，村民委员会有管理集体土地、引导村民合理利用自然资源、保护和改善生态环境的职能。为了更好地为村民提供各方面的公共服务，2018 年，G 村村委会根据自身的发展情况，专门制定了《为民服务全

---

① 《中华人民共和国村民委员会组织法》（2018 年 12 月 29 日修正），http://www.npc.gov.cn/zgrdw/npc/xinwen/2019-01/07/content_2070268.htm，2019 年 1 月 7 日。

程代理》的制度，该制度遵循公开、公平、依法、高效和自愿的原则，全心全意为村民服务；对于符合有关政策、规定、办理程序的，在规定时限内办理完毕，对于个别紧急事项，做到随到随办；制度要求工作人员对于申报事项的材料要进行仔细审核，对于需要到现场调查核实的事项，及时深入现场，认真细致地开展工作，保证在承诺期限内办理应办理的事项，办理完毕后及时向申办人交还受理事项所需的材料和告知答复等，并及时做好受理事项的登记造册、归档工作；原则上规定，每周一、周三代办低保、残疾证、独生子女证等相关手续，每周二、周四、周五代办医保、救济、养老保险等相关手续。这项制度受到了村民的一致好评。

三是协助乡镇政府的工作。《村委会组织法》对村民委员会与乡镇政府的关系进行了详细阐释，明确指出"村民委员会协助乡、民族乡、镇的人民政府开展工作"。由此可以看出，村民委员会作为基层群众性自治组织，不是一级政府，也不是乡镇政府的派出机构，在乡村治理中担负着协助乡镇政府的相关治理工作的重要职责，如村民委员会要协助乡镇政府做好教育、医疗、治安、社会保障等社会公共事务，切实提升乡村治理实效，更好地满足村民的现实需要。

四是依法开展监督工作。在乡村振兴背景下，村民委员会要协同乡镇政府、包村干部、驻村干部等监督治理计划的执行情况、乡村振兴资金的使用情况、各类项目的进展情况、乡村公共事业的建设情况及使用情况进行跟进，以及组织村民对乡村财务进行监督，以切实维护与保障村民的知情权以及合法权益。

在乡村治理过程中，村委会干部在乡村内的权威建构也需要经历一个过程，因为在长期的"乡政村治"治理模式下，乡镇政府把村民委员会当作自己的下属机构对待，村委会干部候选人的提名也经常由乡镇政府来决定。村委会干部在行为实践中也就自然而然地倾向于乡镇政府，没有真正为村民带来帮助和利益。由此，村委会干部也就被村民视为乡镇政府的下属，村民对村委会干部的敬畏之情也逐渐被削弱，村民不会像以前一样全面依赖村干部。在乡村振兴背景下，乡村治理由政府一元主体"单治"向多元主体"共治"发展，村委会干部通过更多地去反映村民的利益诉求，并不断为村民提供有价值的回报,来满足人们的需求,重塑自己的权威并得到村民的认可,成为村民口中"拿得住局面"的村干部。在贫困户实现脱贫的过程中,村干部和驻村干部一起做了大量的工作,真正为村民做实事,帮助贫困户脱贫,带领村民走上致富的道路。也正是由于村委会干部能够真正为村民的利益着想,才能获得村民的认可。也只有获得村民的认可,才能更好地发挥村委会干部的权威力量,促进乡村有效治理的实现。

> 村里现在的变化非常大,我觉得和村干部有很大关系,现在村干部都很为村民着想,也带领我们发展了一些具有当地特色的产业,村民的生活水平提高了很多,这是我们过去不敢想的,如果当个村干部啥事情都不干,我们村民就不会认可他,他的工作也就很难开展了,村干部带头带好了,大家就都跟着好了。(QFH,村民,男,壮族,53岁)

> 要想当好村干部,必须为村民办实事,要清楚地知晓村民需要什么,就尽全力去满足他们的需求。我们做工作的出发点和落脚点都是提高村民的生活水平,为大家谋幸福。我们村干部只有真正站在村民的角度去考虑问题、做事情,为村民办实事,才是合格的村干部。现在在产业的带动下,大家的生活水平都提高了,村民都很高兴,觉得我们村干部真正为村里办了实事,真心为他们着想,我们也获得了村民的认可。这些事情也为我们开展工作奠定了基础,现在我们在村里做事情也都能获得村民的支持。(QQJ,村主任,男,壮族,52岁)

三 社会组织:村务工作的"协助者"

2016年,中共中央办公厅、国务院办公厅印发的《关于改革社会组织管理制度促进社会组织健康有序发展的意见》中指出,社会组织包括社会团体、基金会和社会服务机构等形式。乡村社会组织是指"在乡村地域范围内村民自发形成,村民是乡村社会组织的主要参与主体和活动对象,基于传统组织要素进行重构并注入社会组织的理念,旨在维护农民政治、经济和社会等各方面福祉,完善乡村社会自治能力,以非营利性、非政府性、公益性为主要特征的组织"。社会组织非营利性的特征意味着它的运转资金和收益不是用来分配给组织成员的,不追求经济收益,而是为村民提供更加物美价廉的公共产品与服务,更好地满足村民对于政治、经济、文化、社会等各个方面的服务需求。尽管部分社会组织会收取会费,但费用主要用于支持组织的相关运作。非政府性的特征强调社会组织属于村民自愿组织,不是政府强制成立的,村民自愿参加,进退自由,突破了以政府为主导的单一服务模式,具有较强的现实针对性,以更有弹性的方式为村民提供更加具体和多元的公共产品与服务,改善政府供给不足或供需不平衡的治理状况。公益性的特征使社会组织可以多方面调动、汇聚社会资金,为诸多有公益心的人提供可靠捐助渠道,汇集更多的资源促进乡村振兴。在这里,将乡村社会组织与乡村权力组织如村两委、经营性经济组织如政府主导下的农民经济合作社相区分,明确乡村社会组织的性质与特征,且与社会自治的目标相联系,以进一步提高乡村的自治能力。乡村社会组织作为与乡村社会公共权力运作相对的社会自治能力建设的主要载体,改变了村民原子化状态和组织化水平低下的治理现状,是国家治理力量的重要补充,同时也是乡村治理中不可或缺的治理主体。由于社会组织的成员都来自乡村,且任何一个村民都可能出现在多个社会组织中,这本身也在强化乡村内部的社会关联,在加强村民积极参与的同时,也有利于推进乡村社会的共建和共治。

在乡村振兴背景下,为了更好地实现乡村有效治理,乡村改变了传统的治理方式,允许并鼓励社会组织参与到乡村治理中来,发挥多元治理主体的协同效应,提升乡村治理的水平和成效。乡村社会组织是一个统称,主要包括经济合作型组织和公益服务型组织两大类。乡村社会组织通过自上而下、自下而上或是"上下联动"的运行渠道向乡村提供公共服务,既能够作为基层政府的重要伙伴,补充单纯由基层政府对于乡村公共服务供给上的不足,又能提升公共服务供给效率、优化公共服务供给质量,更好地满足村民在经济、政治、文化、社会、生态等方面日益多元化、差异化、多层化的公共服务需求，从而为社会治理节省了必要的成本。

G 村在 2020 年之前是贫困村，2015 年贫困摸底调查时，1513 名村民中，就有 612 人为贫困人口，贫困发生率近半，为此，发展经济合作型组织尤为重要。鉴于该村大部分年轻劳动力在外务工，经过反复调研与论证，找准了田螺养殖、生态鸡林下养殖和柑橘种植相对粗放的"弱劳动力"经济发展产业。在乡镇政府和驻村干部的支持下，田螺养殖专业合作社、生态鸡林下养殖专业合作社、砂糖橘种植专业合作社得以成立。经济合作社的特征在于村民都可自愿加入与退出，从事农业生产、养殖业生产、农副产品加工等项目，实现民主管理、合作经营、自我服务。在当前乡村社会发展中，村民迫切需要提高自己的生活水平，在了解到这些经济合作社不需要太多成本，也不是太重的体力活，又可以丰富自己的"裤袋"后，村民更愿意参与其中，经济合作社得以顺利推行。第一书记分析道：

> 按照一亩一千斤田螺、均价 4 元计算，一亩主养螺蛳的稻田能为村民带来 4000 元的收入，外加养螺蛳的稻田不播撒农药化肥，米价能达到每斤 5 元，所以说养殖螺蛳的收入相当可观。（YMX，第一书记，男，汉族，35 岁）

除了田螺养殖这一特色产业，驻村干部又筹集到 10 万元资金，建立了生态鸡林下养殖合作社，由于生态鸡是纯绿色养殖，主食谷粒、玉米和构树，经过口口相传和回购，生态鸡林下养殖合作社成立当年，销售额就达到了 15 万元，给予了农户发展产业经济极大的信心与鼓舞，实现了产业助脱贫的目标。G 村位于大石山区，适合耕种的作物较少，但相对适宜柑橘类作物的种植，在乡镇政府和驻村干部的帮助下，柑橘种植合作社的农民主要以种植金桔为主。每年金桔包邮到上海，价格能达 30 元一斤，村民获得了较大的经济收益。

公益服务型组织是目前乡村发展数量最多的社会组织，是我国乡村社会组织的重要组成部分。公益服务型组织主要是指由村民自愿组成，在乡村进行互助、关怀和救济的公益型、服务型社会组织。乡村妇女手工坊、艺术协会、老年协会等属于公益服务型组织。随着乡村振兴战略的提出，结合民族文化的手工品制作成为推动乡村振兴的有效探索路径。在妇联主任的带领下，G村成立了妇女手工坊，其宗旨为"开发传统手工艺品，丰富乡村文化生活，促进妇女参加乡村治理"。在传统生产力低下时期，乡村妇女一直都有做各类手工的传统。然而，随着市场经济的发展，近些年手工业逐渐消退。随着妇女手工坊的建立，不仅对继承传统文化、创新民族文化等方面产生了直接推动作用，同时在这个社会组织平台上培养了一批有公益心、积极主动参与乡村治理的妇女骨干。虽然目前妇女手工坊规模较小，手工业还未能给村民带来更多的经济收入，但由于这种手工业没有成本，主要注重妇女能力建设，妇女也有较多的空闲时间，为此，乡村妇女的参与意愿较高。艺术协会由村里文艺爱好者自发组建，以"丰富村民文化生活，创新乡村艺术，促进乡风文明"为宗旨，弘扬民族地区乡村的优秀传统文化。文艺演出内容包括文场、渔鼓、彩调等传统艺术。艺术协会主张公益性演出，不收取任何费用，以推进乡村文化建设，实现乡村振兴。老年协会由村里的老人自发组建而成，通过开展各种活动丰富老年人的精神生活，提升老人的自主生活能力，推动老人互帮互助的养老模式。老年协会中的老人现在成了乡村治理中一支充满活力、积极向上的银色力量。

  在每年的"壮族三月三"、牛魂节、陀螺节、苗族芦笙节、苗节、吃新节、"四月八"、花山节等传统节日，举办一些欢庆活动事务比较繁琐，只靠村委会是无法完成的，更需要社会组织的协助才能完成。所有的活动在前期准备和当天举行，都需要多个治理主体共同参与来完成。村委会干部负责整个工作的统筹安排，妇女手工坊主要负责所有文艺演出的服装和道具，艺术协会负责安排文艺的彩排和演出，老年协会负责维持活动现场的秩序，田螺养殖、土鸡养殖、砂糖橘种植等这些组织根据自身的发展情况为活动提供一定的经费支持。这些活动都展现出了乡村社会内部主体之间的分工与互动，由此也体现了社会组织在乡村社会发展中的治理功能，可以有效协助村委会进行乡村事务的管理。同时，社会组织的成员由村民组成，它的形成与运作都带有自发性的特征，由此更能得到村民的认可，进一步提升村民参与社会组织的积极性，促使村民成为乡村社会的治理主体。

> 一到节日，我们村就特别热闹，要举办各种活动，事情就比较多了，需要服装道具、场地管理、节目安排等，这只靠村干部是不行的，我们就把村里的社会组织调动起来，大家一起协作，把事情都做得井井有条，这几年再有什么活动，都不用村干部再安排，各个社会组织就自发地去做自己的事情了，社会组织在我们村的发展中发挥了很大的作用。（LHF，妇女主任，女，壮族，40岁）

> 我们妇女手工坊最忙的时候就是村里过各种节日的时候，我们早早就开始准备了，表演都需要服装道具，有时候我们妇女手工坊的人员还不够，村里的好多妇女也都自愿来帮忙一起准备。不只是我们妇女手工坊比较忙，像艺术协会、老年协会等都有他们自己的工作。（QHT，村民，女，壮族，43岁）

> 我们老年协会都是一些年龄比较大的人，每到开展活动的时候，我们就发挥自己的力量，给大家做好后勤保障工作，维持好现场秩序，我们虽然年龄较大，但也要为村里做一些贡献，再说，我们都是做一些小事情，大家都在忙碌，都是为了我们村能发展更好。（LYB，村民，男，壮族，64岁）

> 我们艺术协会是由我们村的文艺爱好者自发组建的，主要目的就是活跃村民的文化生活，平时我们就彩排各种文艺节目，但最忙的时候还要数一些重要节日的前夕，这个时候我们就要花费更多的时间和精力来进行排练，期望给大家带来更多精彩的节目。（LHB，村民，男，壮族，52岁）

四 村民：村务工作的"主要参与者"

参照《村民委员会组织法》选民登记范围，把村民界定为户籍在本村且本村居住；户籍在本村，不在本村居住，本人有意愿参与乡村治理；以及户籍不在本村，在本村居住一年以上，本人有意愿参与乡村治理的人。[①] 村民的权利一般包括选举权与被选举权、知情权、监督权等。从村民在乡村治理中发挥作用的大小，可将其分为乡村精英和普通村民。乡村精英是指在某方面或者某一领域具备突出才能的乡村居民，拥有较强的经济实力与社会资本，在乡村治理中具有较大的影响力和威信，可为公共利益、共同目标发挥带动能力的个人。QHQ、HQ、LY、LCJ 等村民在柑橘、中药材、优质稻、叶菜等产业发挥着重要的带头作用，被视为乡村精英。普通村民是构成乡村治理的重要因素，他们分散独立，个人影响力较为薄弱。在乡村治理中，村民是人数最多的治理主体，是乡村治理的主要决策主体和建设主体，参与乡村治理、建设的全过程，因而构成了乡村社会中最重要的治理主体。

在乡村治理实践中，村民是乡村治理实现自治的核心要素，是乡村治理的天然在场者，同时也是乡村治理行动的主要参与者和治理结果的直接受益者。促进乡村社会的发展，关键在于调动村民的主体性作用。实现乡村治理现代化，要坚持以村民为主体，充分发挥其自身的自主性和创造性，并发挥"乡贤"与"能人"在乡村治理中的带头作用。乡村治理的核心价值在于满足村民的现实需要，即通过培育村民的主体自觉、提升村民的治理能力等方式促进、支持和保障村民成为乡村治理的主要参与者和直接受益者。也只有将村民主体性的时代性内涵和乡村振兴战略的具体要求相联系，才能更加准确且深刻地理解村民主体性在民族地区乡村治理中的价值与作用。

第一，在经济建设方面，产业兴旺主要包含两层意蕴，"产业"主要是对农业发展在经济形态的要求，"兴旺"则强调产出的经济效益。与之

[①] 参见中华人民共和国村民委员会组织民主与法制网，http://www.mzyfz.com/index.php/cms/item-view-id-1379402，2019年1月3日。

相适应，村民的主体性地位在经济建设方面一方面体现为村民在农业生产经营活动中的市场适应以及应对能力，成为乡村经济建设的主要推动力量；另一方面则体现为村民是乡村经济发展的直接受益者，他们的生活质量和消费水平因经济发展得以大幅度提升。村干部在鼓励村民发展柑橘种植传统产业的基础上，本着"长短结合"的原则，还因地制宜种植青蒿、罗汉果等中药材，发展短期种植产业，同时带动村民发展田螺养殖特色产业，提升全村的经济发展水平，带动村民致富，实现生活富裕，充分激发了村民参与经济生产的积极性和主动性。村支书YHL谈道：

> 乡村振兴的首要任务是产业振兴，以发展特色产业带动村民就业创业，让所有村民都吃上产业饭、致富饭，保证村民年年增收，生活水平不断提升，才能不断提高村民参与乡村治理的积极性。（YHL，村支书，女，汉族，45岁）

第二，在生态建设方面，生态宜居秉持人与自然和谐相处的基本原则，加大村民居住环境整治和农业污染治理的力度，改善乡村生态环境，提升村民生活的幸福感。村民作为乡村治理的主要参与者，同时也是乡村社会生态系统的利益相关者，应充分发挥其自身的自觉性和能动性，切实担负起乡村生态治理的主体性责任，建设环境优美、生态宜居的美丽乡村。也只有充分调动起村民参与乡村治理的积极性，乡村环境整治才能产生持续的效果。鉴于乡村村民普遍文化水平较低的状况，驻村干部、村两委干部通过通俗易懂的讲授方式向村民进行环保知识宣传，传授绿色、环保的垃圾处理知识，鼓励村民以低碳、可循环的方式进行生产和生活，促使村民真正意识到乡村生态文明建设的重要性，激发村民的内在自觉。笔者在调查中发现，村民的生活环境干净整洁，所有的生活垃圾都由专人负责进行统一处理，运送至定点的垃圾处理点。村主任在谈及生态文明建设这一问题时颇有感触地说：

> 生态文明建设工作一直都是我们工作中的重点，我们运用了各种

方式向村民讲解和宣传环境保护意识。特别是在我们村的垃圾处理方面，原来自己家的垃圾都是自己处理，现在是由村委派专人负责家户垃圾的收集和运送，村民看到了整个村庄环境发生的巨大变化，态度也由最开始的被动、不情愿转变为积极主动，环保意识也慢慢增强。现在在日常生活中，村民基本上都会积极主动地处理生活垃圾和禽畜粪污以及农业种植生产中化肥、农膜等。（QQJ，村主任，男，壮族，52岁）

第三，在文化建设方面，村民作为乡村社会文化建设的主要参与者，承担着乡村文化振兴的主体责任。提升村民参与乡村文化生活的积极性与主动性是村民文化主体性的关键。在乡村振兴背景下，需要通过多种形式的文化活动不断推动村民对乡村物质文化、精神文化和价值文化的肯定和认可，促进村民由以往在乡村文化生活中的旁观者向参与者转变，以实现村民文化自觉，达及乡风文明的治理目标。以社会组织为依托，利用民族传统节日如"三月三""牛魂节""中元节"等开展各种文化活动，包括民族歌舞表演、知识竞赛、传统手工品展示等内容，丰富农民的精神文化生活。壮族一向以能歌著称，每年都会举办数次定期的民歌集会，其中"三月三"山歌节最为隆重，村里所有屯的村民都聚集在一起唱山歌，充分激发村民自身对乡村传统文化的自豪感和自信心，进而提升了他们参与乡村文化建设的积极性。同时，村委会也通过修建文化广场、购买体育娱乐设施、建造农村书屋等形式为村民开展文化活动提供条件，吸引更多村民参与到文化活动中来，使村民成为乡村文化建设的真正治理主体。

第四，在政治建设方面，村民政治参与是实现乡村有效治理的重要保障。乡村振兴战略要求乡村社会治理有效，乡村社会治理效果决定着乡村振兴水平。不容置疑，乡村治理活动离不开政府的指导和政策的支持，但如果村民自身的主体意识缺乏，参与动力不足，就不会激发乡村社会的发展活力，更无法实现乡村有效治理。通过"两委联席会议""四议两公开""村民议事会"等政治制度保障村民参与乡村公共事务的主体地位，畅通村民参与乡村公共事务的渠道，着力提升村民在乡村治理中的话语地位。也只有不断拓宽村民参与乡村公共事务的治理渠道，才能充分激发村民参与乡村治理的自觉性和积极性，促使村民成为乡村治理的主要参与者和直接受益者，从而实现乡村有效治理。

在乡村社会治理场域中，充斥着各种各样的互动关系，但究其根本，所有的互动都是乡镇政府、驻村帮扶干部、村"两委"干部等治理主体与村民间的互动，强调村民的积极参与，不断提升村民的自治能力，由此形成以村民为治理核心并层层向外的多元主体治理结构。

第三节 乡村多元治理主体的互动分析

在乡村治理中，多元治理主体良性互动的关键在于，在乡村治理过程中并非单一的主体在主导乡村社会的发展，而是由多种治理主体共同发挥作用，形成有效的协调机制。在G村的治理实践中，通过多元治理主体的良好互动，在加强基础设施建设、完善公共服务配套、培育发展乡村特色产业等方面取得了很大的进展，形成了推动乡村经济社会持续发展的"动力引擎"，真正推进了乡村社会的发展。然而，在乡村治理中，多元治理主体在治理中依然存在着一些问题，即乡村治理主体力量薄弱及互动不畅，这些问题的存在严重影响着乡村多元治理主体间的良性互动，进而阻滞了乡村社会的发展。

一 乡村多元治理主体互动类型

（一）共治型互动

共治型互动是产生最好治理效果的互动类型。治理强调治理主体的多元化、过程中的互动关系以及方式上的协同合作，在价值追求上更倾向于多方共赢。[①] 多元共治是动员多种力量参与乡村社会治理，通过有序参与、分工协作，形成共同行动、耦合结构和资源共享，是乡村治理有效的治本之策。乡镇政府和驻村帮扶干部作为乡村治理外在嵌入性治理主体，在促进乡村基层组织建设、推动乡村经济快速发展以及创新乡村治理模式变革

---

① 俞可平：《治理与善治》，社会科学文献出版社2000年版。

等方面发挥了重要作用，使乡村实现内外多元主体共治。在乡村治理场域中，共同利益或共同目标是多元主体彼此进行互动合作的基础，在"利益共享、责任共担"的治理机制作用下，乡村外在嵌入性主体以赋权增能的方式激活内生性主体在治理中的自治能力，使内生性主体自主能动性和创造性不断提升，构成合作共治力量，实现乡村外在嵌入性主体与内生性主体在治理中的良性互动，进而提升乡村治理能力。在这个互动过程中，乡村外在嵌入性主体和内生性主体充分发挥自身的治理优势，彼此之间形成了积极的互动和信任，乡村社会凝聚力得以进一步加强，即使驻村干部退出这个互动场域，这种多元主体共治状态依然可以持续发展。其中，多元主体间在互动合作中也常有冲突的发生，在冲突发生时寻找有效的协调路径是实现乡村有效治理必须解决的问题。

乡村产业振兴对乡村治理起决定性作用，其实现有赖于多元主体间的良性互动。当前，调研点基于自身特点，结合区域优势和地缘产业，以乡村产业振兴为突破口，大力发展本地的养殖和种植特色产业，打破了过去农民传统低效的小农经济生产经营方式，构建起具有地方特色的新型合作化经济组织，形成多元主体协同治理的乡村发展模式。在这种发展模式下，乡村外在嵌入性主体和内生性主体之间呈高协同样态，形成的良性互动关系更好地促进了乡村产业发展。具体而言，政府为乡村产业提供资源支持，从政策层面制定出具体的产业帮扶举措，目标是激发村民的内生动力；驻村帮扶干部在嵌入乡村治理过程中与上级政府、派出单位、村民等主体进行互动，利用自己人脉关系等资源打破科层制的束缚，整合更多社会资源，在推动乡村产业发展方面发挥着带头作用；村干部作为组织者，在乡村治理中发挥着思维创新、行为示范、思想动员的重要功能；农民专业合作社作为经济社会组织，为村民提供产品、信息、技术和资金方面的服务，提升村民的经济收益；村民作为乡村产业发展的参与主体和作用对象，通过参与政府的产业扶贫项目，不仅可以实现自身的经济利益目标，还可以提升自身的治理能力。

G村是一个较为偏远的村庄，距离县城有两个多小时的车程。交通不便，使村里的经济发展受到了制约。看到了螺蛳粉产业发展的潜力，在乡镇政府和驻村干部的共同努力下，我们争取到了政府扶持资金，免费为养殖户进行螺塘改造。同时，在驻村干部和村"两委"干部的引导下，村民积极参与螺蛳粉产业项目，目前这个产业项目已带动百余户村民。经过详细核算，田螺养殖产业每年每亩的纯利润平均可达4800元左右。（LDX，乡干部，男，壮族，46岁）

由此可见，在乡村产业发展过程中，乡镇政府和驻村干部在治理实践中不断将新发展思路和治理方法等融入村治场域，主动与村民实际诉求相对接。同时，农民在乡镇政府和驻村干部的积极引导下，更加主动地参与乡村治理，多元治理主体之间形成共治型互动关系，进而提高乡村治理效能。

(二) 形式型互动

在G村治理过程中，形式型互动主要表现为村民与其他治理主体之间的低协同样态，是一种消极互动模式。在乡村治理中，增强村民的主体意识，激发其主观能动性，更好地参与乡村治理，是实现乡村振兴的重要因素。尽管在乡村治理实践中，基层政府通过不断完善参与制度、规范参与程序、强化参与激励，以充分调动村民广泛参与乡村治理的积极性。但是，在调研中笔者发现，村民参与乡村治理的积极性并不充足。同时，在参与过程中，即使是实现了参与有效，也未必能实现有效参与。只有当村民参与能促进治理的合法性、公平性和有效性时，才达到有效参与。在百姓议事会和村民代表大会中，村民更多的是倾听式参与和表达偏好，并未将自己的实际意见和看法进行表达，并未真正影响乡村事务的决策，形成一种大家"各自安好"的形式互动，以规避互动过程中可能产生的各种矛盾冲突。之所以出现此种情况，其内在原因在于村民过分依赖乡政府和村委会，主人翁的认知较为模糊，这也是由于在传统的乡政村治治理模式下，基层政府长期干涉村事务，导致村民产生过度依赖政府的心理，希望由父权主义色彩的政府和干部来解决问题，同时也反映了村民参与乡村社会发展的能动性不足，缺乏参与乡村事务治理的意识。这种形式互动所带来的治理效果也是比较消极的，无法满足乡村治理现代化的发展需要。

实现乡村振兴需要尊重村民的主体地位，就要充分调动村民的有效参与。村民参与不仅意味着在行动上有参与，也要对治理的结果满意。现在一系列的村民参与制度、参与流程都比较完善，但实际的效果还不够，很多村民在参加会议时，觉得自己是来充数的，不愿意表达自己的想法，总觉得这些事务都是乡政府和村委会的事情，没有意识到自己也有责任推动乡村的发展。这都是因为我们过去管得太多，他们一遇到事情，不去想着如何自己解决，还是想着一切都靠政府，让政府出资金、想思路，现在我们乡政府事情多、压力大，对于村里的事情也是鼓励他们自己去发展，对于这些现象我们自己反思了很多，以后也是要坚持让他们独立自主干事情，我们乡政府要慢慢改变自己的做事方式。（LBY，乡干部，男，壮族，41岁）

整体来看，目前我们村民在乡村事务上的参与意识还是不强，总是想着靠政府、靠干部。我们这些中老年人整体受教育水平不高，好多都是小学没读完，即便是农村的一些集体性项目，比如道路、水利设施的建设，自然灾害的防御，乡村制度建设与完善等，虽然和我们生活紧密相关，但大家参与的积极性也不高。（QL，村民，男，壮族，37岁）

我们村干部为了提高广大村民参与乡村事务治理的积极性，也在不断完善相关制度，期望村民能在决策过程中充分表达各种利益诉求，并就不同意见展开交流和讨论，以保证村民的有效参与，增强广大村民的获得感、幸福感、安全感。尽管从目前来看，村民参与乡村治理的主体意识较之过去，已经有了很大的提高，但整体上还比较弱，这都是因为这么多年来政府管得太多，村民依赖性强，没有能动性，我们村民参与乡村治理的主体意识也还有待提高。（QQL，村主任，男，壮族，52岁）

从村民参与乡村事务的现状中,我们可以看出,尽管当前基层政府、驻村干部以及村"两委"干部具有较高的责任意识参与乡村治理实践,但村民自身能力较低而导致参与积极性不高,两者在互动中呈现出较低的协同性。可见,在乡村治理场域中,乡村外在嵌入性主体与内生性主体作为乡村治理的重要治理主体,任何治理主体的不配合、不参与都不能促进积极互动样态的形成。

(三) 依赖型互动

在 G 村治理过程中,依赖型互动主要表现为村"两委"干部与驻村帮扶干部之间的低协同样态,是一种消极互动模式。从与村"两委"互动的视角来看,驻村帮扶干部作为行政嵌入型治理力量构成国家重塑乡村治理秩序的重要手段,与乡村自治型的村"两委"形成分别代表国家正式权力和基层自治力量的"双轨并行"治理格局。[①] 然而,在乡村治理场域中,驻村帮扶干部的外部嵌入并非天然有效,其与村"两委"的有效衔接并非易事。驻村帮扶干部作为国家进驻乡村社会的"代理人",都是政治素质好、实干本领强、工作作风实、乡村社会工作经验丰富的优秀人才,有着大量的专项资金和项目作为帮扶资本。在 G 村,对于村"两委"干部而言,整体文化素质偏低、能力较弱,在与驻村帮扶干部的互动过程中,面对素质高、能力强的驻村干部,自然会对驻村干部的帮扶产生较大的依赖,将帮扶工作和基层治理的责权大都交予驻村帮扶干部来完成。在这种互动情境中,驻村帮扶干部迫于现实情境压力,通常会选择忍让和妥协策略,确保治理工作顺利推进。在此种情况下,乡村治理往往成为驻村帮扶干部的"独角戏",进而影响治理实效。对此,乡镇干部 QDX 感叹道:

> 我们村两委干部太依赖驻村干部了,村里的事情大多是驻村干部在处理,村两委干部自己不思考如何提高和发展,本身还是太懒了,一旦离开了驻村干部,村里的好多事情都没法开展了,所以提高村两

---

① 李丹阳等:《驻村干部和村两委的协同治理》,《华南农业大学学报》(社会科学版) 2021 年第 6 期。

委干部的自身能力是极为迫切需要解决的重要问题。（QDX，乡镇干部，男，壮族，42岁）

村干部在处理乡村事务中过分依赖我们，这无疑会给我们驻村干部带来很大的精神压力。他们想通过"等、靠、要"的方式，让驻村干部将更多的资源输送给他们，这也是当前驻村干部进入乡村社会后所面临的较为棘手的问题。（LHW，驻村干部，男，壮族，42岁）

由此可见，尽管村"两委"干部与驻村帮扶干部之间通过依赖型互动方式，最终也完成了一系列的考核指标，但实际上背离了治理主体协同发展的目标，驻村帮扶干部的帮扶优势没有得到有效发挥，极易造成乡村陷入"梅佐乔诺陷阱"①。驻村帮扶干部一旦期满离任，而村"两委"干部处理事务的能力不足，极有可能使脱贫攻坚成果、乡村振兴成果受损，无法真正实现"被动式"向"自主式"的协同治理结构转变，影响驻村帮扶成效的可持续性，进而对乡村社会的现代化治理造成阻碍。

二 乡村多元治理主体互动的现实困境分析

从对乡村多元治理主体互动类型的分析来看，多元治理主体在乡村治理中依然存在着一些问题，即乡村治理主体力量薄弱及互动不畅，这些问题的存在严重影响着乡村多元治理主体间的良性互动，进而阻滞乡村社会的发展。

（一）乡镇政府的角色越位

实现乡村振兴，乡镇政府责无旁贷，而且具有极为关键的作用。乡镇政府处于"上联国家、下接乡村社会"的纽带地位，是国家行政权力中的末梢，是乡村基层的政权组织，在乡村治理中发挥着主导作用。虽然村民自治制度明确规定在乡村治理中乡镇政府与村民委员会之间是"指导与被指导"的平等关系，而不是上下级的领导关系。然而，在实际乡村治理

---

① "梅佐乔诺陷阱"是指落后地区在外部力量的支持下实现经济的高速增长，短时间内与发达地区的差距缩小，一旦失去外部直接的推动力，贫富差距就会再度扩大。

中，二者并非如制度所规定的"指导、帮助、支持"关系，而是在运行过程中偏离了制度轨道。乡镇政府奉行自上而下的运行向度，通过行政命令直接干预村民委员会治理的各个层面，使得村民委员会行政附属化。村民委员会又会因其在资金补助、政策倾斜、考核评比等方面严重依赖和受制于乡镇政府而使其行政附属性得到进一步强化。在压力型体制下，上级政府各项任务的最终落脚点归于乡镇政府这一层级。鉴于此，乡镇政府的工作侧重点主要在于完成上级所分派的"硬指标"。乡镇政府为了完成诸多乡村振兴的任务及相关工作，势必对基层自治组织进行施压，在治理中对村两委进行控制与干预也就成了常态，以期有效跟进和完成上级下达的各项指标和任务。

笔者根据调查发现，在具体的乡村治理中，虽然乡镇政府对于村民委员会的行政干预可以高效完成上级政府安排的工作任务，顺利实现既定目标，也可在一定程度上弥补乡镇政府能力有限的问题，但也会带来一些难题和困境，主要表现于：严重压缩村民自治的权限与空间；限制当地村干部主观能动性的发挥；削弱村民参与乡村治理的积极性。尤其是当乡镇政府与村民利益发生冲突时，村委会就会陷入两难境地，造成干群关系紧张，村干部也被村民视为政府的代理人，难以有效代表并维护村民利益。要实现乡村振兴，对于乡镇政府来说，若其一直固守统领者的角色定位，势必没有办法达到最终目标。为此，乡镇政府在乡村治理中既不能失位，也不能越位，需要不断强化其社会管理和公共服务职能，改变权力的运行方式，通过制度供给为各治理主体提供引导与服务，积极培育村民自治的能力，形成多元主体治理合力，提高乡村治理的能力。

(二) 驻村帮扶干部与村"两委"干部的角色错位

作为组织力量在基层乡村社会的一种嵌入型行政权力，驻村帮扶干部的权威来源于中央授权，是国家对于乡村社会的行政指导与干预。作为外部嵌入型国家行政，驻村帮扶干部需要与村"两委"干部进行良好互动，力促深度整合各方力量，组织和发动村民自治活动，成为连接国家、社会与村民的中坚力量，构建一种有效的治理关系格局。2014年，《建立精准扶贫工作机制实施方案》印发，明确指出驻村干部的角色定位是村级组织的协助者，即驻村帮扶干部要充分利用自身信息和资源优势，协助村两委进行乡村治理，帮助贫困村、贫困户实现脱贫致富，实现脱贫攻坚与乡村振兴的有效衔接。然而，在乡村治理实践中，这一制度设计出现了倒置现象。驻村帮扶干部和村"两委"干部出现了双重角色错位，致使二者之间合力不足。双重角色错位具体表现于：一方面是驻村帮扶干部角色错位，驻村帮扶干部在乡村治理中唱独角戏，基本上包揽了所有乡村治理事务；另一方面是村"两委"干部角色错位，对于一些村"两委"干部而言，他们认为驻村帮扶干部是按照国家的意志进入乡村社会，负责指导自身工作的，因而，自己只需要扮演好辅助者的角色，配合驻村帮扶干部的相关治理工作。由此可见，在乡村治理中，尽管二者之间存在着一定的合作，但合力不足，严重影响了多元治理主体作用的发挥。导致驻村帮扶干部和村"两委"干部出现了双重角色错位，二者合力不足的原因主要在于以下几点。

第一，驻村帮扶干部承担多重刚性的治理任务。驻村干部作为乡村治理的重要主体，在开展扶贫工作、让乡村尽快摆脱贫困的同时，还要承担解决基层组织涣散、提升基层治理水平、维护乡村社会稳定、推动强农、惠农、富农政策的实施等乡村振兴重要任务。多重刚性的治理任务促使驻村干部承担着巨大的压力。此外，他们还承受着来自上级部门的考核压力。可以说，驻村帮扶干部所承担的治理任务几乎涵盖了乡村社会的各个领域，这使他们在乡村治理中扮演着全能型领导角色，在乡村治理中始终冲在第一线，把扶贫、乡村振兴任务几乎全部承担下来。与此同时，这种现象也在一定程度上抑制了村"两委"干部积极能动性的发挥。笔者在调研中，经常会看到驻村帮扶干部忙得团团转，时常为工作不能按时吃饭和休息，经常工作到深夜，因为他们面临着各种各样的考核压力，村"两委"干部因为没有考核压力，相对来说比较轻松。

第二，驻村帮扶干部代表的国家权力运作方式与乡村运行权力存在冲突。驻村帮扶干部打破了以往以村"两委"干部为核心的基层治理模式，基层治理体系进行重组，这就导致村"两委"干部必须让渡出一部分治理权力，改变乡村原有的利益格局，从而引发村"两委"干部的不适甚至不满。例如，笔者在调研中获知，驻村帮扶干部在严格按照"两不愁，三保障"标准公开、公正识别贫困户时，特别是当村"两委"干部认定的贫困户被否决时，作为乡村内生权力主体的村"两委"干部会认为自身的形象和权威受损，会不配合甚至反对驻村帮扶干部的工作。一位L姓的村干部曾经因为自己亲戚没有被评选上贫困户，很长时间都不愿意支持驻村帮扶干部的工作，最后也是在驻村帮扶干部不断地沟通与协调中，才得以化解矛盾。

第三，村"两委"干部文化水平普遍较低，治理能力不高。在调研中笔者发现，大多数村干部的文化水平仅为初中学历，而当前在乡村治理中，电脑办公已经成为基本要求，但是一些村干部不会操作电脑，"学习强国"等需要手机操作才能完成任务的App无法实施，这就使得原本属于村干部的一些需要在电脑上操作的工作都必须由驻村帮扶干部来完成，这无疑给驻村帮扶干部增添了许多负担。一位L姓的驻村帮扶干部说：

> 我们的事务比较繁忙，白天要去各个屯处理事务，晚上入户调研，做完这些工作回到村委会还要继续加班，经常到凌晨一两点才能入睡，很想让村干部帮忙做些基本工作，比如在电脑上登记信息、打印资料，但因为他们不熟悉电脑，这些工作都只能依靠我们驻村干部来做。（LHW，驻村干部，男，壮族，42岁）

第四，驻村帮扶制度缺乏对村"两委"干部的监督约束。驻村帮扶制度明确规定了驻村帮扶干部的具体职责与考核方式，而对于村"两委"干部的相关规定却极为笼统。这种制度设计很容易使驻村帮扶干部陷入权责不对等的境地，也会导致一些村"两委"干部把驻村帮扶工作视为驻村帮扶干部单方面承担的治理工作，这在很大程度上增加了驻村帮扶干部在治理中"单打独斗"的风险，从而造成驻村帮扶干部和村"两委"干部的互动不足。

（三）社会组织发展力量薄弱

乡村社会组织的发展对乡村振兴具有重要的影响，在维护社会和谐稳定、强化村民自治、促进乡村善治实现等方面发挥着重要作用。在乡村振兴背景下，政府不断创新治理理念，积极促进乡村社会组织的发展。然而，由于G村的经济发展较为落后，在治理中更为关注乡村经济合作型组织的建设，而公益服务型的社会组织发展较为滞后，种类和数量也较少。从整体来看，社会组织的发展力量仍然比较薄弱，依然面临着很多问题与约束。

第一，依附性强，过度依赖政府和乡村精英。当前，乡村社会组织的发展规模较小，能力有限，对政府、村两委等正式组织以及乡村精英有着较强的依赖性。基层政府受制于压力型体制下政府对社会组织的功利性思维惯性，往往赋予社会组织大量的行政功能，导致社会组织的独立性降低。社会组织在资金的筹备、自身的管理、活动的选择上都表现出对政府的过度依赖，而资源不独立的社会组织也难以拥有自主性，不能独立地实施其内部管理，从而降低了社会组织参与乡村治理的积极性与主动性。从社会组织的发展路径来看，经济社会组织基本都是在社会政策的推动和政府的支持下成立并运行，社会组织在发展过程中的原材料提供、产品销售机会，大多由基层政府和驻村帮扶干部来提供，自身运营的独立性还远远不够。过度依赖地方政府，迎合政府意图和需要，极易导致社会组织在乡村治理中的价值和功能难以发挥出来。由于G村经济发展水平还不高，乡村社会组织的发起、成立、运行离不开政府必要的资金支持政策扶持，但绝不可因此而失去自身的独立性。如果乡村社会组织没有了必要的独立性，也就没有了自身的特性，失去存在的必要。同时，社会组织依赖于乡村精英治理。乡村社会组织的发展需要依靠乡村精英的个人魅力与专业技术，但缺乏民主协商的组织是不能持续发展的。从当前公益服务型社会组织的发展状况来看，社会组织人数还较少，没有形成较大规模，主要以女性和老年人为主，虽然这些群体有充足的时间去参与活动，但治理能力较弱。从社会组织发挥的功能来看，目前大多数社会组织还是以自足或自娱自乐为主，涉及的公共服务范围还较小。这些因素则造成了社会组织对于乡村精英的依赖，但社会组织成员若对于乡村精英一味地遵循听从，将会架空社会组织成员对其的监督功能，呈现缺乏有效制衡的发展状态。

第二，社会组织内部管理能力尚不成熟。在乡村振兴背景下，社会组织进入乡村治理这一全新且复杂的场域，使其自身建设方面存在的问题逐渐显露出来。目前，社会组织的主要管理人员存在学历较低的现象，且专职的管理人员也较为缺乏。由于G村的经济发展水平还不高，与城市的经济发展存在着较大的差距，大量的有为青年选择去城市发展，造成乡村人才严重缺乏。与此同时，当前乡村的社会组织缺乏规范的组织章程、健全的组织架构、完善的管理制度、评估机制和有效的内部监督等方面的保障，在日常的运营和财务管理上也没有形成一套完整的体系标准。这些因素都会造成组织运行效率低下、执行力不高，村民信任度不足，进而影响和制约社会组织在乡村治理中的作用发挥，导致其参与效能低下。

第三，公益性与互助性程度不高。党的十七届三中全会明确指出乡村社会组织的性质为服务性、公益性、互助性，且与乡村自治的目标相连，为乡村社会组织的发展指明了方向。G村在2020年年底刚刚完成脱贫攻坚的艰巨任务，目前经济的发展水平还不高，为此，社会组织在发展中存在过度重视经济性而弱化了公益性和互助性的现象，这就导致在一个社会组织发展遇到困难时，不能较好地获得其他社会组织的帮助。导致这种现象的产生的原因，一方面是由于社会组织发展的指导思想过于经济化；另一方面也和社会组织自身发展薄弱有着密切关系。乡村产业的发展若将经济收入作为社会组织的核心目标，忽视其公益性与互助性，则会造成社会组织成员之间斤斤计较，严重弱化村民参与乡村治理的积极性，也不利于多民族之间的团结发展。

（四）村民自治水平整体较低

2018年的"中央一号"文件中明确指出坚持农民主体地位是实施乡村振兴战略的基本原则之一。政府文件做出这一论断充分体现出党和国家基于我国国情对乡村治理中诸多利益关系的权衡和考量。村民能否积极、有效地参与乡村治理是乡村治理成败的关键要素。然而，当前村民在参与乡村治理的各方面素质都有欠缺，不能形成治理合力，在与其他主体进行博弈时力量还比较弱。具体表现如下：

第一，村民自治主体能力不足。在城镇化快速发展的背景下，由于乡村各方面建设相对于城市较为落后，由此导致大量乡村劳动力向城市进行单向度转移，本应是在乡村民主政治中发挥中坚力量的青壮年流失严重，留守在乡村的大多是老弱妇幼村民，这使得基层民主化建设缺乏内生动力。目前，虽然 G 村返乡参与乡村建设的青壮年数量在不断增多，但参与的力度、方式还不够深入、到位。同时，乡村基础教育仍然存在设施落后、师资队伍缺乏等问题，造成村民文化程度普遍较低。人才是实现乡村振兴的重要战略资源，然而大半村民属于半文盲范畴，村民作为参与乡村自治的主体整体素质不高，具体体现在民主素质较低、责任意识不强、担当精神不足等方面。在乡村治理中，村民缺乏参与乡村事务治理的意识，总想依赖村干部或基层政府，这充分体现了当前村民自治主体的能力依然不足。由此可见，当前村民自治主体能力还难以适应村民自治的要求，难以承担村民自治之责，而村民自治主体能力不足则会阻碍乡村社会的发展，导致乡村治理现代化的目标难以实现。

第二，村民参与治理的公共精神缺失。公共精神可以理解为个体观念世界中与"私念"相对的、以增强整体利益为目标的价值取向。村民的公共精神是指村民可以为了乡村社会中不同层次的公共利益而舍弃个人狭隘私立的道德选择，在行动上表现为积极参与乡村治理，高度维护乡村公共利益。当前，村民参与乡村治理的公共精神缺失显现出以下问题：一是权利意识提升，责任观念不足。随着乡村社会的不断发展，村民越来越关注自身的权利，积极维护自己的各项权益。然而，公共精神中的责任意识却不充分。笔者在调研中发现，一些贫困户存在"等、靠、要"的思想，总是盯着政府会给予他们什么样的补助，甚至个别贫困户对于包户扶贫干部也是百般苛刻，总希望包户扶贫干部给予他们更多救济，而严重忽略了自身在脱贫任务中的责任。二是重视经济利益表达，忽视政治参与。在乡村治理中，村民更为关注来自政府的各种政策优惠和补贴，对乡村中的政治则表现出一种冷漠的态度。甚至对于上级扶持的惠民工程，若自己不能从中获利，则千方百计地进行阻挠，或趁机敲竹杠。例如，村里召开村民代表会议、党员会议，有时难以凑齐人数，村民表示自己为了乡村的事而耽误了农活应该发放务工费用；即使凑齐人数参加会议，村民在民主表决环节也容易"随大流""走过场"，使村民政治参与流于形式，从而严重制约乡村发展和整体利益的实现。在一次在关于村民田螺养殖的商议会议中，有一些村民迟迟不愿意到场参加会议，原因是他们家并没有养殖田螺，去了也是白去，除非给每个人50元误工费才愿意参会。

> 有些村民太看重经济利益了，村里有会议需要村民参加，到开会时间了他还在地里干活，只好一趟趟去催，来了之后还问村干部误工费怎么算，这就是没有责任意识，只有整个村发展好了，大家的生活才能好，现在有些村民还没理清这个道理。（QQJ，村主任，男，壮族，52岁）

由此可见，乡村振兴离不开内外力量的互动过程及其产生的共同作用。根据田野调查分析，在不同情境、不同阶段，面对不同情况，乡村多元治理主体间的互动主要划分为三种类型，即共治型互动、形式型互动、依赖型互动，由此形成不同的治理效果。其中，共治型互动是能产生最好扶贫效果的互动类型。形式型互动和依赖型互动表现为乡村多元治理主体之间的低协同样态，是一种消极互动模式，由此导致治理低效。对乡村多元治理主体互动进行分析，可以促使我们对多元治理主体在乡村治理实践中的互动关系有一个更全面的认识。在此基础上，通过不断提升乡村多元治理主体的治理能力，促进多元治理主体之间形成共治型互动关系，进而提高乡村治理效能。

第三章　制度协同与秩序重构

　　乡村治理制度既包括由国家政权自上而下渗透的正式制度，也存在着大量具有地方性特点的非正式制度。当前，乡村治理强调在自治的基础上既要坚定不移地坚持依法治村的法治思维，也要充分利用乡村社会约定俗成、传承至今的非正式制度，不断促进正式制度与非正式制度形成互嵌的关系，或者说是一种较好的包容关系，使得乡村社会秩序的维护得以强化。可以说，在乡村治理场域，是制度在治理，制度通过主体实现了治理。改革开放以来，G村经过长期治理，取得了巨大的成就，村民民主意识逐渐增强，参与热情与治理能力不断提高。在乡村治理的过程中，以"法治"为基础的正式制度也在不断地创新与完善。但与此同时，一些正式制度在乡村社会治理场域中的实施绩效并不理想，暴露出诸多问题。我们不禁要思考：乡村治理的实际状况与这些正式制度的理想设计相比为何存在一定的差距？面对乡村治理过程中所出现的这些问题，若仅从正式制度方面思考，难以给予完满的阐释，还要结合非正式制度进行思考，因为乡村村民在长期生产、生活与交往中所产生的非正式制度在很大程度上形塑着他们的价值观和行为规范。所以，在乡村社会治理场域中，要不断促进具有宏观意义的正式制度实现普适性的内嵌，而以地方规范为主要内容的非正式制度也要实现其与时俱进的变迁，呈现出一种多元规则互融共生的治理状态，由此使得乡村社会治理场域中的共同规则有效生成。正式制度与非正式制度相互兼容、各展其能，才能更好地助推乡村社会实现有效治理。

第一节　正式制度与非正式制度的关系

一　制度的分类

"制度"在乡村治理中发挥着重要的作用。"制度"一词最早于《易经·节卦》中出现，具体表述为："天地节，而四时成。节以制度，不伤财，不害民。"其中，"制"意指节制、制约；"度"代表一定的量化标准。制度一直都是社会学研究的重点内容，虽没有明确提出"正式与非正式制度"这样的词汇，却经常提到与此相关的风俗、文化、惯习、社会资本等。

通过梳理制度的概念，对制度的讨论主要从"规范"和"组织"两个范畴进行理解。可以说，规范属于制度的内在价值，组织是制度的表现形式。没有规范作为核心内容，制度不能正常运行；没有组织作为运行载体，制度难以发挥其应有作用。从"规范"范畴来说，罗尔斯将制度置于社会基础性地位，认为制度是"一种公开的规范体系，这一体系确定职务和地位及它们的权利、义务、权力、豁免等等"①。诺思指出："制度是一系列被制定出来的规则、守法程序和行为的道德伦理规范，它旨在约束追求主体福利或效用最大化利益的个人行为。"② 在国内，黄少安也指出："制度是至少在特定社会范围内统一的，对单个社会成员的各种行为起约束作用的一系列规则。"③ 由此可以看出，国内外学者都认为制度是行为规范，对人们的行为具有规范与制约作用。从"组织"范畴来说，社会学家欧文·戈夫曼将制度定义为社会机构或组织，强调制度"是指由一些固定的障碍物所环绕的、一种特殊的活动有规则地发生于其中的场所"④。

同时，不同学者也从不同角度，根据不同划分依据对制度有着诸多不同的分类方式，如根据制度规范的对象将制度分为经济制度、政治制度、

---

① [美] 罗尔斯：《正义论》，何怀宏等译，中国社会科学出版社1988年版。
② [美] 道格拉斯·C. 诺思：《经济史中的结构与变迁》，陈郁等译，上海三联书店1994年版。
③ 黄少安：《产权经济学导论》，山东人民出版社1995年版。
④ [美] 欧文·戈夫曼：《日常生活中的自我呈现》，冯钢译，北京大学出版社2008年版。

文化制度等。新制度经济学派的代表人物诺思在将制度视为内生因素来建构制度与经济绩效的理论中，将制度划分为正式制度和非正式制度。诺思曾表示："制度是一个社会的游戏规则，或者更正式的说是人类设计的、构成人民相互行为的约束条件。它们由正式规则（成文法、普通法、规章）和非正式规则（习俗、行为准则和自我约束的行为规范），以及两者执行的特征组成。"① 同时，他也指出虽然正式制度极其重要，但它的约束范围相对有限；相反，非正式制度在较为宽广的范围内发挥着约束作用。这种划分方式得到了诸多学者的认可。哈耶克把制度分为由社会成员在长期交往过程中逐渐形成并通过文化世代相传的"内部规则"和由组织制定并强制成员遵守的"外部规则"②。国内学者黄少安也指出，制度"可以是正式的，如法律规则、组织章程等，也可以是非正式的，如道德规范、习俗等"③。以上对于制度的论述引起了人们对于制度的关注，本书从广义上来理解制度，认为制度包括正式制度与非正式制度，着重从二者间的互动关系来审视乡村治理的实效。

二　正式制度与非正式制度的表现形式

从制度的表现形式和实施机制来看，即依据制度是否具有成文规则以及是否具有权威性的执行和惩罚机构或组织来对制度进行相应划分。若制度以成文规则为具体表现形式，且有权威性的机构或组织对其进行强制性的执行，则称之为正式制度。所谓正式制度是人们为了特定目的有意识地建立起来并被正式确认的各种制度的总称，并以国家权力部门为保障来实施的成文规范，如各种成文的法律、法规、政策、规章、契约等。非正式制度是与正式制度相对的概念，若制度是以非成文的形式存在，或虽具有成文形式，但没有权威机构或组织对这套制度进行相应的执行，则把此类制度称为非正式制度，也称其为"非制度化规则""非正式约束"等。非正式制度是人们基于长期的社会生产、生活以及交往中自发形成的且被一

---

① ［美］道格拉斯·C.诺思：《新制度经济学及其发展》，武汉大学出版社2002年版。
② 邓正来：《哈耶克法律哲学的研究》，法律出版社2002年版。
③ 黄少安：《产权经济学导论》，山东人民出版社1995年版。

致认同并共同遵守的行为准则，对人们的行为产生非正式的约束。

在乡村治理中，正式制度与非正式制度交织在一起，以各自不同的性质，从不同层面上影响和制约村民的思想与行为。正式制度主要表现为国家供给到乡村社会的法律、法规与政策以及村级各类正式组织所制定的各种规范，其不仅包含国家正式颁布的法律制度、涉及乡村治理的政策规定，还包括基层党组织以及乡镇政府出台的各类关于乡村发展的具体执行规定与办法。对于乡村社会来说，正式制度是外来制度，是建构性的制度体系。若有人违背或破坏这些制度，就必然受到国家强制力的相应惩罚。在具体的乡村治理实践中，这些正式制度具有不同的等级体系与作用效果。其中，党和国家制定的方针政策、法律、法规、条例处于最高级；乡村社会基层订立的一些正式制度则处于制度等级体系中的最低级。然而，乡村社会基层组织订立的正式制度规范、规程往往比中央政府制定的政策法律体系更具有实效性与可操作性。在治理实践中，村委会所制定的村干部值班制度更符合自身的发展实际，可以充分调动村干部的工作积极性。Y姓第一书记对此谈道：

> 上级要求村干部周一到周五都要按时按点坐班，这样的要求在实际中是不好操作的，目前村干部的工资非常低，远远不够一家人的开销。结合这种情况，我们切合村里的实际情况，制定了符合实际的村干部值班制度，让村干部轮流值班，不值班的也要保障电话畅通，村委会有事要立即赶到村委会。这不仅确保了党群服务中心门常开、人常在、事常办，也能促进村干部工作的积极性。在这种制度下，村干部都非常有自觉性，除非是家里忙得实在走不开才会去做活，其余时间都会全天坐班。我们村的妇女主任是村里的致富带头人，家里有100多亩的果树，还带领村民养殖生态土鸡，按照实际情况，她是没有办法做到每天坐班的，但她从来没有因为自家的事情耽误村务工作，只要村委会有事，她就立刻扔下地里面的活就赶到村委会，是深受村民信任的一个好村干部。事实上，不只是妇女主任一个人是这样的，其他村干部基本上都如此。（YMX，第一书记，男，汉族，35岁）

非正式制度主要表现为乡村社会的风俗习惯、村规民约、宗族宗教和人伦礼法等,是生活在当地乡村社会中村民所熟知的"地方性规范"。这些非正式制度要素通常表现为前人、年长者或多数人的某种榜样式行为模式,引导和规范村民的行为选择。在乡村社会这个"熟人社会"里,一旦有人逾越此种行为模式,就会遭受村民的集体唾弃、蔑视和谴责,使其在乡村社会中失去"面子"。QJH是村里的一位德高望重的屯长,在一次解决村民纠纷的时候受到村民QDL的辱骂和殴打,尽管后来QDL向QJH道歉,并说是受了某些村民的挑拨才实施了这种行为,请求得到这位屯长的原谅,但至今每当谈及此事,其他村民依然愤愤不平,对QDL进行谴责。

> 现在我们大家都不愿意和QDL来往,都知道他做的那件坏事,有一次他家房子需要修理,需要找人帮忙,没有一个人去。其实在我们村,大家都很团结友爱,谁家有事,整个屯的人都会来帮忙,但QDL家的事谁也不愿意去。(LCY,村民,男,壮族,48岁)

> QDL一点规矩也不懂,对屯长也辱骂和殴打,屯长在我们村的地位比较高,我们都是推选德高望重的人来担任这个职位,他做出这样的事情,村里人也就不给他面子了,别人家有事都不请他,觉得他就是一个"愣头青",他家有事别人也不愿意过去帮忙。(LXL,村民,男,壮族,52岁)

由此可见,"讲情面""讲规矩"等这些人际互动原则在村民的生活中仍然发挥着非常重要的调节作用。在乡村治理场域中,大多数村民在日常生活中会自觉遵守这些传统性的地方性规范,却极少有人会意识到这些地方性规范对他们行为的调控,恰如费老所说的,这是生活在这个社区中的村民自然而然的一种知识。

罗伯特·C. 埃里克森曾对加利福尼亚州的Shasta镇居民如何解决生活中的纠纷问题进行研究,无论是牲畜侵犯私人土地,还是栅栏修建、维护费用的纠纷,他发现那里的居民往往不通过法律来解决赔偿问题,而是习惯性依赖法律以外的非正式规则。① 人类学家埃文斯·普里查德曾经详细研究了坐落于东非南部苏丹的一个部落，名为"努尔人"。在这个部落没有中央权威，没有行政管理机构，也没有明文规定的法律制度。但是，就是在这样的一个没有政府的社会努尔人部落，他们依靠非正式制度的维系，构建了一个有秩序的、相对和谐的社会。② 这说明了一个社会可能没有正式制度，但不可能没有非正式制度。从整体来看，G村在2017年才实现脱贫，起点低，加之受自然、经济、社会等多方面因素的制约，发展仍相对滞后，面对现代化的冲击现在仍然保持着"熟人社会"的形态，特定的地缘和血缘关系造就了村民更易接受非正式制度。可以说，非正式制度在当前乡村治理中依然发挥着重要作用。由此，正式制度要在乡村治理中发挥作用，必须要充分考虑与尊重当前乡村社会的非正式制度。

三 正式制度与非正式制度的关系

（一）正式制度与非正式制度的区别

1. 正式制度与非正式制度的特点分析

从正式制度与非正式制度的概念来分析，二者在表现形式、实施机制、形成与变迁等特点方面都存在着诸多的不同。从表现形式来看，正式制度通常以法律、法规、政策等成文的形式存在。非正式制度一般没有正式地形诸文字，以"无形"形式存在于村民长期的社会生产、生活与相互交往之中，以舆论、口谕等方式相互传递和世代承传，具有顽强坚韧的生命力和持久的影响力，调节村民的大部分行为空间。从实施机制来看，正式制度的制定与实施都需要以国家的强制力为后盾，是属于依靠第三方强制实施的"硬约束"。同时，需要通过专门的机构或组织依据一定的程序对治理主体的行为进行评价、监督及奖惩。为此，正式制度在乡村治理中的运行成本较高。非正式制度的作用发挥主要依靠村民内在的自觉自愿并辅以乡村社会的舆论实施，属于乡村治理中的"软约束"。在乡村治理中，

---

① ［美］罗伯特·C. 埃里克森：《无需法律的秩序》，苏力译，中国政法大学出版社2016年版。
② ［英］E. E. 埃文思—普里查德：《努尔人》，褚建芳译，商务印书馆2014年版。

若一些村民违背非正式制度，也不会有专门的机构或组织对其行为进行强制性的规范和量化性的惩罚，但会受到乡村共同体的谴责与排斥，甚至处于四面楚歌的境地。由此可见，非正式制度在乡村治理中的运行成本较低。从形成与变迁来看，正式制度是通过人的理性设计而形成的，是在国家的控制下实施的，以为乡村治理提供法律制度方面的规范，这使得其具有较强的可移植性，可在很短的时间内实现强制变迁。非正式制度是村民在长期的生活实践中自然生成，相沿成习，通常是约定俗成的。非正式制度作为维持乡村社会秩序的重要规则体系，它的形成过程比较缓慢，且一旦形成便具有持久的影响力。由此，其变迁也是一个较为缓慢的过程。

2. 正式制度与非正式制度的作用分析

第一，正式制度与非正式制度的作用界域不同。在乡村治理中，凡属于最基本、最主要的社会关系或乡村社会中的重大事件，如乡村社会中的偷盗、杀人、抢劫、制毒贩毒等违法犯罪行为以及具有政治阴谋的宗教集结、群体事件等，都由国家正式制度进行干预和调节，属于正式制度作用的范畴。其中，非正式制度则不能对其进行干预和阻碍，更不能以非正式制度的名义进行私了或规避。2019 年，一位 Q 姓村民因没被评为贫困户而对驻村帮扶干部心生不满，故意装作醉酒在村委会寻滋闹事，而事实上这个村民的家庭条件并不符合贫困户的标准。在村干部报警后，这个村民随即被当地派出所带走，但这个村民的父母不断地去找村干部，希望不要接受法律制裁，经由村干部教育，随后认识到了事情的严重性。一位 L 姓的村民讲道：

> 这件事我们大家都知道，这就不对了嘛，怎么能拿着刀去找驻村干部的麻烦，他家人想找驻村帮扶干部说说好话就算了，这怎么可能，派出所都把人带走了，这就不归村干部管了。（LYS，村民，男，壮族，37 岁）

> 平时村民经常会找我们屯长调节一些问题，这些问题都是不触及法律的，像 Q 姓村民拿着刀去找驻村帮扶干部的麻烦，发生这种事情

后，他的父母也来找过我帮忙调节，我当即就拒绝了他家人的请求，这种事情就交给法律吧，这不是我们能管得了的。（LHF，屯长，男，壮族，42岁）

非正式制度主要对与村民生活息息相关且具有明显的乡土性和强烈地方性知识的社会关系进行调节与维护，作用范围远超正式制度。此类社会关系如果依靠正式制度进行规范和调整，可能会出现矛盾扩大化的结果，而通过乡村社会中的风俗习惯、家族宗族、文化传统、伦理道德等非正式制度对其进行调节，则更符合乡村治理的运行逻辑，有利于化解村民之间的矛盾，缓和关系，获得良好的治理效果。QHY和LLF两家因为双方小孩在上学路上打架（双方并无受伤）而出现矛盾，随后两家诉诸屯长，在屯长出面后，由打人的一方向另一方进行赔礼道歉，并对双方进行批评教育，有效化解了矛盾。诸如此类事件通过乡村非正式制度进行调节则更为适宜，效果也更为显著。

第二，正式制度与非正式制度的作用效果不同。正式制度是人们有意识创造的结果，且必须是由国家权力机关、法定组织的正式程序制定和认可。正式制度的"合规"或"上纲上线"，使其在处理乡村社会事务中更具有法定强制力的同时，严重缺失了治理的灵活性。若村民在社会交往中只诉诸契约、规则，不讲人情，就会受到其他乡村村民的排斥与孤立。在乡村社会治理中，非正式制度所包含的价值观念、行为模式与村民特定的生活范围、生活方式紧密联系。在乡村社会，由于村民活动范围和社交圈子比较窄，"人情原则"是村民为人处世的基本准则，这种非正式制度的"合情合理"使其在规范和处理一般乡村社会事务时比正式制度更具有适应性和灵活性，既能满足村民的生活需要，也能够维持乡村秩序。为此，村民内心更倾向于对自然生成的宗族制度、村规民约、人伦礼法等非正式制度的认同。尤其是在"熟人社会"中，非正式制度治理的实效性更为显著。驻村干部LHW帮扶的一个贫困户，刚开始从内心非常排斥政府所派来的驻村干部，在驻村干部LHW的不断努力下，他们最终成了朋友，扶贫工作得以顺利开展，贫困户实现了脱贫。对此，驻村干部LHW谈道：

这几年我得出了一个经验，要让贫困户配合我们的扶贫工作，不能只和他们谈政策、讲条件。大家都知道我的这个贫困户最难说话，刚开始的时候，我几乎每天都去他家里了解情况，帮忙找脱贫对策，但上面领导来对贫困户调查的时候，他还对人家说没见过我。后来，我就利用周末休息时间去市里看望他的孩子，他孩子在市里读职高，我也经常给他孩子生活费，把他孩子接到我家洗漱，就这样一点一滴的努力感动了他，逐渐从心底认可了我这个驻村干部，现在和我已经是好朋友了，他还会经常过来找我聊天。（LHW，驻村干部，男，壮族，42 岁）

值得注意的是，这些论说并不是主张正式制度与非正式制度之间必须要做出非此即彼的路径选择，更不是要求正式制度退出乡村社会，而是强调在当前乡村治理中，要正确看待和处理正式制度与非正式制度之间的关系，为实现乡村振兴提供良好的制度支撑。

（二）正式制度与非正式制度相联系而发展

在乡村治理中，正式制度与非正式制度作为制度系统的两个重要组成部分，共同作用于乡村社会，二者相互转化、相互补充。

1. 正式制度与非正式制度相互转化

在一定条件下，正式制度和非正式制度可以相互转化。非正式制度在一定条件下可以转化为正式制度。正式制度的创立在一定程度上可以被认为是非正式制度的合法化、正规化和政府形式化，一些成文法就是在风俗习惯、伦理道德、价值观念基础上形成的。当然，非正式制度需要满足一定的条件才能转化为正式制度。由于政府或组织制定的制度程序和交易成本都过于复杂，而非正式制度是自然而然存在的且没有运行成本，因此，与正式制度相比，非正式制度具有运行成本较低的天然优势，在乡村治理中更容易被村民所认可和接受。除了成本制约的因素，最重要的因素就是能转化为正式制度的非正式制度可以维护广大村民的根本利益，获取国家政府的认可。例如，浙江省武义县后陈村村民基于监督基层干部的需要，创造形成的"村务监督委员会"制度;广西宜山屏南乡合寨村村民为维护正常的生产和生活秩序,自发创造了"村民自治委员会"制度。正是基于乡村治理的现实需要,村民自发推动了乡村治理制度的变革,并逐渐得到国家政府的认可,演变成正式制度,从法律的角度对这些制度进行肯定。所以,非正式制度是在这些风俗、习惯为大多数人所采用,且这些风俗、习惯可以在很大程度上为不同的主体所相信,能给人们带来更大收益时,逐渐被国家认可,才能转化为正式制度。从这一层面来看,正式制度来源于非正式制度,非正式制度为正式制度提供合法性的支持。同时,正式制度也可以转化为非正式制度。从正式制度转变为非正式制度的情况来看,某种正式制度形成并确立以后,对人们的生活产生了重大影响,在融入人们的意识和行为过程中逐渐形成一种新的价值观念和行为习惯。由于种种原因,当该正式制度被废除后,仍然发挥着影响力,这些价值观念和行为习惯会作为非正式制度延续下去。

2. 正式制度与非正式制度相互补充

在乡村治理中,正式制度与非正式制度相互补充。一方面,非正式制度以正式制度为支撑和保障。正式制度在民族地区乡村熟人社会难以发挥作用,并不意味着正式制度在乡村治理中没有效力。在乡村社会中,当涉及抢劫、杀人、贪污、受贿等重大刑事案件或重大政治事件等复杂性较高的社会问题,如果没有与之相一致的正式制度的强制力量进行支撑,仅依靠非正式制度的弱强制性来处理这些问题则是软弱无力的。为此,对于这类问题就需要使用国家强制手段,即运用正式制度对其进行干预与解决。同时,正式制度是非正式制度的底线和保障,非正式制度的有效运行离不开正式制度的守护和制约。另一方面,正式制度以非正式制度为基础和依托。当前在乡村治理中,村民的言行在很大程度上仍受非正式制度的主导和支配,"乡下锣鼓乡下敲"。所以,任何正式制度若要在乡村治理中实现预期效果,其制度设计必须要以非正式制度为前提,将正式制度嵌入非正式制度的文化土壤之中。如此,正式制度才能与非正式制度相容,从而获得乡村社会村民的认可,使之形成同向作用力,实现乡村善治。若正式制度的设计与运行抛开维护乡村社会稳定和村民利益的非正式制度,国家供给的正式制度就会丧失其自身的权威和社会基础,从而导致正式制度脱离乡村实际而"水土不服",不能发挥其应有的治理效果。

第二节 治理制度形塑下的乡村社会秩序

在乡村振兴背景下,在乡村治理实践中,国家法律与地方性规范并不是彼此排斥与矛盾的,而是互为补充和支撑的,共同维系着乡村社会秩序。秩序是无数且各种各样的要素之间的相互关系密切的事态。[①] 对秩序的追寻与探索是思想界的永恒主题。乡村秩序体现为乡村治理的一种均衡状态,是不同类型的秩序资源相互作用的结果。目前,尽管不同学派、不同学者对于制度有着不同的界定与认识。但毋庸置疑,制度总是与秩序密切相关,它规范与调节人与自然的关系、人与人的社会关系。党中央提出了"健全自治、法治、德治相结合的乡村治理体系",意味着当前乡村治理要充分重视以"法治"为基础的正式制度和以"礼治"为核心的非正式制度的有效互补,以提升乡村自治水平,建构和谐乡村秩序。

一 正式制度所构建的法治秩序

改革开放至今,乡村法治进程取得了巨大的成就,赋予了广大农民平等的法律权利,农民开始成为乡村治理的主人,为乡村法治秩序奠定了坚实的基础。乡村伴随着改革开放发生了翻天覆地的变化。一方面,家庭联产承包责任制在乡村的实施与推广,使得部分劳动力摆脱了土地的束缚,重新获得"人身自由"。另一方面,随着市场化、城市化和工业化的不断发展,城市对劳动力的需求加剧,就业机会增多。这些因素驱动着村民向城市不断流动,传统乡村社会主导关系的血缘与地缘受到巨大冲击,维系整个乡村社会稳定的差序格局被破坏,人际交往和社会关系开始向更广的范围发展,乡村礼治秩序的约束力出现了弱化的趋势。随着乡村村民传统规则意识的式微,一些村民甚至为了一己之利而不惜侵犯他人利益的事件

---

① [英] 弗里德利希·冯·哈耶克:《法律、立法与自由》(第一卷),邓正来等译,中国大百科全书出版社 2000 年版。

屡见不鲜，部分乡村村民之间的纠纷不再因为传统伦理的制约而得以有效解决。在这种情况下，乡村村民对于以法律为基础的正式制度需求大为提升。而与此同时，随着"依法治国，建设社会主义法治国家"这一治国方略的提出和现实展开，国家立法不断完善。其中，《中共中央 国务院关于实施乡村振兴战略的意见》首次将"法治乡村"的观念确定下来。

近年来，为进一步提高村民法律素质，增强守法意识，引导群众依法办事，建设法治乡村。村委会定期组织村民参加"送法下乡"活动，主要包括以下内容。其一，县司法局定期到乡村开展"送法下乡"活动。工作人员用通俗易懂的语言向村民讲解法律知识，发放法律宣传资料，广泛宣传民典法、土地管理法、农村土地承包法、反家庭暴力法、信访条例、未成年人保护法、治安管理处罚法、酒驾醉驾的危害等与村民生产生活息息相关的法律知识，引导村民遵法守法、依法依规维权。笔者在参与2020年5月8日的"送法下乡"活动中，对相关数据进行了统计：参与此次活动共计201人，为村民提供法律咨询50人次，发放宣传资料共201份。其二，大学生志愿者利用假期在乡村开展"送法下乡"活动。大学生志愿者结合村民的实际需要，重点加强宪法、民法、预防电信诈骗、法律援助法、婚姻法、道路安全法等相关法律法规内容的普法与宣传，采取集中宣传和入户的方式为村民讲解法律常识，提供日常遇到法律问题的解决办法。其三，县人民法院定期到乡村开展"送法下乡"活动，采取悬挂横幅、发放法律宣传手册、法制宣传围裙、提供现场咨询等方式进行，并在现场讲解民法典、刑法、治安管理处罚法、反邪教防范非法集资等相关法律知识，切实增强村民法治观念，维护乡村社会安定和谐。同时，近些年来，驻村工作队、村干部、屯长充分发挥禁毒宣传带头作用，以点带面，辐射宣传，重点对身边的亲朋好友、外出务工返乡人员进行禁毒宣传教育，不断提升村民识毒、防毒、拒毒的能力。这些普法活动的开展，不仅切实增强了法治宣传教育在村民中的感染力和吸引力，更让村民明白学法、懂法、遇事用法的重要性，懂得如何用法律武器保护自己的合法权益。

这几年我们村的法律活动非常丰富，大家的参与意愿也非常高，因为法律可以切实解决一些被我们村民视为解决不了的事情，这些事情最后通过法律的调节得到了完满的解决，村民之间的关系也更加和谐。这些事情都是我们亲眼看到的，所以大家也都会积极参加村委会组织的这些法律活动。（QAL，村民，男，壮族，45岁）

我们村民普遍文化程度不高，前些年法律意识不强，村里一些人就遭到了电信诈骗，现在我们村经常开展法律宣讲，工作人员给我们讲了好多现实生活中发生的案例，大家的法律意识也提高了很多。（LTL，村民，男，壮族，54岁）

当前，在乡村的治理中，我们也应当注意，我国现代法律作为国家专门机关制定并强加于社会的正式制度，是乡村村民所不熟知的规则体系。法律作为全体人民共同利益的整体表达，不可能将各个地方的利益全部充分体现出来。在法律向乡村社会渗透中，一些以法律为基础的正式制度仍然不能与乡村社会发展实际相衔接，往往表现出很大的差异性，不能充分满足乡村村民的需求，无法解决他们所面临的实际问题。这主要在于尽管以成文的法律制度形式存在的正式制度在乡村治理中不断完善与发展，但非正式制度并没有也不可能从乡村社会消失，依然对当前乡村治理产生着重要的影响。为此，伴随着"送法下乡"，法治权威作为法治社会权利维持的主导，也有了在乡村扎根的土壤，但乡村法治现代化进程仍可谓任重而道远。

二 非正式制度所构建的礼治秩序

伴随着市场化、城市化和工业化的发展，传统的礼治秩序在乡村社会中出现了一定的弱化。但不可否认，在乡村治理现代化的进程中，传统礼治观念仍然对乡村村民的行为发挥着重要影响。"礼治"是维持中国传统乡村社会秩序的基本方式，更多的是一种教化作用和软性治理，这一判断已成为共识性理解。中国自汉武帝时期就以儒家"礼治"作为治国体系，"礼治"（或"德治"观念）早已深深镌刻在乡村村民的心中，成为他们共同的价值理念和思想血脉，塑造着乡村运行的伦理规范，维系着乡村社会秩序。乡村治理所具有的民族性，意味着乡村具有更加丰富、传统的以"礼治"为核心的非正式制度资源，乡村村民之间的纠纷在不违背法律的情况下，更多选择传统的乡规民约、宗族宗教、伦理道德等非正式制度来进行调解。在田野调研中，一位 W 姓的驻村干部在谈及山上野生蜂蜜的保护问题时说道：

> 前些年，我们村的老采蜜人总要在保护蜜蜂的基础上去采蜜，我们年年都能采上一些特别好的野生蜂蜜。这几年情况变了，好多年轻人为了能够采蜜卖钱，经常是破坏性地采集，吓得蜜蜂都跑了。怎么治理这种现象？要说法律，这种行为还够不上犯法，我们干部一再去讲道理也没用。后来，我们就向各个屯长下达任务，一定要处理好此事。屯长在我们这个民族乡村一般都由有威望的人来担任，村民都比较听从屯长的话。就这样，在屯长找了这些人谈话后，今年基本没有此类事情发生，野生蜂蜜得到了较好的保护。（WQS，驻村干部，男，汉族，30 岁）

从这件事情，我们可以看到屯长在村民的心目中仍然具有很大的威望，这和乡村长期治理的传统有着密切的关系。过去，壮族传统的社会组织中的村寨首领被称为寨老，一般是老年男性，少数是中年男性。他们一般都具有较为丰富的社会阅历，善于言辞，能处理民间的各种纠纷，在群众中有较高的威望，得到一村一寨几个村寨人们的信任，主要义务有：处理家庭纠纷，处理邻里纠纷。他们的权力有限，属于政府和百姓之间的纠纷他们一般不参与。当村民遇到一些事情觉得比较难办，而官方强制手段会引起更大的麻烦时，就会找寨老从中调和。寨老断案或排解纠纷的过程简单明了，他会根据事先了解的情况和当事人的陈述，迅速判明是非曲直，做出处理决断。当遇到难题时，如盗窃案，原告证据不足，被告不服，通常使用审判法。审判有两种，一种是对天赌咒，另一种是下油锅。尽管现在寨老这一称呼以及这样的一种判决方式早已消失，但屯长依然在村民的心里具有很高的威望，在村民的日常纠纷中发挥着重要的调节作用,也是村干部治理乡村社会重要的补充力量。

一位 Q 姓的驻村干部在介绍他所帮扶的贫困户情况时谈道:

> 要做好村里的扶贫工作,真正解决好贫困户的贫困问题,不能只依靠我们给他们讲国家政策,还要运用好民族地区乡村的传统习俗来解决各种问题。就拿我帮扶的一个贫困户来说,我们村干部为了帮助这个贫困户脱贫致富,可是下了很大的功夫。刚开始,这个贫困户很排斥我们,我们给他讲政策、讲我们的规划,他只是听着,行动上却不配合。后来,我们为了说服他,几个驻村干部轮流去他家陪他一起放牛、干农活,有一次他从网上买了一个农用机器,不会安装,我知道了以后主动去他家帮忙安装好,就这样慢慢从感情上消除隔阂,建立信任感。同时,我们还经常叫上他家最信任的一个亲戚,一起去和他沟通、讲道理,逐渐打消这个贫困户的一些顾虑,他开始配合工作了。现在他们家已经实现了脱贫,还会经常主动找我们村干部一起商量问题,和我们就像朋友一样了。(QMZ,驻村干部,男,壮族,40 岁)

由此可见,随着乡村社会治理环境的不断变迁,尽管维护乡土社会秩序的礼治出现了一定的弱化,但以"礼治"为核心的非正式制度在乡村社会仍然发挥着重要的作用。与此同时,以"法治"为基础的正式制度虽然进入乡村,但仍然面临着法治权威不足、法治规范不适应等问题,容易造成乡村陷入无序的困境。费孝通先生曾经指出:"现行的司法制度在乡间发生了很特殊的副作用,它破坏了原有的礼治秩序,但并不能建立起法治秩序。"① 重建新时代乡村社会秩序的根本在于正确处理以现代"法治"为基础的正式制度与传统"礼治"为核心的非正式制度之间的关系,充分发挥二者在乡村治理中的积极作用,以形成更有效的乡村治理秩序,这是符合当前乡村社会发展实际的治理之路。

---

① 费孝通:《乡土中国 生育制度》,北京大学出版社 1988 年版。

第三节　正式制度与非正式制度的协同与冲突

在乡村治理场域中，正式制度与非正式制度共同存在，通过不同的约束机制和运行逻辑共同作用于乡村社会。随着乡村治理现代化的不断推进，正式制度在乡村治理中的重要性和地位日益凸显。但不可回避和否认的是，在乡村的"熟人社会"中，非正式制度依然发挥着重要的作用。体现官方意识形态的正式制度产生于乡村社会外部，通过国家权力的下沉嵌入乡村社会，具有国家威慑力，约束力具有较大的强制性。体现乡村社会民间意识形态的非正式制度，是在乡村社会生活中自然而然生长起来的"内部规则"，长期以来深入人心，约束力较为持久。正式制度与非正式制度作为制度不可分割的两个组成部分，恰如一枚硬币的两面，二者既相互对立，又相互依存，是矛盾的统一体。在乡村治理中，只有正式制度与非正式制度之间达成均衡，才能保证乡村社会的良好秩序。本书通过对田野点进行详细调研，对正式制度与非正式制度在乡村治理中所呈现出的"实然"关系进行翔实分析，以期实现二者之间有效互补，这是实现乡村有效治理所不能回避的重要问题，也是促进乡村振兴的根本问题。

一　乡村治理制度创新：正式制度与非正式制度的有效协同

（一）正式制度在乡村治理实践中的普适性内嵌

采用合理的治理方式促使乡村社会秩序正常运转是乡村治理的本质要求。这要求在乡村治理场域中，在科学认识并客观对待乡村社会非正式制度基础上，将各个层级正式制度有机嵌入乡村社会的非正式制度中，充分吸收、融合优秀传统习俗惯例，防止脱离乡村社会实际的制度出台，有效促进各种公共准则在乡村治理场域中的内嵌。具有合法性的正式制度在面对乡村社会治理能行之有效的本质原因是，它实现了在乡村治理中的普适性应用，而这种普适性的实现则在于它与地方性的社会规范形成了良性的互补关系，使两种不同的治理制度能同时嵌入同一治理场域中。在此，笔者通过具体田野调查案例对民族地区乡村的正式制度与非正式制度的有效协同进行深入分析。

1. "农事村办"工作制度

2007年以来，广西百色市委在全市推行以服务基层、服务群众为主要内容的"农事村办"工作制度。"农事村办"这一富有创造性的工作制度，在很短的时间里就取得了初步治理成效，得到了乡村广大群众的支持与欢迎，为推进乡村基层组织建设和乡村改革提供了坚强的制度保障。同时，中共中央以及广西壮族自治区党委也对这项制度给予了高度的肯定，要求总结推广广西田东县"农事村办"制度。自此，"农事村办"工作制度得以全面实施。

G村由于地理区位、经济社会、文化风俗等方面的特殊性，使得乡村治理环境具有多样性与复杂性。目前乡村治理依然面临着一些难题，如：乡村地理位置偏远，交通不便，群众居住分散，村民外出办事往返难；不同的民族文化习俗和行为方式各有特色，催生了多元的价值与利益，难以用普适的治理政策与方式进行普遍性治理；村干部工资待遇偏低，不得不把大量精力放在家庭生产上，经常无法正常值班，群众办事难免人难找等。同时，对于乡村农民来说，长期生活于族缘与地缘叠加的乡土社会，即相对封闭的熟人社会，国家法律的运用相对有限，习惯依靠乡贤在乡村内部解决实际问题。"农事村办"工作制度以现实问题为导向，贴合乡村农民传统的办事方式，以解决群众的实际困难为切入点，通过有效的治理方式为群众提供更优质的、更契合乡村实际需要的公共服务。"农事村办"工作制度实施以来，解决了群众办事难的问题，有效减轻了群众负担，使群众得到了更多的实惠，取得了良好的治理实效，实现了"证件村里办、小病村里医、矛盾村里调、补贴村里领、农资村里买、书报村里读、信息村里询"的治理目标。截至2021年9月，村"两委"干部解决了当地群众办理证件、代缴新型农村合作医疗费、转移户口、带领五保户和农村低保户救济物资、土地纠纷、危房改造申请、改厕改厨申请等各种公共事务80余件，受到了群众的高度称赞。村民LZX为2016年的脱贫户，长期在外务工，家中小女儿LD读高中三年级，由于就读学校是全封闭教学，吃住学不出校，家中无人帮忙办理贫困生补助，村两委干部得知这个消息后，派专员赴县城扶贫办全程帮忙办理贫困生补助，LZX 一家对村委开展"农事村办"制度赞不绝口。QJX 是一般户，长期外出务工，家中老母亲独居，房屋长期无法修缮导致漏雨，村两委干部在走访过程中发现了这个问题，立即帮其启动危房改造程序；积极主动请款，一周内请工程队完成代建工作，QJX 的老母亲对村干部感激不尽。

从制度形式看，"农事村办"工作制度属于正式制度范畴，这项制度能够在短时间内取得良好的治理效果，根本源于非正式制度的支持与配合。任何正式制度要想在实践中发挥预期效果，不能脱离乡村社会现实，必须将正式制度"因地制宜""因时制宜"地嵌入非正式制度的土壤之中，才能落地生根，顺畅运行。可以说，"农事村办"工作制度的有效运行是正式制度与非正式制度融合的结果。

2. "村务监督委员会"制度

随着村民自治的实施与发展，民主监督以村民为监督主体，对村委会的工作和村干部的行为进行监督和约束，通过公务公开、民主理财、民主评议等多种形式来实现。民主监督作为村民自治的重要保障，直接影响村民自治制度的实施绩效。通过民主监督，促使乡村民主管理制度化与规范化，实现乡村治理现代化。随着村民自治的不断推进，面对在乡村治理中所普遍存在的民主监督重形式、轻实效等问题，加强民主监督的重要性愈加凸显。2004 年 6 月 18 日，浙江省武义县后陈村为应对乡村基层小微权力腐败和治理乱象，率先成立了村务监督委员会，代表村民负责村务监督工作，标志着村务监督委员会制度的诞生，后由政府总结推广。村务监督委员会是村民实施民主监督的专门机构。在乡镇政府的指导下，在村党组织的领导下，由村民代表会议在村民代表中选举产生，经村民会议和村民代表会议授权，代表村民对本届村委会及村两委成员的村务活动实施全过程、全方位民主监督，承担村务公开及相关工作。在《中华人民共和国村民委员会组织法》中，有"村应当建立村务监督委员会或其他形式的村务监督机构"的规定，这使得"村务监督委员会"制度在更大的范围内推动乡村治理民主监督的发展。2017 年年底，中共中央办公厅、国务院办公厅印发了《关于建立健全村务监督委员会的指导意见》，对新时期村务监督委员会制度的完善与创新进行了详细的指导与部署，促进了村务监督委员会制度的日益规范化和精细化，推动了乡村治理结构在组织形式上的完善。

为了切实落实村民行使民主监督权力，增强村务工作透明度，保障村民的知情权、参与权、表达权和监督权落到实处，维护村民的合法权益。结合 G 村经济社会发展实际，村委会与时俱进地推动村务监督委员会制度的创新与发展，制定了《村务监督委员会工作规程》（下文简称《规程》），对村务监督委员会的产生与组成、任职条件、职责、职权、义务、工作规则、免职与补选、保障措施等方面做了明确的规定，这标志着村务监督委员会监督进入了有标准指导的发展新阶段。按照《规程》规定，在组织设置上，村务监督委员会成员由 3 人组成，设主任 1 名。具体由 LCJ 担任主任，LZJ、QBH 为委员。村务监督委员会成员由村民代表会议选举产生，按照得票半数以上从高到低确定当选人，选举结果向村民公告。村务监督委员会成员的罢免与补选，由村党组织形成决议提出意见，再由村委会组织召开村民代表会议讨论表决，村民代表会议必须有三分之二以上的代表参加，经全体代表过半通过，自然生效；如村委会拒绝召集村民代表会议，由村民代表表决罢免和补选事宜。村务监督委员会在村党组织领导下工作，对村民代表会议负责并报告工作。村务监督委员会每年年末向村民代表会议报告开展工作情况，并提出下年度工作计划，由村民代表会议对其成员的工作进行年度信任度测评。村务监督委员会代表全体村民独立行使职权，对本村村务实行全方位、全过程的监督，享有知情权、提议权、否决权、调查权、召集权。例如，2018 年，对 QZ 屯产业路在施工过程中将 80 米左右的灌溉水渠损坏的事宜，村务监督委员会进行全程监督。经第一书记、村干部、屯长、村务监督委员会成员现场查看，确认水渠损坏不能使用，认定当初设计有缺陷，决定上报县扶贫办。在帮扶单位市人大的帮助下，达成修复灌溉水渠的方案，确保第二年开春使用。

民主监督作为一种外来的、村民所不熟悉的制度需要由政府来发动，伴随村民自治的不断发展，民主监督也必须契合乡村社会非正式制度，以自下而上的方式来推进民主监督。在熟人乡村社会中，乡村成员非常重视个人的社会声誉。个人在乡村社会活动中如有欺骗、不讲信用等机会主义行为，则会受到其他乡村社会成员的谴责以及排斥。村干部作为乡村社会的成员，非正式制度的"声誉机制"在很大程度上使村干部恪守行为规范，减少监督成本。由此，乡村社会的舆论监督在民族地区乡村熟人社会具有强有力的制约作用，这与由村民代表构成的村务监督委员会的正式制度相契合，促进村务监督委员会制度在乡村治理中发挥积极作用。

3. "四议两公开"工作制度

民主决策是村民自治的重要组成部分，是实现乡村社会公共利益分配和公共服务供给的有效形式。"四议两公开"制度在2010年、2013年、2019年三次被写入"中央一号"文件。2019年1月的《中国共产党农村基层组织工作条例》指出，村级重大事项决策实行"四议两公开"。① 2019年9月，"四议两公开"制度再次被写入党内法规，中共中央印发《中国共产党农村工作条例》明确提出："健全村党组织领导下的议事决策机制、监督机制，建立健全村务监督委员会，村级重大事项决策实行'四议两公开'。"② 这些举措是国家从顶层设计上对近些年"四议两公开"制度实践的确认与肯定。2004年，面对村务公开和民主管理工作中的突出问题，河南省南阳邓州市在深化"三级联创"活动、加强乡村基层组织建设实践中大力推进制度创新，提出"4+2"工作法。这一工作法是在解决乡村具体问题基础上倒逼产生的。2009年8月，李源潮赴河南郑州考察调研"4+2"工作法实际运行情况，肯定"4+2"工作法是基层建设的制度创新之举，是通过参与、对话、协商等途径探寻解决乡村事务的重要机制，并将"4+2"工作法正式命名为"四议两公开"工作法。自此，"四议两公开"工作制度在全国范围内开始推广实施，这也充分表明了"四议两公开"工作制度具有现实意义和实践价值。

"四议两公开"工作制度，是指乡村所有村级重大事项都必须在党组织领导下，按照"四议""两公开"的程序决策实施，具体包括六个基本流程：第一，村党支部会提议。对村内重大事项，村党支部在广泛听取意

---

① 中共中央:《中国共产党农村基层组织工作条例》,《人民日报》2019年1月11日第1版。
② 中共中央:《中国共产党农村工作条例》,《人民日报》2019年9月2日第1版。

见、认真调查论证的基础上，集体研究提出初步意见和方案，使提议符合本村发展实际，符合群众意见。第二，村"两委"会商议。根据村党支部的初步意见，组织村"两委"班子成员充分讨论，发表意见。对意见分歧比较大的事项，根据不同情况，可采取口头、举手、无记名投票等方式表决，按照少数人服从多数人的原则形成商议意见。第三，党员大会审议。对村"两委"商定的重大事项，提交党员大会讨论审议。召开党员大会审议前，需把方案送交全体党员，在党员中充分酝酿并征求村民意见；党员大会审议时，到会党员人数须占党员总数的三分之二以上，审议事项经应到会党员半数以上同意方可提交村民代表会议或村民会议表决；党员大会审议后，村"两委"要认真吸纳党员的意见建议，对方案修订完善，同时组织党员深入农户做好方案的宣传解释工作。第四，村民代表会议或村民会议讨论表决。党员大会通过的事项，依照有关法律法规规定，在村党组织领导下，由村委会主持，召集村民代表会议或村民会议讨论表决，参加会议人数必须符合法律规定，讨论事项必须经全体村民代表或到会村民半数以上同意方可决议通过。第五，决议公开。经村民代表会议或村民会议决议通过的事项，一律在村级活动场所和各村民小组村务公示栏公告，公告时间原则上不少于七天。第六，实施结果公开。决议事项在村党支部领导下由村委会组织实施，实施结果及时向全体村民公布。

目前，"四议两公开"工作制度在民族地区乡村政治、经济、文化、社会、生态文明等重大事项决策中发挥着重要作用，并取得了显著的治理成效，为加快推进乡村治理体系和乡村治理能力现代化提供了强有力的制度保障。2018年7月，村委会为增加村集体经济收入，计划与村里致富带头人LDP合作养鸡的事宜，决定通过"四议两公开"工作制度进行商议。在村党支部会议上，第一书记将前期考察的可行性情况向参会人员做介绍：

> 初步饲养1500只阉鸡，春节前出售。从1.5—2.0斤脱温鸡开始饲养，12月底前售完，每只阉鸡达5—6斤重，市场价每只150元，总收入至少在15万—18万元之间，资金由第一书记经费投入5万元

建设鸡棚、购入脱温鸡和前期部分饲料等,村民投入6万—7万元,负责全程饲养和管理工作。为了鼓励和带动其他村民发展该产业,村集体只按投入的资金收取10%的资金占用费归村集体所有,负责联系销售及指导发酵饲料加工制作,以降低饲养成本,并带动农户到相关鸡场参观学习,增长养殖技术等。"两节"期间饲养高端的土鸡品种,其他时间成批饲养"肉鸡"供应本地市场,每年计划增加农户收入6万—8万元,村集体经济收入1.5万—2万元。(YMX,第一书记,男,汉族,35岁)

在村"两委"会议上,就村党支部会提议的与农户合作增加集体经济收入的事宜由参会人员讨论商议。参会人员各自发表了看法和建议,讨论比较热烈,大家意见集中在能够达到双方共赢,顺利拿到红利。因为本地养鸡有多家专业户,但没几家赚钱的,风险系数较大。最后,大家以举手的形式表决,以9票赞成对1票反对的结果达成合作饲养土鸡事宜。此后,该项提议经党员大会审议,村民会议决议后付诸实施。同时,由会议产生的村民代表3人进行日常监督反馈合作经营情况,报告合作进展情况,定期在村委大院公开栏上张贴合作经营报告,让村民随时知晓合作饲养事宜的具体进展。从2019年1月11日开始,第一笔买卖已经成交,共销售了130只鸡,每只150元。据统计,至2019年年底,村集体共获取集体收入5000元,打开了村集体和农户合作经营的双赢之路。

近年来,村委会将"四议两公开"制度充分运用到乡村振兴工作中,在乡村治理中不断进行创新发展,探索出适应新时期乡村发展的运用模式——"屯长动态参与调整议事制",进一步保障和优化"四议两公开"工作制度在乡村治理中的有效实施,助力乡村振兴工作的顺利开展。在贫困户认定工作中,根据"屯长动态参与调整议事制"要求,在驻村工作队员和村"两委"干部入户普查贫困户生活条件和经济收入后,召开一次由驻村工作队员、村"两委"干部和各屯长参加的议事会议。入户干部在会议上汇报每户的基本情况后,屯长对通报的情况进行再度核实,以确认是否有隐瞒收入或核算不准确的事宜。若发现所搜集信息与实际情况不符,将启用屯长"重议权",提请议事会议进行商讨决定。若表决认定确实需要重新入户识别的疑似贫困户,由屯长通知拟识别贫困户向村支部递交"贫困户申请书"。在村党支部会提议后,此事项进入"四议两公开"工作流程重新进行审议。"屯长动态参与调整议事制"在实际操作中更好地补充了"四议两公开"工作制度可能产生的遗漏问题,将依法办事和灵活创新统一结合,提升了治理效果。

"四议两公开"工作制度是在坚持村党支部的领导与组织下,通过参与、对话、协商等途径探寻解决新形势下村级公共事务的重要机制。"四议两公开"工作制度是正式制度与非正式制度相结合的良好载体与形式,在运行过程中既合理运用了村民自治制度下村委会和村民代表会议等正式制度的安排,也充分发挥了村规民约、乡风民俗等非正式制度的作用,通过有效解决协商中的矛盾与分歧,提升乡村治理的效率。

(二)非正式制度在乡村治理实践中的与时俱进变迁

在乡村治理中,非正式制度对于乡村社会秩序的维护同样具有非常重要的作用。作为当地乡村社会中村民所熟知的地方规范,非正式制度依靠遵循正式制度的基本准则,来形成一整套符合正式制度规范的村规民约,从而实现了与时俱进的变迁,使其成为村民自觉自愿所遵循的价值准则。村规民约作为一种可以充分体现地方性规范的明文规定,是村民互相劝勉、共同遵守的一种制度,更符合当地的民俗和乡情,这使得其在调节村民矛盾纠纷、处理地方公共事务、维护社会治安以及推动乡风文明建设等方面都具有积极意义,是实现乡村有效治理的重要表现。

为了有效促进乡村的和谐稳定和长远发展,树立良好的民风村风,激发乡村社会发展活力,经村委会起草、村民会议共同讨论,采用人人签字的方式,表决通过了村规民约,其内容涉及乡村社会和村民生活的诸多方面。从村规民约看,规定以调节、批评为主,以奖励与罚款为辅,具有道德规范和行为约束的作用。其中,村规民约的第7条内容是:不得捕野蜂,违反者视情况罚款1000—2000元。狩猎曾经流行于这个县的各个农村,冬季农闲时,农友们自由组合成打猎队,在老猎手的指挥下分工,套补鸟兽、捕野蜂、猎夜鸟、挖竹鼠。捕野蜂是狩猎传统习俗,即挖蜂蛹做特菜食之。林区森林茂密，古木参天，天蜂、地蜂等野蜂种类达十多种，其中陆蜂（即大红蜂）以体粗、巢大、蛹多、凶猛等特点而远近闻名，它是农民重点捕捉对象。尽管在20世纪80年代公安部门收缴鸟枪以后无人打猎，但偶尔还会有人去捕捉野蜂。为了让更多的村民能够采到野蜂蜜，也就把不得捕野蜂这个规定放到了村规民约内。在田野调查中，笔者发现，最近几年几乎没有人违反过此项规定，唯有一个老人违反了这一规定，他趁中午大家都在家吃饭的时候偷偷去捕捉野蜂，恰巧被村民看到，为此老人缴了1000元的罚款，老人诉说自己没钱，后来第一书记帮忙拿了500元，他自己拿了500元，交给了村委会。

村规民约的第8条规定：垃圾统一投放到附近垃圾池内，违反者罚款500—1000元。大多数村民都能自觉把垃圾统一投放到附近垃圾池内，但仍然会有个别村民把垃圾倒到离家比较近的山沟里。为了保持良好的生态环境，经村民协商并举手表决，违反此规定，罚款500—1000元。在此条规定提出后，有一位妇女把自家垃圾偷偷倒在山沟里，被发现后虽然内心不情愿，但仍然按规定交了罚款。

村规民约的第12条规定：村民要勤劳致富，严禁好吃懒做、游手好闲，要争当富裕户，不当贫困户。村民QDW在2020年实现脱贫之前家里非常贫困，但自身好吃懒做，在被评定为贫困户之后，QDW每月拿着贫困补助金觉得很满足，不愿意通过自己的努力实现脱贫，整日无所事事。在与其他村民聊天时，他也会表现出自己是贫困户的得意。面对这种情况，在村干部多次入户对其进行批评教育并详细讲解国家扶贫政策后，QDW加入了村里的田螺养殖专业合作社，2020年顺利通过了脱贫核验，家里的生活条件也有了很大的改善。

> 这个村规民约就是根据我们村子的实际情况，经过大家一致同意制定出来的村规民约内容，当时就同大家说好了，谁要违反就要认罚，这也是为了我们村子更好地发展。没有这个村规民约，有人做了不太好的事情，你跟他讲道理，他跟你扯皮；那有了村规民约，这就不一样了，都是大家当初同意的，每个人都要照办，不是针对某一个

人的，所有人都要遵守规定。这个村规民约在我们村还是发挥了效用的，只要是上面规定的内容，很少有人违反。有个别人违反了规定，也都是按照村规民约上的规定执行处罚的。（LHY，村干部，男，壮族，41岁）

村规民约不只是我们村有，附近这些村都有自己的村规民约，制定村规民约的时候都是经过我们村民同意的，大家都非常主动地遵守村规民约，知道都是为了我们村能够变得更好，要是有人违反规定，大家也都从心里谴责这种行为。（QLK，村民，男，壮族，39岁）

最近这些年，结婚彩礼普遍比较高，这是家家户户比较困扰的一个问题，给村民造成的负担也非常重。去年，我们村的村民LXM家嫁女儿，他自觉遵守村规民约里的倡导喜事新办规定，不仅没向男方要天价彩礼，还给女儿随了陪嫁礼，LXM跟其他村民说男孩女孩都一样，也要体谅男方的不容易，这为其他村民做了一个好的榜样。对此，我们村委会特地对此事在村民代表大会上进行了表扬，以促进我们村形成与时代发展相一致的新民俗。（YMX，第一书记，男，汉族，35岁）

美国人类学家罗伯特·雷德菲尔德在《农民社会与文化》中首次提出"大传统""小传统"的观点。所谓"大传统"是指知识分子、社会上层绅士所代表的精英文化，集中于城市；"小传统"是指一般社会大众，特别是乡民所代表的生活文化，散落在村落。[①] 尽管这种二元的区分有割裂知识谱系之嫌，但这样的一种分析视角，尤其是"小传统"可以使研究者更好地透视村民日常生活的实践，还原日常生活的流动性。村规民约与国家法的关系就是"大传统"和"小传统"的关系。国家法从宏观层面对人们的行为进行规范，反映国家的利益和要求，是"大传统"文化；而村规民约从微观层面对村域内村民的行为进行具体的规范，更接地气，体现村

[①] 黄兴华：《新型农村社区道德建设中主体自觉的张扬》，《山西师范大学学报》（社会科学版）2013年第4期。

民的切身利益和实际需求，是非正式的传统规范，是"小传统"文化。在乡村，为了更好地促进乡村社会有序发展，经村民讨论，意见一致，就制定出契合本村发展实际的村规民约，用来调整和解决村民之间的矛盾纠纷，并得到村民普遍认可、遵守和执行，这对于传承乡土文化、维护乡村社会的生产发展和社会秩序、改善和创新乡村社会治理模式等方面都有积极意义。

二 乡村治理制度困境：正式制度与非正式制度的冲突

当前，在乡村治理中，以现代"法治"为基础的正式制度与以传统"礼治"为核心的非正式制度存在冲突，从理论上分析，具有逻辑必然性。正式制度由国家相关部门依照一定程序制定，通过国家权力加以贯彻实施。非正式制度在相当大程度上是由于生活习惯积累和文化积累，自然而然形成的，是人们内化于心、耳熟能详的制度形态。为此，正式制度与非正式制度的生成方式和运行机制各不相同，导致二者之间出现冲突的状态必然不可避免。笔者在调研中发现，村民常常把一些传统的"不孝有三，无后为大""父债子还、天经地义""重人情轻制度"等违反正式制度的相关规定奉为圭臬，且运用自如，这在很大程度上削弱了正式制度规范的约束力，造成正式制度难以进入乡村社会落地生根。同时，在乡村治理中，国家供给的正式制度不可能完全兼顾到地方性价值、信仰和意义，完美的制度只存在于理念中，正式制度在运作中的许多方面并不能很好地满足村民的需要和解决实际问题。下面，通过对正式制度的治理困境进行分析，以期更好地解决正式制度与非正式制度之间的冲突与矛盾。这里有一个问题需要说明，制度的实施受多种因素制约与影响，我们不能简单地把正式制度执行难的问题完全归咎于非正式制度，但非正式制度的确是一个非常重要的影响因素。分析正式制度与非正式制度之间的冲突，并不是主张在二者之间做出非此即彼的路径选择，而是要引导我们正确认识正式制度与非正式制度之间以及国家与社会之间的关系。在乡村治理实践中，要不断促进二者之间的良性互动与整合，以实现乡村有效治理。

(一) 村委会民主选举制度

1987年《中华人民共和国村民委员会组织法（试行）》，明确规定村民委员会由村民直接选举产生，自此拉开了乡村基层民主选举的序幕。村民自治中的民主选举是指由村民直接选举村委会成员。随着村民委员会民主选举制度的不断完善与发展，选举的程序也逐渐规范化和科学化。G村在村委会民主选举中制定了一整套详细方案，营造出风清气正的选举环境，为巩固民族地区乡村脱贫成果、实现乡村振兴奠定了坚实的基础。

第一，摸排全方位，选民全登记。村委会建立网格化包片摸排机制，将各个自然屯划分为网格片区。充分发挥网格片区内村民小组长熟悉村情、熟悉群众的天然优势，与包村组组长、驻村工作队员、村干部挨家挨户对网格内选民情况进行"地毯式"摸排，通过夜访走访"记"、发动亲属"找"、电话微信"联"等多种方式，全面摸清常住人口中在户籍地参选的人数、常年外出务工的人数、村民参选意愿等各种基本情况。摸排清楚以后，在各个屯张榜公示选民情况，接受群众监督。第一书记谈道：

> 在每三年进行一次的村委会民主选举中，因为我们村有部分村民在外务工不能返回家乡，我们会通过各种方式联系到他们，让他们利用现代通信手段参与到村"两委"换届中，确保换届高效完成。(YMX，第一书记，男，汉族，35岁)

第二，宣传全覆盖，村民全知晓。村委会在各个屯的宣传栏张贴"十个不准、六个一律、十个严禁"等选举宣传海报；在村民经常活动的广场利用LED屏播放乡村基层民主选举宣传视频，村屯广播循环播放选举纪律；组织包村干部、驻村工作队员入户发放《致群众的一封信》等宣传单；利用村屯微信群推送选举纪律信息、小视频，确保宣传不漏一户、不漏一人；及时利用村屯宣传栏发布选举公告，公布选举监督电话，公布投票方式及投票地点，保障村民选举权以及在无任何干扰的情况下独立行使选举权利。

第三，党员全投票，选民全参与。在村委会民主选举中，坚持选民本人投票和依法投票相结合，最大限度动员与组织选民依法参加投票选举。确立包村干部、驻村队员联系选民制度。每一位干部负责联系若干名外出务工选民亲属，通过电话、微信、短信等方式，动员外出务工人员返乡参加选举。对确实无法返乡、委托投票的选民，要求有两名工作人员在场，做好电话录音、微信截屏等凭证登记，确保委托投票依法合规。对年老体弱、行动不便的选民，采取流动票箱送上门的方式进行投票。对在外居住回乡不便但参选热情高的党员，采取上门接送、送到会场的方式参加选举，努力提高选民参选率。对个别因长期在外务工不能返乡、自愿放弃选民登记和选举的进行公示。

尽管当前乡村基层民主选举取得了重大的进展，但也存在着一些问题和不足。由于乡村地理位置偏远，经济水平也较为落后，村民整体民主意识较低，参选态度不积极，受传统思想影响较大，唯祖先古规至尊和依祖先古理而行的观念犹存。阎云翔在《私人生活的变革——一个中国村庄里的爱情、家庭与亲密关系：1949—1999》中提出，中国的农民在村庄政治与生活上，事实上是靠着私德联系起来的，公德比较缺失。[①] 长期以来村民生活在一个相对封闭的空间，特殊血缘、地缘等因素将他们紧紧地联系在一起，这种环境与人际关系中的强烈情感因素，公共意识的薄弱和理性的不足，造就了选举的矛盾冲突性。受到情分、脸面的影响，农民选举中投的往往是"人情票"而非"公民票"，导致难以真正实现民主选举的目的。一位村民谈道：

> 我们现在的村长和村支书能力太低了，基本的电脑操作都不会，学历也非常低，但因为他们在村里人缘比较好，我们就不得不选他们，因为大家都是一个村的，不愿意伤及彼此的脸面和情分，不想得罪人，现在我们村治理的核心力量还是包村干部和驻村队员。（WCY，村民，男，苗族，52岁）

---

① ［美］阎云翔：《私人生活的变革——一个中国村庄里的爱情、家庭与亲密关系（1949—1999）》，龚小夏译，上海书店出版社2006年版。

由此可见，在乡村治理中，民主选举理念在遭遇传统性非正式制度时，二者会产生冲突，具体表现为村民往往从个人的感情和喜好出发，把宝贵的一票投给自己亲近或有利的人，不能支撑选出真正有能力、有担当的村干部，严重影响了选举的客观公正性。乡村社会人情观念与选举公正意识的冲突在短时间内无法完全消除，但随着对村民不断进行民主政治教育，将民主观念深入基层，促使村民真正理解民主选举的重大作用和意义，摒弃"人情政治"观念，才能真正实现公平公正的理性选举。

（二）村干部值班制度

为了推进基层组织规范化建设，提高服务质量，方便群众办事，切实发挥基层组织活动阵地服务人民群众的积极作用，经过村干部共同协商，制定了村干部值班制度。第一，值班人员。村干部在办公室轮流挂牌值班，原则上是双人值班，如有一人下村办事，一人必须坐班。第二，值班时间。工作日值班时间为8：00—16：00，其余时间确保24小时电话畅通。第三，值班任务。值班人员对值班当天的群众来访和出现问题负首要责任；积极做好接待、协调和处理工作，解决群众在生产、生活中的困难和问题，接待群众来访，调节群众纠纷、邻里矛盾，办理有关手续，受理村民对各项工作的意见和建议，答复解释村民提出的问题；受理群众委托代办事项，并做好相关记录工作；负责处理日常村务工作，记录处理过程和结果；接待上级检查考核，搞好上传下达、上下联络工作。

村干部值班制度的实施在充分调动村干部工作积极性的基础上，不断提升解决群众问题的效率以及服务的质量，也有效拉近了农村干群关系。然而，笔者在田野调研中发现，村"两委"干部因自家的农活较为繁忙，在值班时经常会迟到早退。村委办公室经常只有包村干部和驻村队员在负责乡村事务。对于此种现象，妇女主任谈道：

> 我们村干部从称谓看，虽然带有"干部"一词，却不属于科层体系中的国家公职人员，所以有公事是干部，没公事是农民。我们内心也想好好值班，但是现实不允许，我家种植果树，还养殖了好多生态鸡，心有余而力不足啊。（LHF，妇女主任，女，壮族，42岁）

村副主任就此问题也谈道:

> 我们的工资也就几百元钱,我还要养活一大家子,母亲还有病,都需要花钱。村委没有公事,我就去地里干活了,有事接到电话就赶去村委,我们村的屯长更是不拿一分工资的。所以说,在目前工资非常低的情况下,要求我们去坐班是不现实的。(QJH,村副主任,男,壮族,42岁)

由此可见,当国家法律法规所规定的乡村治理的正式制度与基于非正式制度运行的乡村社会实际不能有效衔接,甚至产生冲突时,正式制度的治理作用在一定程度上会被削弱或虚化,造成乡村治理的低效化、形式化,影响乡村有效治理的实现。

(三)法律下乡

党的十八大以来,中央迅速启动新一轮深化改革方案,法治乡村建设实践取得了举世瞩目的巨大成就。2020年3月,中央全面依法治国委员会印发了《关于加强法治乡村建设的意见》,对中国法治乡村建设做出详细系统的部署与规划。法律规制与严厉惩罚是实现乡村法治秩序的重要保障。笔者在调查中发现,由于G村地理位置偏远,尽管乡村受到了现代化冲击,但仍在相当大的程度上保留着传统"熟人社会"的特征。为此,作为乡村社会内部重要资源的非正式制度仍然在乡村治理中发挥着极其重要的作用。

村民QDY在放牛的时候,因为没有看管好自家的十头牛,跑到LYH家的庄稼地,毁坏了庄稼,LYH非常生气,要求赔偿1000元,但QDY认为损坏的庄稼并不值这么多钱,只愿意赔偿500元。为了解决好两家矛盾,屯长去两家进行调节,最后双方都给了适当让步,村民QDY赔偿了LYH家700元。两家做出让步的原因就是给屯长面子,也不愿意因为这点事情而撕破面子,没有"人情味",断了多年的情分。对于此事,村民QDY说:

都是一个村的，抬头不见低头见，都互相给个面子吧，再说这件事我们屯长也从中进行说和，屯长和我们家的关系特别好，所以最后大家都相互让了步，合理解决了这件事，毕竟大家还要在一起生活，躲也躲不开。（QDY，村民，男，壮族，40岁）

"今天你家刨地借了我家的锄头，明天我家耕地你也要借我犁耙"；"你来参加我儿子的婚礼，给我捧了场、随了礼，下次你家有事我也一定到，这次你给了我面子，下回还要多还点"……这样的事情在村里比比皆是。"人情""面子"等传统中国社会的人际行为法则并没有随着中国社会的现代化转型而消失，仍然是村民行为处事的重要法则。"托关系""求人情""给面子"等仍然是日常生活中常见的现象。

村民QYL是村里的柑橘种植大户，每逢节日，他都会宴请全村人去他家吃饭，村民们都会如约赴宴。在平日里，他家大门从不上锁，即使家里没有人，一些熟人也会去他家自己做饭吃、看电视，所以村里人一提起QYL都会说他是一个很有"人情味"的人。每当QYL家里农活忙的时候，都会请一些村民去他家帮忙，还有一些不请自来的，帮忙的村民从不会接受工钱。这不是省钱的事情，而是相互给面子。我请你去家里吃饭、帮忙，说明我不拿你当外人，被我认可，你就很有面子；你们来帮我的忙，来我家吃饭，也是给足了我的面子，说明我是个有"人情味"的人，人缘好。在村里，谁家有孩子结婚、老人去世等大事，村民们都会相互帮忙，这就是相互给面子。也正因如此，乡村社会才显得温情脉脉，充满"人情味"。这种现象的存在与舒茨所谓的"纯粹的我们关系"有着密切的关联。因为在"我们关系"范围内，大家分享着"互惠互利"这个共同的行为准则，即自己对他人的帮助，由此也会得到他人对自己的帮助。

与此同时，这也导致了作为正式制度的法律虽然能在整体上维持乡村社会秩序，却难以内化为村民心目中的清规戒律或最高信条。在乡村治理中，作为正式制度的法律与非正式制度不可避免地出现一定的冲突与矛盾。在田野调研中，笔者在调查问卷中设计了"如果有人借了您的钱不还，您如何解决？"这一问题，目的在于了解村民之间发生利益纠纷时的解决机制。据统计,选择"通过打官司"进行解决此问题的人仅有5.2%;选择"找熟人解决"的占比40.5%,选择"找村干部解决"的占比54.3%。一位村民对于这个问题详细谈道:

> 前些年,村里有一个朋友,他的小孩结婚需要花钱,这个朋友就找我来借,我就借给他了几万块。但没想到借钱不到两年,这个朋友外出打工找了一个新老婆,从此就失去联系了。这几年朋友儿子在县城做生意也赚了钱,还买了房子、车子,所以我就想让朋友儿子返还借款。托人说了好多次,但朋友儿子说是他爸爸的借款,他坚决不偿还。后来打官司让法院出面调解,法院也不支持我这样的诉求。这在以前是不可能发生的事情,"父债子还,天经地义",更不用说现在他儿子是有能力偿还的。这件事村里人都是支持我的,但法律上行不通。(LYT,村民,男,壮族,56岁)

诸如此类的事情难免会让村民陷入"秋菊的困惑",村民会觉得没有受到法律的保护而感到委屈,其背后也凸显了法律下乡所遭遇的困境。为什么一些以现代"法治"为基础的正式制度与村民的意愿会产生冲突?原因主要在于这些作为由顶层设计自上而下实施的正式制度进入乡村社会治理场域,忽略了乡村社会发展实际,没有"因地制宜""因时制宜"嵌入非正式制度的文化土壤之中,从而不能获得村民的认可和支持,导致这些正式制度不能顺利实施。由此可见,虽然正式制度凭借其权威性与强制性在维护乡村社会公共秩序方面能够发挥重要作用,但不能因此否认以"礼治"为核心的非正式制度在村民生活中的重要性。所以,民族地区乡村治理中正式制度的贯彻和落实,要充分考虑与尊重乡村社会的非正式制度,不断促进二者实现有效互补,才能实现乡村的有效治理。

第四章　文化互嵌与情感治理

　　文化是一个国家、一个民族的灵魂。中华民族共同缔造了博大精深、多姿多彩的中华文化。文化所具有的铸魂特质与功用，决定了文化是推动乡村发展最基本、最持久、最深沉的力量。乡村文化振兴就是要在深入挖掘农耕文化所蕴含的优秀的思想观念、人文精神、道德规范等基础上，结合时代要求实现创造性的转化与发展，使其焕发出新的气象和生机，传承与弘扬中华优秀传统文化，为乡村振兴提供深厚的文化土壤。广西作为少数民族自治区，有着深厚的文化底蕴和悠久的历史文化传统，积淀了丰富的地方文化资源。自党的十八大以来，广西坚持社会主义先进文化前进方向，以高度的文化自觉和文化自信回应人民的需求，构建了具有广西气派、壮乡风格、时代特征、开放包容的新时代文化体系。丰富的文化资源是广西乡村振兴的重要优势，对广西壮族自治区乡村文化进行研究，无疑具有十分重要的作用，因为它构成了主体社会实践的根本灵魂，会潜在地影响主体在乡村治理场域中的行为选择。

　　近年来，在党和政府的高度重视下，G村文化发展取得了显著的成就，乡风文明有了极大提升。同时也应该看到，由于自身存在地域环境、人文环境以及经济等方面的特殊性，当前乡村文化发展的整体状况还不能完全满足村民对美好生活的需要。要实现乡村振兴，就势必要充分利用丰富的文化资源，以发挥其文化软实力的作用。文化建设是一项系统性工程，需要政府、社会、农民等多方力量协同建设，更需要调动各种积极因素为文化建设服务，共同促进乡村文化振兴，为乡村振兴战略铸魂。

第一节 乡村文化的概述

一 乡村文化的内涵

英国人类学家爱德华·泰勒首先对文化概念进行了明确的界定,他认为文化是一个复合整体,包括知识、信仰、艺术、道德、法律、习俗以及作为一个社会成员的人所习得的其他一切能力和习惯。① 克利福德·格尔茨将文化界定为一个社会全部的生活方式。② 从地域空间来看,文化可分为城市文化和乡村文化;乡村文化又称"乡土文化""农村文化"。梁漱溟指出:"中国文化以乡村为本,以乡村为中,所以中国文化的根就是乡村。"③ 乡村文化是文化的重要组成部分,和文化一样,乡村文化同样没有一个统一标准的概念。乡村文化是以乡土社会为主要依托,是村民在长期生活中积累而形成的地方性文化,也是乡村社会发展永不过时的文化资源和文化资本。总体来看,乡村文化可分为广义的乡村文化与狭义的乡村文化。广义的乡村文化一般是指在长期的社会经济活动中,由乡村村民所创造形成的物质财富和精神财富的总和,主要包括物质文化、精神文化、制度文化和行为文化等方面。狭义的乡村文化一般是指乡村村民所创造的精神领域财富,是乡村非物质劳动成果,主要包括村民在长期的生产实践和生活实践中所形成的思维方式、精神面貌、文化素质、价值观念、风俗习惯等意识形态层面的反映。由于广义的乡村文化过于宽泛,本书研究文化治理的问题,主要是从狭义的乡村文化角度探讨乡村治理。

二 乡村文化的基本特征

(一) 地域性

每一种文化都存在于特定的地域之中,但相比之下,乡村文化的地域

---

① [英] 爱德华·泰勒:《原始文化》,蔡江浓译,浙江人民出版社1988年版。
② [美] 克利福德·格尔茨:《文化的解释》,译林出版社2002年版。
③ 梁漱溟:《梁漱溟全集》(第一卷),山东人民出版社2005年版。

性特征尤为鲜明。乡村文化是村民为满足生存基本需求在实践中自发形成的一种文化形态，具有突出的地域文化色彩。不同地域的乡村具有历史、语言、观念的差异性，使得文化呈现出"十里不同风，百里不同俗"的状态，这也就孕育了文化的多元多样性，是中华民族共有的精神财富。"到什么山上唱什么歌""一方水土养一方人""入乡随俗"等俗语都反映了这一特点，即人们在不同的生产、生活环境中会形成具有不同地域特色的文化。笔者在调研中发现，在 G 村长期发展的历程中，创造并留下了音乐、舞蹈、戏曲、曲艺、剪纸、绘画、雕刻、刺绣、印染等各种形式的文化，具有浓郁的地方特色。由此可见，地域性已深刻地融入乡村文化之中。当前，在乡村文化建设进程中，充分利用当地特色文化资源，促进乡村传统文化与新时代社会主义主流意识形态相融相通，就是基于乡村文化地域性而论的。

（二）交融性

早在战国时期，就有关于我国各民族文化交往、交流、交融的文献记载，"北方的白狄，……其礼制组织均已相当华化"[①]。由此可见，我国各民族之间的文化交融已经历经了相当长的历史发展时期。在多民族共居、多元文化共存的乡村社会，共同的地理生存环境、共同的命运、共同的发展愿望，促使各个民族的风俗、文化相互影响、相互融合，逐渐形成了"你中有我、我中有你""多元共存、共生共荣"的文化格局。在田野调研中，不同民族的村民都一致认同，文化的交融部分是大家杂居共处，在生活、生产交往中相互影响所产生的结果。尽管各民族文化具有其各自的传统，但为了满足生产生活的需要，各民族的村民会根据自身需求选择学习、借鉴，或整合对方文化的合理因素，取长补短，实现不同程度的文化交融。在调研中发现，村子里壮族妇女经常会制作苗族的传统油茶，因为她们觉得苗族的油茶味道也非常不错，苗族妇女也会制作壮族传统的五色糯米饭、竹筒饭、莲花发糕等美食。文化交融表征民族关系的融洽与和

---

① 许倬云：《我者与他者：中国历史上的内外分际》，生活·读书·新知三联书店 2015 年版。

谐，对族际间的友好相处起到润滑作用。文化交融的内生动力在于村民承认他者民族文化的相对独立性，即在民族文化认同的基础上，激发群体的情感融合、身份认同和文化认同，促进文化交融，建立和谐共生的族际关系网络。在促进文化交融的过程中，要始终坚持民族文化平等的原则，坚决消除文化霸权与文化垄断，模糊彼此的边界，避免文化歧视与文化偏见的发生，更好地促进多元文化共存和认同、多民族文化交融、多族群共居的乡村社会和谐发展。

（三）稳定性

乡村社会的相对封闭性，使得文化一旦形成，就具有稳定性和持久性的特点，一般不会发生剧烈的变迁。乡村文化是村民长期共同生活形成的具有民族特色、相对稳定的文化形态和知识系统，再加上乡村社会的流动性较弱，其基本内涵和基本精神相对来说比较稳定。笔者在调研中发现，随着社会的不断发展，乡村文化会不断受到外来文化的影响。在这一过程中，其表层文化可能会发生一些变化，例如：具有现代性的日常生活用品与体育、文化娱乐方面的用品，容易被接受。然而，在触及思想观念、风俗信仰、社会形态、政治体制、伦理道德等文化深层的事物则很难改变，会保持原有文化形式。历经几千年的农业文明，决定了乡村文化在乡村社会的主流地位不会轻易发生改变。在乡村社会治理场域中，要充分把握乡村文化的稳定性特质，认真研究根植于当地的乡村文化与文化基因，对其优秀的部分积极地加以保护、传承与发展。繁荣发展乡村文化，不仅是乡村可持续发展的动力，也为提升乡村治理能力提供了强大的精神动力。

（四）多样性

不同民族基于自然条件、生产条件、语言和社会心理等方面的不同，会产生不一样的生活方式、风俗习惯、价值观念和思想认知，形成各具特色的民族文化。在G村，居住着壮、汉、苗等多个民族的村民，民族传统文化节日活动有"壮族三月三"、牛魂节、陀螺节、苗族芦笙节、苗节、吃新节、"四月八"、花山节等；民族民间音乐舞蹈如扁担舞、铜鼓舞、绣球舞、芦笙舞等；民间口头文学有故事、传说、笑话、歌谣、谚语等；少数民族戏剧及地方剧种有壮剧、彩调剧、苗剧等。各种风俗、文化相互影响、相互融合，形成了丰富的乡村文化资源，这些都展现了民族地域文化优势，文化的多样性是乡村发展的宝贵财富和重要基础。

三 乡村文化的内容

乡村文化是村民在所处的生活环境中形成、发展的，它体现了民族的心理和性格特征。通过丰富多彩的乡村文化，我们可以看到村民的勤劳、善良、直率、乐观、勇敢、坚强、热情与浪漫等方面的特征。G村蕴含着丰富的文化资源，具体如下：

（一）山歌

在G村，村民大多都为壮族，壮族是一个能歌善舞的民族，村民特别爱唱歌，不仅是在"三月三"，在春节、"四月八"、中元节、中秋节以及婚嫁、满月、新居落成等喜庆吉日和大大小小的庙会，他们都爱唱山歌，平时也是走路唱、家里唱、田间地头到处唱。很多风俗礼仪都展现在山歌里，如：婚嫁中有"哭嫁歌""迎亲歌""骂接亲歌"，丧葬中有"哭丧歌"，见面问候有"客气歌"，宴请宾客有"敬酒歌"，恭贺寿诞有"祝寿歌"，走亲访友有"问路歌""入村歌""盘问歌"，以及时令节气歌、戒赌歌、劝孝歌、情歌，等等。在"嫁女歌"中唱道："今晚娘女坐排排，明天娘女要分开，明天娘女分开了，好比灯盏离灯台，娘拿红布想在肚，爹拿手巾想在心，女在眼前是块铁，离开身边是块金。"这些歌曲都是和村民的生活息息相关，以歌来表达各种心情。有些歌曲也非常幽默风趣，如"骂接亲歌"里的女方唱："石头开花球打球，男家来了一帮牛；是牛不见牛皮锩，是马不见马笼头"；男方不甘示弱，马上还唱道："房里妹儿莫恁凶，出口伤人理不通，讲出丑话吃空子，下回得见不脸红"。山歌通常是以口口相传的方式代代相袭，传承至今，这使得山歌内容更为丰富，形式更加多样。源于村民对山歌的喜爱，唱山歌成了人们生活中的重要内容。唱山歌也要遵守约定俗称的礼仪规范，比如情歌，在野歌圩里可以尽情地唱；而在家里、在父母面前、在夜歌圩里就不能唱。仪式歌中，祭祀唱什么，婚嫁唱什么，丧礼唱什么，都是绝对不能颠倒胡来的，迎接不同的客人也有不同的迎客歌。可以说，山歌在民族文化中占据了极其重要的地位，千百年来，一直盛行于民间，为广大人民群众所继承。融安山歌始于何时目前尚难定论，但其源远流长、历史悠久，如溪水长流，一直都盛行于民间，没有中断过。在田野调研中，村民QTM向笔者讲述了盘问歌，盘问歌即一问一答的对唱形式，类似猜谜歌，部分歌词如下：

什么在屋扫不走？什么出屋不归家？什么花开不结籽？什么结果暗开花？日头进屋扫不走，火烟出屋不归家；芭芒开花不结籽，杨梅结籽暗开花。什么结果头顶地？什么结籽头顶天？什么出来头戴帽？什么出来头尖尖？茄瓜结果头顶地，高粱结籽头顶天；蘑菇出来头戴帽，笋子出来头尖尖。（QTM，村民，男，壮族，47岁）

村民LLX讲述了十字情歌，用十个数字依次唱出对情人的思念。此歌除了在歌会上对唱，有时也在厅堂里唱，歌词如下：

一字写来是一笔，中间直下就成十；十字高头飘一点，千思万想哥不知。二字写来两头空，中间直下就成工；工字旁边加三点，江边我哥又不逢。三字写来三笔长，中间直笔变成王；王字旁边加三点，找哥不见泪汪汪。四字写来四角尖，加个马字在左边；驷马难追相思梦，何日相会在花园。五字写来四笔足，下加口字变成吾；吾字左边加木字，凤凰不离梧桐树。六字写来实在妙，下加两笔变成交；哥若不嫌妹命苦，两人同架连心桥。七字写来一笔勾，左加人字化忧愁；头上再加顶草帽，花园同起望花楼。八字写来两笔飞，一笔瘦来一笔肥；八字下面加刀字，分离难得做一堆。九字写来两笔成，种花就要盼花红；我俩结交要实意，莫学灯草独立空。十字写来四个头，明灯不亮就加油；劝哥莫听旁人话，千万莫要把妹丢。（LLX，村民，男，壮族，50岁）

（二）扁担舞

在民族传统节日以及日常文化活动中，村里的妇女经常会跳扁担舞，表演者有四人、六人、十人、二十人不等，均取双数。出场表演时，妇女们手持扁担，相向而立，围着一条长一丈多、宽一尺的木槽或板凳，大家口喊呼，于是上下左右相互打击，边打边唱边舞，模拟农事活动中的插秧、收割、打谷等动作，舞者时而双人对打，时而四人交叉对打，时而多人连打，有站、蹲、弓步、转身打，轻重、强弱、快慢错落有致，动作优美自然，整个舞蹈优美清新。

（三）三月三抢花炮

抢花炮是每年"三月三"时所进行的民俗活动。花炮用一个象征幸福的铁圈，外用红绿线包扎，置于炮顶端，然后点燃火药推动炮身，把铁环冲向高空，待花炮（铁圈）落地，花炮队便以铁圈为目标蜂拥争夺，谁抢得花炮，就意味着他在这一年都会人财两旺，幸福安康。抢夺炮圈时，按规定可以相互挤、抢、护、传、拦，但绝不许踢、打，犯规者立刻取消参赛资格。获得头彩后，村民向他表示热烈祝贺。其后，优胜者将炮圈带回家，按照传统习惯，第二年再制作一个新的炮圈，在节日当天送到现场，谓之"还炮"，这项民俗活动深受村民的喜欢。

（四）民间口头文学

在G村，具有民间故事、传说、笑话、歌谣、谚语等丰富的民间口头文学。民间故事有"猫教老鼠爬树""蚂拐头为什么是扁的""文雅秀才""三女婿祝寿""宝伞""七姨与蛇郎""老虎大哥""俩姐妹""三兄弟学手艺""傻媳妇回娘家""点错标点丑媳妇""牛笑掉牙""青蛙告状"等；民间传说有"百二甲子""大将和三马的传说""牙变婆的传说""鸡公精""烟的传说""茼蒿菜的传说"等。在调研过程中，民间故事代表性传人LCA向笔者叙述了很多当地的民间故事，例如：

> 从前有个秀才，言行举止都讲究优雅。有一回，他看见一个小偷在自己门外转来转去，心里感到不安，就写了一张"闲人免进"的大字贴在门口。那小偷根本不理他那一套，居然闯进前厅。秀才连忙又写了一张"各有内外"大字贴在内门，结果小偷视而不见，径直走进屋内，吓得秀才赶紧躲进厕所里。那小偷翻箱倒柜，偷了许多东西，

走过厕所时,秀才连忙在厕所里面咳嗽一声"里面有人"。

从前,有户富裕人家有三个女婿,大女婿、二女婿有钱,三女婿贫穷。岳父生日那天,三个女婿都来祝寿,大、二女婿各带来一头牛和一头猪,三女婿带来一只老鼠做寿礼。大女婿、二女婿说:"你的老鼠怎能作寿礼?羞死天下人。"三女婿不慌不忙地解释道:"牛吃草,猪吃糠,老鼠吃米粮。我送的礼难道比你们差吗?"(LCA,村民,男,壮族,58岁)

民间笑话有"父子吃鱼""耳背""给聋子拜年""写作文""幸好没穿鞋""起外号""讲彩话""俩爷仔脾气一样""哄油匠"等。民间笑话代表性传人QTJ向笔者叙述:

家里来客,老子命儿子出街买肉。儿子买肉回来,因家门口路窄只能行走一人,这时刚有一路人路过,与其相遇,儿子素来脾气不好,手拿猪肉不肯让路,两人对站约十分钟。老子见儿子久不回,出门探望,见儿子和路人对站,互不相让。因为老子的脾气比儿子还要倔,见此状火冒三丈,叫儿子:"儿子,你回去,等我和他对站,难道他站得过我们俩爷仔?"

李检刚买了一双新鞋,总是没舍得拿出来穿,天天上山做活光着脚板去。一天,张能同他进山砍竹子,脚板被竹子划破了鲜血淋漓,可他反而哈哈大笑。张能不解地问他为什么受伤了还要笑,他回答说:"幸亏我没穿今天刚买的鞋,不然鞋底准会被戳穿一个大窟窿。"(QTJ,村民,男,壮族,62岁)

民间歌谣有"闹洞房歌""二十四孝歌""救父苦唱词""莫贪财""猜谜歌""二十四节气歌"等;有关于社交、时令、生活等方面的谚语。例如,在当地,村民都会唱二十四节气歌谣,其中二十四节气七、八月歌内容为:"七月立秋又处暑,禾苗收了种红薯,七月有个乞巧节,七夕牛郎会织女。八月白露与秋分,杀鸡杀鸭滚尘尘,吃罢中秋十五夜,做个夜禁下地门。"

童谣有"月光光""相排坐""出嫁""点朱点墨""雷公叫""夜禁歌""打铁""点点珠珠""冷冰冰""王老小"等。当地小孩广为传唱的"王老小"歌词为:"王老小,王老小,扛枪打鸟;打得一口袋,拿去长街卖;爸爸叫买酒,妈妈叫买菜。妹妹说买糖,扯起小衣角,叫哥快快快。"

(五)唱彩调

彩调是广西极具特色的戏曲剧种,剧本内容多以劳动、爱情、生活为主,其音乐主要由"腔""板""调"及乐器中的"伴奏风牌""锣鼓牌"五大类组成。村民自发成立了一支业余彩调队,在农闲的时候,大家组织起来就开始排演,在村子里的各类文化活动中,总能看到唱彩调表演,深得村民的喜欢。

(六)绣球舞

绣球舞是村民在歌圩上最喜欢跳的一种舞蹈,也是男女双方表达爱情的一种方式。歌圩那天,参加歌圩的青年男女对唱完毕就开始跳绣球舞。据当地村民讲,绣球舞的来历有这么一个传说:

> 很久很久以前,壮家有一对青年男女相亲相爱,谁知在结婚当晚,姑娘被山妖抢走,关在洞中石楼上。新郎和众乡亲追到山脚无路可去,正在危难时刻,仙娘姑姑从山顶抛下一个绣球,绣球落在石楼的窗口,新娘急忙爬出窗口,抓住绣球带滑下山脚,山妖追来,新郎抛出绣球,绣球立刻变成一团烈火,把仙妖烧死,大家簇拥着新郎高高兴兴地回去了。回到家,青年男女认为全靠绣球使他们得到幸福,于是就做了许多绣球,挑起绣球舞来庆贺,绣球舞就此产生了。(LYM,村民,女,壮族,46岁)

(七)壮剧

笔者在田野调研中了解到,由爱好壮剧的村民组成了一支壮剧表演队,在各类文化活动中经常可以看到壮剧表演。壮剧的许多剧目都是取材于壮族神话、历史及民间传说故事,通过戏剧的形式表现了壮族人民的生存环境、社会生活、文化习俗、民族性格特征等,具有鲜明的民族特色。如壮族的"哭嫁歌""拦路歌"等在壮剧中多有呈现,村民在表演《月满桂花江》时,哭嫁歌在女主人公桂花出嫁时响起:"娘啊娘,你狠心送女嫁给狼,今后哪个服侍你?哪个端水送药汤?"由此表达了与亲人的难舍之情,也表现了对所嫁非所托的抱怨。通过壮剧,我们也可以看到壮族人民的勤劳、善良、直率、乐观、勇敢、坚强、热情与浪漫。在《金花银花》《一副壮锦》等剧目中,都可以看到壮族女子的织锦场面。在《天上恋曲》中,瞎父和聋哥收留了寻找哥哥的外乡哑妹,三人相濡以沫,共同组成了一个幸福的家,这些都是壮民族勤劳善良的反映。尽管表演壮剧目所需要的服饰、舞台较为烦琐,壮剧表演队的成员也都尽自己的最大能力去做准备,以给村民一个更好的文化体验。

(八)芒篙舞

笔者在田野调研中了解到,有一些村民为苗族,尽管数量比较少,但在长期的文化交往、交流和交融中,村民也会在苗族的传统节日组织文化活动。芒篙舞通常是在农历正月初九举行,"芒篙"是苗语音的汉译,"芒"指面具,"篙"泛指神灵。远古时期,元宝山一带人烟稀少,村民所种庄稼常被野兽糟蹋,受外来盗贼掠抢。为震慑盗贼、野兽,驱邪赶魔,有人提出:"把神人芒篙请来,才能扶正祛邪,保一方平安。"此议得到众人附和,于是由寨佬选定人选涂黑脸,披芒藤或稻草,装扮成芒篙,有盗贼来时从山上呼叫而下,对方以为是神从天降,慌忙逃窜。当时芒篙只身披芒藤或稻草,无面具。后本村老人马老二提出,要做个壳给芒篙戴,更加威武。这样,就用"都金汤"(苗语,一种树名)雕刻成面具,涂上黄、红、绿、白颜色。用棕树毛做胡须给芒篙戴上。芒篙舞动作带有随意性,动作沉稳刚劲,粗犷豪放。主要动作有双手举起,手指张开抖动,双腿半蹲,左右脚依次提起旁跳步,半蹲侧移步,前后跳步等。以击打锣鼓作为伴奏。该舞明显带有古时傩舞特征。苗族民间把芒篙视为崇尚的山神。认为芒篙接触谁,就会给谁带来好运,因此,芒篙节期间,男女老少都争先与芒篙接触,取得抚摸,讨个吉祥。芒篙活动除了表现驱邪祈福的意义外，还具有生殖崇拜的意义。扮演芒篙者一般选择年轻力壮的男青年，有公母之分，公的用金猫（一种植物的根部）做生殖器，安放在下身处（母的则没有）；母的背着一小孩（小孩用芒草或禾草扎成）。公母芒篙时而相拥做性交动作，这也说明芒篙舞具有繁衍后代、传播性教育的传统文化观念与功能。

  我们村不只是庆祝壮族传统节日，苗族的节日我们也庆祝，这已经是多年的习惯了，大家都聚在一起热闹，唱歌、跳舞，特别开心哦，在我们心里不分壮族的和苗族的节日，常年居住在一起生活，都已经成为共同的节日了。（QFH，村民，女，壮族，43 岁）

第二节　乡村文化治理的情感建设路径

  情感治理技术在理解中国基层的社会治理时往往具有一定解释力，由于情感技术能消解基层治理中的潜在矛盾并促成积极的情感倾向，对于"治理有机体"中稳定秩序的实现具有重要作用。[①] 笔者在田野调研中发现，G 村通过充分依托自身丰富的文化治理资源，从情感治理维度进行了新的尝试和实践，更多的是从"情感"出发，设身处地地为村民着想，通过搭建情感互动平台、拓展情感表达等途径，不断满足村民的情感需要，唤醒村民主体意识，促进村民主动保护传承，以此培植村民对乡村文化的认同感，对乡村社会发展的使命感和责任感，形成完整健康的情感纽带，以促进乡村社会的发展。G 村在文化治理过程中，形成了传统与现代一脉相承的乡村文化治理经验，从情感治理的维度更好地加强多元治理主体之间的情感联结，用真情实感去关心村民的内心需求，进而促进乡村社会有效治理的实现。

[①] 包涵川：《迈向"治理有机体"：中国基层治理中的情感因素研究》，《治理研究》2021 年第 1 期。

一　完善文化基础设施

文化基础设施建设为乡村文化发展提供了平台，是乡村文化建设的基础和前提，为乡村文化繁荣发展提供有力保障。完善文化基础设施，大大丰富了村民的文化生活，不断促进乡村文化的繁荣发展，着力改变乡村落后面貌。"早上听鸡叫，白天听鸟叫，夜晚听狗叫"，曾是广西乡村的真实写照。为补齐广西文化建设的短板，满足村民日益增强的文化发展需要，政府进一步完善文化基础设施，建设了一批具有壮族乡村特色的现代文化设施。广西壮族自治区按照"一栋文化综合楼、一个舞台、一个篮球场、一个戏台，一个宣传栏，一支农民文艺队、一支农民篮球队"的标准，围绕"文化乐民、文化育民、文化富民"的建设思路，采取"财政补贴一点、地方支持一点、群众捐助一点"的做法，建设村级公共服务中心。村公共服务中心建成后，同时具备村级组织活动场所以及文体娱乐、文化学习、宣传教育、健康服务等功能，为村民提供全面的公共文化服务，使其成为村民享受现代权益的精神乐园，提高素质的教育阵地，凸显文化兴村、美丽乡村新形象。近年来，公共服务中心多次举办文化活动，丰富了村民的生活。

第一，村委会利用村级公共服务中心场地为村民配置了大量体育活动器材，积极开展各种体育活动，包括跑步、跳绳、踢毽子、打羽毛球、打乒乓球等各种趣味体育运动会，积极宣传体育锻炼的好处，切实让更多的村民参与其中，努力提高村民的身体素质。

第二，乡村书屋的建设，活跃了村民的文化生活。自2014年"全民阅读"第一次写入政府工作报告后，连续九年均进入政府工作报告。为进一步丰富人民群众精神文化生活，深入推进全民阅读，乡村书屋和电子阅览室坚持定期对外开放。村委会通过开展各类知识竞赛，推动村民读书、用书，学习科学文化知识，进一步活跃和丰富乡村文化生活，提高村民整体素质和乡村文明程度，改变民族地区乡村落后面貌。每年，G村都会在公共服务中心开展一年一度的金桔种植、田螺养殖知识比赛，利用擂台评比的方式，交流种植经验技术，对冠军奖励1000元，村民都积极参加比赛，可以更好地促进金桔与田螺产业的发展。

第三，通过"百家宴""建党100周年"等活动对村民进行感恩教育，歌颂党的乡村政策和扶贫政策，让村民切实感受到党和政府对农民的关怀。

> 每年大家都盼着"百家宴"，各个屯的村民都齐聚在村里的公共服务中心，每家都端出自己做的最拿手的饭菜，坐在一起边吃饭边聊天，那一天我们还会穿上自己的民族服饰，自发组织唱山歌，特别热闹，"百家宴"寓意着吃百家饭，连百家心，成百家事。（QDF，村民，女，壮族，42岁）

第四，"壮比"是壮族村民用壮话即兴演唱山歌，深受村民的喜爱。依托本村"壮比"这个壮族文化特色，开展主题为"弘扬民族文化，展示壮乡风采"的山歌比赛，展示具有民族特色的优秀乡村文化，促进民族文化的传承与发扬。

第五，积极配合政府做好"送文化下乡"活动，组织村民每个月观看两次以爱国主义为主题的电影。这些文化基础设施的建设和文化活动的举办，丰富了村民的精神文化生活，也营造了良好的民族文化氛围，进一步促进民族地区乡村文化的发展。

> 为了给村民更好地搭建情感交流平台，我们也在不断地完善村里的文化设施。现在我们村的文化设施多了很多，平时举办各种活动也都是在公共服务中心进行，播放电影的时候大家都来公共服务中心看电影，这个公共服务中心就是为了满足我们村民的生活而建的，村民对此都很满意。（WLY，村干部，男，汉族，28岁）

二 推动文化产业发展

乡村社会凝聚着当地广大村民的智慧和文化，汇集着许多优秀的中国传统文化。乡村文化振兴战略鼓励充分挖掘和利用乡村文化资源，结合当地地域特色完善乡村基础设施，不断推动乡村文化产业的繁荣发展。文化产业发展是乡村经济发展的重要组成部分，乡村文化产业发展有助于带动乡村的经济发展，提升村民经济收入。笔者在田野调研中得知，G村居住着汉、壮、苗等多个民族，蕴含着丰富多彩的民族传统文化，是发展文化产业的重要资源。近年来，在政府的大力支持下，依托自身丰富的民族文化资源，努力打造"文化+旅游"的发展模式，将民族传统文化自觉地运用于乡村文化旅游，推动文化产业发展，更好地传承与发展民族优秀传统文化，促进乡村文化振兴。当地古朴的村貌、具有壮族特色的民居、宜人的气候和环境以及传统的民间艺术，加入现代的开发手段，形成了具有鲜明民族特色的乡村文化产业，拉动了当地旅游业的发展，为乡村社会的经济发展提供有利的契机。

目前，在村委会和村民的共同努力下，依托鲜明的民族文化特色，以体验当地民族文化为主要内容，精心打造具有民族特色的乡村农家乐，获得了一定的经济效益和社会效益。农家乐主要利用传统民居等文化资源，促进乡村旅游业的发展。由于G村地处丘陵地带，人们结合北方四合院的结构模式，适应生活使用需要，形成了简朴方便舒适的民宅，透露出朴实的审美需要。主要建筑布局有两屋两院式和三屋两院式的民居结构。在乡村旅游业的发展中，随着人们综合素质的不断提升，单纯依靠风景的观赏已经不能满足人们的需要，人们更偏重于对景观中文化因素的欣赏，民居建筑的保护和开发在很大程度上满足了人们的这种需求。在政府的保护和开发下，当地村民依托当地的特色民居资源，积极发展乡村文化产业，农家乐成了一个具有巨大潜力的乡村旅游亮点，也是当地村民增收的一条好的途径。一位当地的农家乐老板这样谈道：

> 我们村的村民文化水平普遍比较低，以前不理解干部宣传的以文化兴村是什么意思。自从我家办农家乐以后，我是真正明白了，城里人周末可以来我们这里感受民族文化，品尝农家纯天然美食，尤其是我们的民居非常具有民族特色，很多游客非常喜欢。这几年，我们通

过办农家乐获得了一些收入，现在我们是真正体会到了文化的力量。（QDY，村民，男，壮族，38岁）

我们农民的期盼就是可以生活过得好些，现在这个愿望实现了，我家里不仅种植柑橘，农家乐也给我们带来了一些收入。（LFF，村民，女，壮族，42岁）

民俗文化园主要是以展现民俗文化为主，促进旅游，带动乡村经济的发展。民俗文化是各个民族在长期的历史发展过程中逐渐形成的，具有鲜明的民族特色，是一种无形的文化资源，蕴含着巨大的经济价值和社会价值。

G村具有多姿多彩的民族文化，现在我们也重点考虑修建民俗文化园，可以把保存完好的具有壮族特色的服装饰品、歌舞文化、生产习俗、生活习俗等进行呈现，彰显浓郁的民族文化气息。进入民俗文化园，有迎宾唢呐、唱彩调、对山歌、鼓行、跳竹竿、喝米酒、吃五色糯米饭等多种民俗展示。这种具有壮族特色的民俗文化可以吸引当地以及外地的游客，给当地的社会和经济发展带来巨大的活力。（WLY，村干部，男，汉族，28岁）

在这里，我们应该清楚地意识到，乡村文化产业所带来的经济价值固然重要，但并不是其发展的唯一目标。促进文化产业发展，对于传承与发展乡村优秀传统文化、丰富村民的文化生活，也具有重要的价值。

三 积极开展文化活动

柯林斯在互动仪式链理论中明确指出：共同在场、相互认识、共同关注的教条、节奏同步以及团体的象征能够激发情感。在他看来，情感能量给参与者"自信、快乐、力量、热情和行动时的主动"[①]。G村的文化治理

---

① ［加拿大］戴尔·斯宾塞等：《情感社会学》，张军等译，江苏教育出版社2018年版。

经验很好地验证了柯林斯的这一理论观点。近年来，在村干部的带领下，G村所开展的文化活动，既具有民族传统文化的特色，也有新时代先进文化的融入，给予了村民很多快乐的体验。

第一，每年在特定的"三月三"、牛魂节、春节、元宵、春秋社日、清明等民族传统节日，围绕乡村民间文化传统和独特文化资源，有计划地举办各类民族传统文化，促进民族传统文化落地生根，让民族的文化血脉永续传承，发扬光大。具体包括投绣球、抢花炮、赛龙舟等民间传统体育活动，山歌对唱、舞龙舞狮、民乐表演等节日节庆民俗活动。这些民族传统文化活动既具有娱乐健身的功能，又凝聚着本民族的精神气质和思想文化内核，能够充分激发村民的情感认同和心理认知，增强村民对自身民族文化的高度自信。村民LHY在谈到壮族传统节日"三月三"时说道：

> 在我们这里，每年"三月三"的活动都非常丰富多彩。壮族的传统节日"三月三"民俗活动有对歌谈情、绣球传情、包五色糯米饭、抢花炮、打扁担、打铜鼓、碰彩蛋等。今年的"三月三"文化活动还设置了党史知识有奖问答环节，通过问答形式让群众了解党史、熟悉党史。这不仅传播了壮族传统文化，丰富了我们的精神生活，还能了解党史，真的很好，希望以后能多多举办这样的活动。（LHY，村民，女，壮族，34岁）

> 每年"三月三"我们这里都很热闹，这一天家家户户都会制作五色糯米饭，染红彩蛋，还有抛绣球、碰彩蛋、演壮剧等活动，全村的男女老少都来参加，八个屯的村民聚在一起，歌声此起彼伏，特别热闹。（QDJ，村民，女，壮族，34岁）

第二，随着乡村振兴战略的全面推进，积极开展乡村文明乡风创建活动和村民志愿活动，发挥先进文化引领作用，树立文明新风。每年通过评比"星级文明户""卫生家庭""脱贫标兵""道德模范""最美孝心儿女"等文化活动，积极传播现代文明信息和思想观念，彰显榜样的力量，加强村民对社会新风尚的价值认同，激励村民崇德向善，引导村民践行社会主义核心价值观，推进乡村乡风文明建设。为了让评议活动做到公正公平、公开透明，村委会制定了严格的评选程序：村民自评申报—向村民小组提出申请—召开村民大会或村民代表大会—村委会汇总审议—审议结果在公告栏公示—上报乡镇政府—乡镇政府批复确认—授牌表彰。2020 年，村民 QJH 被评为"最美孝心儿女"，一位村民在谈到 QJH 时这样说：

> 这个小伙子原本在广东的一家电脑城工作，每年也有着不错的收入，前几年母亲得病卧床不起，他毅然辞掉工作回到村里伺候老母亲。他还有两个兄弟，都还在广东工作没回来，就他一个人担负起了照顾母亲的重担，他今年已经 28 岁了，为了照顾母亲还没有谈女朋友，是一个非常孝顺的青年，也给我们村里的所有做子女的树立了一个好的榜样。（LYM，村民，女，壮族，46 岁）

2019—2021 年，妇女主任 LHF 连续被评为"道德模范"，一位村民在谈到 LHF 时说：

> LHF 是我们村的妇女主任，也是村里的致富带头人，作为党员的她，从嫁进这个村开始，就成了村里的能人，开垦了 100 多亩荒地种植沃柑、砂糖橘和金桔等果树。2018 年，为发展村集体经济，同时助力贫困户脱贫，在后盾单位市人大和乡党委、政府的扶持下，她带动 6 名脱贫村民养殖果园生态土鸡，既增加了脱贫户的收入，又增加了村集体的经济收入。2021 年，在她的带动下，我们村全年共养殖 5500 只生态土鸡。同时，她在生活上也善于帮助别人，谁家有困难，她都主动去帮忙，我们都很信任她。逢年过节，她都会邀请大家一起去她家聚餐，从不计较个人的得失。（LHZ，村民，女，壮族，40 岁）

同时，在第一书记的带领下，积极组建村民志愿服务队伍，在带动村民参与乡村精神文明建设、改善村民精神面貌上取得了一定的实效。村民

HQ 养殖蜜橘鸡致富以后，不忘回馈社会，无偿为其他村民传授养殖技术，赠送种苗，带动了一大批人依靠养殖产业脱贫致富，增强了村民的社会责任感、集体归属感，传承发扬文明先进的乡村文化，推进乡风文明建设。致富带头人 HQ 谈道：

> 一个人富不算富，带着大家一起富才是真的富！作为一名共产党员，我要充分发挥党员的引领示范作用，为助推乡村的经济发展贡献自己一分力量！不辜负大家对我的信任！（HQ，村民，男，壮族，30 岁）

村民们颇有感触地说：

> 近些年来，村里的文化活动特别多，特别是各种类型的文化组织建立起来，有山歌、舞蹈类的活动，还有知识竞答、体育比赛等，很多人问我们：你们参与这些活动是想要做出贡献或者实现什么人生价值吧？说实在话，其实我们并没有想那么多，最重要的是大家在一起特别开心。（QHL，村民，男，壮族，43 岁）

> 我们都愿意参加村里的各种活动，大家在一起唱歌、跳舞，在一起可高兴啦！我们村现在到处都是欢声笑语，这和原来的生活可不一样了，原来八个屯的村民很少能聚在一起，现在一有活动，大家都聚在一起了，生活丰富多了。（QHJ，村民，女，壮族，35 岁）

四 提高村民科学素质

村民是乡村治理的重要力量，村民科学素质水平与乡村振兴战略目标的实现紧密相关。然而，当前乡村高学历人才仍然比较缺乏，远不能满足实现乡村文化振兴的人才需要。提高村民科学素质，必须依靠教育的力量。近年来，在各级政府的支持和引导下，村干部精准对接市场需求，不断开展丰富多彩的村民科学素质培育活动，优化提升职业技能培训。在这一过程中，村民学习科学文化知识的热情不断被激发，科学文化素质得到了显著增强。第一，市、县、乡镇政府积极调动农业科学院所、农业类院校、农业技术推广部门等力量，选派专业技术骨干下乡，开展科普月（周）、科普之春（冬）等农产品产业培训和农业实用技术培训，使村民掌握最新农业技术，将更多村民培养为"田秀才""土专家"和"本土能人"。第二，通过中高职院校对村民进行系统化教育培训，通过多种方式促进村民积极参加高职院校的系统技术学习。当地高职院校根据村民自身的文化水平，以及结合考虑日常作息、农闲时间等因素，制定了明确的培训计划和目标，采用学习时间灵活的"线上+线下"授课方式，村民学习修完所要求的学分即可毕业。实践证明，这种灵活多样的学习方式可以精准提升职业教育的有效性。第三，充分利用网络传播速度快、数字资源丰富以及互动性强等优势，发挥网络教育引导功能，开展灵活多样的网络线上短期培训活动，可以有效节约教育成本，提升村民的参培率，如通过开展线上电商培训、科普培训、技能培训等，不断提高村民科学文化素质，为乡村文化的发展提供支持。一位Q姓的村民谈道：

> 因为家庭贫困，我初中毕业就辍学回家外出打工，出去之后才意识到自己的知识太少了，经常找不到好工作，只能靠力气赚钱。去年回家的时候，村干部来家里动员我读高职院校，我特别激动，没想到还能继续读书。我现在学的专业是电商，希望以后可以在网上销售我们村的特色产品，也能为乡村振兴做出一点自己的贡献。（QXS，村民，男，壮族，22岁）

五 保护非物质文化遗产

"非物质文化遗产"是指各族人民世代相传并视为其文化遗产组成部分的各种传统文化表现形式，以及与传统文化表现形式相关的实物和场所。包括：传统口头文学以及作为其载体的语言；传统美术、书法、音乐、舞蹈、戏剧、曲艺和杂技；传统技艺、医药和历法；传统礼仪、节庆等习俗；传统体育和游艺等。非物质文化遗产作为人民群众在日常生活、劳动、文化娱乐中产生，又是在日常生活、劳动、文化娱乐中保存、发展的文化形式，与各个群体生产、生活环境息息相关。笔者在调研中得知，G村居住着汉、壮、苗等多个民族，各民族的风俗、文化相互影响、相互融合，留下了丰富的民族文化遗产。推进乡村文化建设，需要有效地保留、传承优秀传统文化，留住民族记忆，延续优秀传统文化血脉，进而增强乡村文化建设的全面性。在乡村振兴战略背景下，政府要高度重视乡村非物质文化遗产保护，不断增强乡村村民对非物质文化的自信力量。当前，G村保存着大量的内容丰富、类型多样的非物质文化遗产，并普遍流传。在饮食习俗方面，五色饭、竹筒饭、鸡胆酒、椿芽白斩狗、炸油堆、米饼、黄米饭、沙糕、素米糕、五色糕、交臂酒、交匙酒、糯米糍粑、打油茶等传统特色食品，今仍时兴。在民间工业艺术方面，壮族面具、壮族石刻、蓝靛印染、草编、竹编等民族传统工艺仍保存得较为完整。在民间口头文学方面，包含着民间故事、传说、笑话、歌谣、谚语等丰富内容。

笔者在田野调查中，村里的一位山歌非物质文化遗产继承人对山歌进行了详细叙述：

> 我们这里的山歌主要有土拐歌（百姓山歌）、壮比（壮族山歌）、和汉歌（桂柳山歌）三种。演唱形式独特，具有当地传统的地方特点和民族特色。从内容和形式看，主要有古歌、叙事长歌、生活歌、劳动歌、时政歌、仪式歌、情歌、童谣等。演唱的语言有桂柳话、土拐话、壮语三种语言，内容分为"欢"与"加"两大类。演唱形式有独唱、对唱、联唱三种。其中对唱是传统山歌最常用且最具特色的山歌演唱形式。对唱又称对歌，是歌手或歌队互相比试歌才的竞争形式，因此又被称为赛歌、打擂台，具有强烈的对抗性、竞赛性，一般在举办歌圩时进行。歌圩，也称歌节、歌会。举办歌圩的场所称歌场，多选在山坡、河畔及歌手们约定的地点举行，其规模少则数十人，多则成千上万人。时间从早到晚，乃至通宵达旦，持续数日。山歌主要以"口传心授"的方式传承，主要还是依靠师承关系一代一代传承下来。山歌始于何时目前尚难定论，但其源远流长、历史久远，如细水长流，

一直都盛行于民间，没有中断过。（LJH，村民，男，壮族，60岁）

一位民间工艺美术非物质文化遗产继承人对传统壮族面具雕刻工艺进行了详细讲解：

> 传统壮族面具雕刻工艺。壮语称木额、面相或神相。源于原始社会的图腾崇拜，系民间师公敬祭的神祇之脸谱，多在师公打醮超度、跳神舞蹈和民间舞狮队大小丑角表演时佩戴。道教传入后，壮族的民间巫师将道教所信奉的神祇与本地信奉的英雄神或地方保护融为一体，形成三十六神、七十二相的面具脸谱。面具多选用桐木、樟木或其他质地坚硬的木料，由道师自行雕刻，或请民间精于雕刻的专门工匠雕刻而成。先用斧、凿类工具凿成粗胚，然后再用小型利凿类工具在正面精刻出神祇的五官，背面镂空，长宽度以可以套住人的脸部为准；最后用砂纸打磨光滑；有的根据文、武、丑等不同神祇的神性，采用夸张或变形的艺术手法，把诸神的形态、性格或功能表现得生动传神；同时在面具上施以红、黑、白、蓝、绿等不同的颜色，以增强面具的艺术感染力；有的还在面具上配以饰物。另在左右两边各钻一小孔，穿入绳索，以便跳神佩戴时绑缚固定。（LCY，村民，男，壮族，52岁）

一位民间工艺美术非物质文化遗产继承人对传统壮族石刻工艺进行了详细讲解：

> 壮族地区石材资源丰富易取，品质优良，工匠选用大理石、花岗岩、石灰岩或砂岩为材料，凿刻成各种人物、动物造像或吉祥类花纹图案，用于建筑构建的装饰、供奉祭拜、镇邪等。在凿刻时，没有现成的图样，全凭自己的构思和娴熟手感，刀法准确，结构紧密，深浅得当，无修补或误凿之笔。各种石刻凿得生动传神，细腻流畅。按功能和性质分：有镇宅的石狮、麒麟、石鼓、石狗等；有镇墓的石人、

石兽、石马、石羊、石龟、华表、碑首等;有供奉祭拜的人物造像、石塔、香炉等;有房屋、庙宇或桥梁等建筑的门枕石、兽首等;以及岩壁上的文字和其他图像。现在我们村的石刻以镇宅的石狮、麒麟和碑首石刻较为常见,雕刻技艺融入了电脑制图和现代工具的应用,提高了石刻生产效率,丰富了石刻的图案和造型。(QSL,村民,男,壮族,53岁)

一位民族服饰工艺非物质文化遗产继承人对壮族银饰、布鞋等进行了详细讲解:

> 壮族银饰是民族传统金属工艺,流行于壮族聚居地区,有银梳、银簪、耳环、项圈、项链、胸排、戒指、银镯、脚环等。胸排呈长方形,透雕,饰鸟兽、花卉,下沿有小链穗。脖颈挂银饰。银镯式样较丰富,有的打成一指多宽的薄片,上饰藤蔓或花草;有的打成一根藤状,上有枝叶缠绕;抑或打成多股藤相缠,有的银镯还嵌上绿色小珠。银梳用坚韧木料做成,外裹银质薄片,体呈扁方形,脊略有弧度,宽约6厘米,长8厘米,梳把及梳边宽2厘米;表饰图案多为花草,梳把有二方连续纹样或对称式单独纹样;梳边为合适纹样,左右对称,采用阳刻法。整体装饰活泼流畅,主次分明,纹样既统一又有变化。

> 旧时,村里人穿的鞋都是自己一针一线、手工纳成的自制鞋。有布制的布鞋、布凉鞋、棉鞋、绣花鞋、防老鞋、寿鞋、硬底鞋、软底鞋、翻底鞋、无拌的蚂拐鞋、童鞋,其他的如棕织鞋、木呱鞋、草鞋、葛麻鞋等。布鞋的制作很讲究,根据人的脚掌长短、肥瘦,先剪出鞋样(底、面),根据鞋样做鞋底,用山里特有的马蹄竹壳叠上三四层(片)再铺上碎布片,约1.5公分,这种用竹壳衬底的鞋,叫硬底鞋,不用竹壳而尽用碎布铺的叫软底鞋。铺成鞋底后纳鞋(打鞋底),这是一道既费时又费工的劳作,千针万线,穿纳勒索,纳的鞋索结有疏有密,经纳过的鞋底结实耐磨,经久耐穿。制作鞋面,先将

旧布用米糊成布壳，待干后剪成鞋面样，里面铺上新布，圆好口。鞋底鞋面做好了，最后一道工序是上鞋，将鞋底鞋面缝连在一起，就成了一双崭新的布鞋了。有条件的再用鞋楦楦下，使其美观又好穿。还有的在鞋底涂上桐油或钉上鞋钉或在鞋头铺上一块皮革，使其更耐穿和不易浸水。过去，布鞋还是送礼陪嫁、馈赠老人、亲友的时髦礼品。（LXH，村民，女，壮族，67岁）

第三节 乡村文化情感治理的反思

乡村振兴战略实施以来，乡村文化建设取得了巨大成就，呈现出蓬勃发展的景象，改变了乡村文化衰落的状况，增进村民间的情感交流，为乡村振兴提供坚实的精神保障。然而，笔者通过田野调查发现，在乡村文化建设获得显著成就的同时，随着乡村治理的不断推进，乡村文化建设出现了很多新情况和新问题，无形地阻滞着乡村文化情感的传递。

一 公共文化服务不足

笔者在田野调研中看到，硬件设施建设基本上能够达标，但从使用频率、服务质量等实际效果来看，公共文化服务实际成效并没有达到预期效果，村民文化生活空心化问题依然存在，促进公共文化服务发展的重要载体——公共服务中心的运营和管理水平亟待提升。

第一，普遍缺少从事文化管理的专门工作人员。鉴于村委会日常事务繁多，村干部数量有限，没有指派专门的人员管理文化发展事宜，而是由村干部兼职代管。由于这些村干部把大部分精力放在处理乡村各种事务上，且缺乏从事乡村文化治理的经验，不能高效组织村民开展各类文化活动，导致乡村公共文化服务受阻。一位村干部谈道：

> 我们村目前没有专门的人员管理乡村文化发展，当时分配工作的时候提出主要由妇女主任代管，但妇女主任又非常繁忙，既是致富带头

人,还要处理村事务。所以,每次开展文化活动,基本上就是谁有时间谁来管,并没有固定村干部来管理。(LQD,团支书,男,壮族,29岁)

第二,公共文化资源使用率不高。不能有效利用公共文化资源,村民则难以从公共文化事业的发展中感受到文化获得感、满足感和幸福感。农家书屋是提升村民文化综合素养的一个重要场所,但是在农家书屋里,书屋的图书报刊更新较慢,种类也较少,难以满足村民日益增长的文化需求,也有一些书籍未契合村民的实际需求,存在着读不懂、用不上的问题。尽管农家书屋每周定期向乡村成员开放,但图书借阅率仍然较低,导致农家书屋所具有的文化功能与作用不能充分发挥。公共服务中心是一个集道德培育、法制宣传、科技指导、娱乐健身、思想教育等于一体的公共文化阵地。公共服务中心基础功能较为健全,建立了各类功能室,而在实际运行中,也只有举办大型文化活动才会派上用场,平日里村民对于文化设施的使用频率比较低。在田野调查中,笔者对村民日常生活中的休闲方式和地点进行了详细统计,在消遣方式上,村民闲暇时间大部分用来看电视、玩手机,占到62.32%,其次,"串门聊天"和"打麻将、下棋"占到31.84%;在活动地点上,选择"在家"的人达到50.21%,选择在"邻居家"的人达到30.43%,选择"在村公共服务中心"只有12.98%。同时,调查显示,村民希望能够较多掌握一些科普农技、国家政策、信息技术等方面的知识,旨在解决现实生产生活中的实际问题,而这类信息的供给却往往是不及时或虚化的,无法真正满足村民对文化知识的需求。对于每年上级安排的几次文化科技卫生下乡活动,一些村民对其评价为"看热闹""作秀"的文化活动,没有发挥应有的作用。由此可见,当前乡村公共文化的服务供给与当地村民日益增长的多元化精神文化需求间还存在着一定的差距。

二 优秀传统文化传承主体力量薄弱

乡村传统文化独具特色、灿烂丰富,其所具有的民族性、地域性、生活性等特点,传承着村民独特的精神价值、思想意识和思维方式,对于提升乡村社会凝聚力、促进乡村振兴发挥着重要的作用。但由于传承不畅，很多优秀文化不能很好地保留下来，给乡村文化建设带来阻力。村民作为乡村文化最主要的创造者和直接受益者，应该更好地保护和传承乡村优秀传统文化。然而，随着改革开放的不断深入，城市化进程加快，城市文化凭借其独特优势对乡村社会形成强烈冲击，村民累世承传的乡村传统、日常惯习、生活方式、思想观念开始悄然发生变化，尤其是一些年轻人更加向往城市生活，钟情于现代都市文化。与此同时，乡村优秀民族传统文化却越来越不受重视，甚至处于濒于消失的危险境地。在年轻人的日常生活中，制作手工艺品已经不再是他们日常休闲的主要文化活动，民族语言使用的范围越来越小，穿着民族服饰的人越来越少，乡村优秀民族传统文化传承环境不断弱化。语言是一个民族最显著的符号特征，在现代化的冲击下，很多儿童也不再学习壮语，说的都是普通话。

> 现在的年轻人从小就一直上学，好多小孩现在说的都是普通话，接受的都是城市里的文化，连自己的语言都不讲了，还怎么传承本民族的文化？我们的这些优秀文化以后要没人传承了真的好可惜。（YHE，村民，女，苗族，65岁）

随着年轻人对乡村文化的认同和参与意愿逐渐减弱，一些具有民族特色的音乐、舞蹈、礼仪、工艺等优秀传统文化面临着传承人老龄化却后继乏人或后继无人的状况，能够传承乡村文化技艺的年轻人可谓寥寥无几。现如今提起民间扎纸、工艺雕刻、唱彩调、打渔鼓等乡村优秀民族传统文化，很多年轻人都认为是老一辈人的文化活动，他们更为喜欢城市现代艺术，将流行歌曲、现代舞蹈、跆拳道等作为自己的兴趣爱好，乡村优秀传统文化的传承危机显现。长此以往，如果村民不自觉并有力保护自己的优秀传统文化，将会在很大程度上降低他们对自身乡村文化的认同感和自豪感，影响文化发展的持续性。为此，在城市文化的冲击下，如何对乡村优秀传统文化进行保护、传承与发展是当前乡村文化建设的重要任务。

三 一些村民道德素质有待提高

近年来,随着市场经济的发展,村民的物质生活水平得到了极大的提高。然而,物质生活水平的提高并未带动相应精神文明程度的提高,伦理道德的权威在乡村社会日渐衰落,一些不好的思想道德观念开始盛行,一些村民出现集体观念淡薄、道德行为失范、"一切向钱看"等问题,乡村社会发展趋于理性化、物质化和消费化,乡村的传统美德被侵蚀,严重阻碍着乡村治理的发展。

第一,改革开放以来,随着家庭联产承包责任制的确立与发展,个体经营取代了集体经营,村民的集体主义观念不断弱化,个人主义观念上升。副主任在谈到修建水渠工程事宜时说:

> 修建水渠的目的就是便利老百姓的生活,但修建过程却不那么顺利,因为一些村民集体意识欠缺,不积极配合村委会的工作。比如说,在修建中因为要拓宽水渠,必须将一名村民种的一棵树移走,这名村民怎么也不同意,导致工程耽误了好几天。(LJJ,村干部,男,壮族,42岁)

在乡村治理中,一些村民对乡村集体事务漠不关心,在参加一些村级活动时,甚至会以务工的理由要求村委会给他们发放误工费,以牺牲集体利益来满足个人的私利,只顾眼前利益,不顾长远利益,导致村民的集体行动能力受限。

第二,在市场经济的冲击和影响下,一些村民道德意识淡薄,存在过分看重物质的现象,热衷于物质财富的获取,拜金主义盛行,价值观异化。当前,随着一些传统的优秀文化习俗逐渐被淡化,十几万元的彩礼在乡村社会已经具有普遍性。高彩礼的出现,严重弱化了彩礼所蕴含的礼仪功能,而赋予婚姻更多的物质意义。在当地,流传着这样一句话:"嫁个姑娘满堂红,娶个媳妇全家穷。"在从众心理和面子文化的影响下,很多村民选择以负债为代价进行攀比,严重影响乡村精神文明建设。村民LYR谈道:

> 现在结婚都要求买房、买车，还要送十万元的彩礼，前几年我儿子结婚还欠了别人的钱，至今都没有还完。这种情况不只我们一家，好多家都这样。（LYR，村民，男，壮族，52岁）

同时，一些村民的日常交往也更趋功利化，利益考量成为人们交往的重要影响因素，乡村社会结构由"工具性差序格局"取代了传统社会的"差序格局"。以前村民在农忙时，以换工方式相互帮助时有发生。而如今，如果叫其他村民来帮忙，经常是需要按天或按小时支付一定的报酬。村民QHR说：

> 现在我们家没有农活的时候，别人家谁需要帮忙干活我就去，如果一点活就是帮忙，但现在家家都种植柑橘或养殖田螺，所以经常会需要好几个人前去帮忙，这样他们也就主动按照小时或者天来出工钱。（QHR，村民，男，壮族，56岁）

在乡村振兴背景下，社区治理的核心要义在于情感凝聚，形成情感联络，提升基层治理能力。基于此，本书立足情感治理视角，在梳理乡村文化治理经验的基础上，对阻滞着乡村文化情感的传递的要素进行剖析，以期为我国乡村情感治理实践提供经验借鉴，助推新时代基层治理的能力提升。为此，如何提升文化情感治理能力就成为乡村振兴所必须面对的重要问题，也是亟待乡村复合治理研究进一步去拓展的命题。

第五章　结论与建议

在前文对田野点治理状况的基本描述中，整个乡村"复合治理"的基本架构已经被描述出来。"复合"属性表明乡村在治理中受到多重机制共同作用而形塑出复杂叠加的治理样态。"复合治理"为乡村实现有效治理提供了一个理论视角，对实现脱贫攻坚与乡村振兴战略无缝对接也具有重要的参考价值。

第一节　研究结论

党的十九大报告中，首次提出要"健全自治、法治与德治相结合的乡村治理体系"，党的十九届四中全会通过的"决定"进一步明确要"健全党组织领导的自治、法治、德治相结合的基层治理体系"，这意味着在乡村社会治理实践中要不断探寻新的治理模式，实现治理模式的创新，这对推进乡村实现有效治理是极为重要的。党的二十大报告中提出，要全面推进乡村振兴，"全面建设社会主义现代化国家，最艰巨最繁重的任务仍然在农村"[1]。当前，伴随着中国的乡村社会从"简单社会"到"复杂社会"的转变，包容、开放的复合治理呼之欲出。

复合治理之所以能够成为乡村治理创新的可能性，有着深刻的理论基础和实践基础。首先，在理论层面，中国的乡村治理在古代与近世一直延续着简约治理传统，近年来则逐渐走向了科层治理的形态。[2] 科层制是现

---

[1] 习近平：《高举中国特色伟大旗帜　为全面建设社会主义现代化国家而团结奋斗——在中国共产党第二十次全国代表大会上的报告》，《人民日报》2022年10月16日第1版。

[2] 董磊明等：《从简约治理走向科层治理：乡村治理形态的嬗变》，《政治学研究》2023年第1期。

代国家普遍采取的一种行政管理体制。科层制行政管理体制具有精确性、明晰性、连续性和稳定性等优势特征，而一个处于快速现代化进程中的乡村社会却往往表现出流动性、复杂性、分化性和变化性等相反的特征。由此，科层化的治理方式在面对基层治理事务时容易带来反向治理效果，可能催生出对"规章"和"命令"之外的社会需求回应不足以及村民内生责任意识不足等问题。复合治理坚持整体性治理思维，充分发挥科层化治理和简约治理的优势，以刚性制度保障乡村公平正义，柔性治理氛围优化乡村治理环境，构建共建共治共享的新范式。在这里，复合治理不是对科层化治理和简约治理进行简单的组合，而是对二者核心内涵的耦合，兼具传统与现代、正式规则与非正式规则相融合、行动主体角色均衡等多维复合与叠加优势。在实践层面，G村地处广西壮族自治区，在治理中具有更加明显的复杂性和特殊性。乡村多元治理主体间的关系更为复杂，这与民族文化、宗教信仰和空间环境等多种因素有着密切的关系；国家治理权力的不断下沉，普适性的正式制度不断增多，与此同时，乡村又存在大量的自发内生的非正式制度；乡村社会治理受地方文化影响而具有的特殊性，在G村，居住着壮、汉、苗等多个民族，民族传统文化节日有"壮族三月三"、牛魂节、陀螺节、苗族芦笙节、苗节、吃新节、"四月八"、花山节等，民族民间音乐舞蹈如扁担舞、铜鼓舞、绣球舞、芦笙舞等，少数民族戏剧及地方剧种有壮剧、彩调剧、苗剧等，民间口头文学有故事、传说、笑话、歌谣、谚语等，这些都展现了民族地域文化优势及乡村文化的多样性，是乡村振兴的宝贵财富和重要基础。由此，这种治理的复杂性和特殊性构成了乡村复合治理属性。

一　实现了多重治理要素的有效"复合"

第一，在当前的乡村振兴背景下，单一的治理主体已经远远不能满足乡村的治理需求。乡村复合治理中的治理主体主要包含着来自国家、市场与社会等多个领域的资源与力量。从乡村治理主体的来源方式划分，治理主体主要包括嵌入性主体与内生性主体。嵌入性主体主要包括乡镇政府、驻村干部；内生性主体主要包括村"两委"、社会组织、村干部、村民等。

在乡村社会复合治理中，实现多元治理主体间的协同共治具有很大的必要性。也只有多元治理主体采用协同的方式进行彼此间的互动，才能真正避免多元治理主体间的冲突，促使多元治理主体发挥积极作用并参与到乡村治理中来，真正实现乡村的共治并推动乡村社会的快速发展。乡村复合治理得以有效实现的关键在于多元治理主体形成的良性互动关系，可促进各治理主体利用自身的治理优势来破解乡村社会中的治理难题，从而高效完成治理目标。同时，这种多元治理主体间的协同互动也对乡村社会传统的治理权威结构样态造成很大的冲击，真正改变了国家对乡村社会自上而下的权赋方式，向"多元赋权"治理模式发展。在"多元赋权"治理模式下，也可更好地促进多元治理主体之间进行良好的互动。所以说，乡村复合治理的关键在于多元治理主体的良性互动。

第二，治理制度既包括由国家政权自上而下渗透的正式制度，也存在大量具有地方性特点的非正式制度。正式制度主要是通过国家政权自上而下的方式，在权力与合法性的强化中使各种正式制度得以嵌入乡村社会的治理场域中，在乡村社会秩序的维系中发挥重要的作用。与此同时，由于乡村社会存在着大量具有地方性特点的非正式制度，这种地方规范对于社会治理的秩序维护同样具有不可忽视的作用。为了有效调和正式制度与非正式制度之间的关系，一个最为重要的因素就是要避免两种制度在乡村治理场域中产生矛盾与冲突。一方面，通过正式制度在乡村治理实践中的普适性内嵌，正式制度逐渐内化为一种默会的社会传统乃至集体心理文化结构，使得正式制度成为一种"活"的行为规范与实践着的行为准则，区别于制度静态的宏观结构表征，能充分避免不同治理制度之间可能存在的矛盾与冲突。另一方面，促进非正式制度在治理实践中的与时俱进变迁，从而保证了地方规范与公共准则的契合，增强了地方规范的承耐力与生命力。只有实现正式制度与非正式制度间的有效互补，才能真正破解宏观政策制度在复杂多样的村域中的治理难题。在乡村治理实践中，随着多重制度在乡村治理场域中的同时嵌入，并实现有效互补，就意味着乡村形成了有效的复合治理方式，不断推动乡村社会的发展。可以说，实现乡村社会的有效复合治理，其本质在于实现不同治理制度之间的协调与融合，促使正式制度与非正式制度间实现良性互构。

第三，基于深厚的文化底蕴和悠久的历史文化传统，积淀形成了内容丰富、特色鲜明、形式多样的文化资源。文化作为一个民族的重要特征，是一个民族的根基和灵魂，也是一个民族凝聚力、生命力、创造力的重要源泉。在现代社会的发展历程中，文化的作用显然是不可置疑的，作为人类精神文明活动的产物，文化在乡村社会的复合治理中具有不可忽视的重要意义，它构成了主体社会实践的根本灵魂，会潜在地影响主体在具体社会空间中的行为选择，是乡村复合治理的基础要素。要对乡村复合治理问题获得一个更加深入的认识，文化因素的引入是必需的。在具体乡村治理实践中，充分依托自身丰富的文化治理资源，从情感治理维度出发，设身处地地为村民着想，通过搭建情感互动平台，拓展情感表达等途径，充分满足村民的情感需要，不断增强村民对本民族文化的认同，促使村民形成共同体意识，增强村民的归属感、责任感和合作意识，从而更好地促进多元治理主体在乡村社会治理中形成良好的互动关系。

二　揭示了一个立体的复合治理样态

从 G 村社会治理的整个过程来看，治理主体间的互动、正式制度与非正式制度间的互补、文化认同作为密不可分的三个要素，不应该将其割裂开来而强调第一性或唯一性，这也充分说明了复合治理在乡村社会发展中的重要性。因此，在乡村治理的研究中，需同时兼顾治理的这些要素，并以有效的复合治理方式来实现治理共同体的建构，其所凸显的正是复合治理的作用机制。多元治理主体间的协同互动并形成良性的主体互动关系，可使线形的治理格局被打破，最终使得不同的治理规则都能嵌入其中并发挥效用，对于促进正式制度与非正式制度的有效互补也是十分有利的。正式制度和非正式制度实现有效互补，可避免国家权力在乡村治理中的单向度运作，有利于多元治理主体形成良好互动关系，塑造更加稳定的社会秩序。村民在高度一致的文化认同影响下，多元治理主体之间的互动才能有效展开，正式制度也可通过文化渗透的方式获得村民的认可和遵从。在这种内在关联性的耦合下，处理好多重治理要素间的相互关系，才能更好地推进乡村社会发展。可以说,这些要素之间相互联系、相互制约、相互渗透、相互影响,构成一个有机统一的复合治理机制,推动着乡村社会的发展,同时,乡村社会的发展也会反作用于这些治理要素,促进它们的演化和进步。

第二节 政策建议

在对广西壮族自治区 G 村的实地调研中,笔者获得了对乡村社会复合治理的深入思考,通过对复合理论的相关探究,最终形成了乡村复合治理结论。治理效能是推进国家治理体系和治理能力现代化的重要指标。要实现乡村社会较为有效的复合治理,主要应该从以下几个方面着手。

一 主体要素:促进多元治理主体的良性互动

有效乡村复合治理的实现,需要不同的治理主体之间形成良性的互动关系,在这个过程中,不同治理主体会利用自身权威和优势来参与治理实践,以此来获得社会治理中的话语权。实现多元治理主体的良性互动,关键在于促进各主体充分发挥自身的治理效能,使不同主体之间的权威关系得以平衡,有效破解体制机制性难题,以协同互动的方式推进乡村发展。

(一) 积极推动乡镇政府职能转变

乡镇政府是最基础的政权组织,是乡村社会治理的直接推动者,充分发挥为乡村和农民提供公共物品和公共服务的作用。随着乡村治理的不断推进,乡镇政府越来越强调公共服务职能,对乡镇社会的管理也从管制逐渐转向服务。但受传统计划经济和官本位思想的影响,乡镇政府在乡村治理中依然存在一些"缺位、越位和不到位"的地方。为此,在乡村振兴背景下,乡镇政府应积极转变乡镇政府职能以适应乡村社会发展的需要,明确乡镇政府与村民委员会的权力边界,真正扮演好乡镇政府指导村民委员会的治理角色,搭建起与村民的有效互动渠道,为乡村治理做好引导、协调、协助等服务工作。

1. 理顺县乡关系

"任务型乡镇"现象背后所反映的问题实质在于县乡关系的不合理。理顺县乡关系可为乡镇政府职能的转变提供良好的行政生态环境。首先，深化改革县级政府对乡镇政府的绩效考核机制。绩效考核关系到乡镇政府工作人员的积极性和主动性，是引导乡乡镇政府履行职能的重要因素。推动乡镇政府职能转变，需要制定科学合理的绩效考核办法和严谨的绩效考核程序。鉴于当地乡村经济整体发展较为落后，农民收入整体较低，文化素质不高，发展乡镇经济、维护民族关系面临着诸多挑战，要制定适合于当地乡村发展实际的绩效考核，充分发挥绩效考核的引导作用，不断提高乡镇工作人员干事创业的动力。其次，县级政府须加大对乡镇政府的放权力度。适当增加对乡镇政府的财权和人事权的下放，改变乡镇政府权责不对等状况。构建合理的乡镇财政体制，为建设服务型乡镇政府提供基本财政保障，激发乡镇政府积极作为、主动作为的工作作风。县级政府应增强对乡镇财政转移支付的力度，使乡镇政府财权和所承担的事权相一致，确保乡镇政府有足够的财力为乡村提供高质量的公共服务。同时，赋予乡镇领导适宜的人事任免建议权和考核权，解决乡镇政府在人员调配上的困难，为建设服务型乡镇政府提供基本的人力资源保障。

2. 明确乡镇政府职能定位

为乡村提供基本的公共服务是乡村振兴背景下乡镇政府的主要职能。乡镇政府在行使职权中会出现"缺位、越位和不到位"的现象，根本原因在于乡镇政府职能定位不准确。只有对乡镇政府职能进行合理定位，才能有效发挥乡镇政府对乡村治理的指导作用。乡镇政府作为国家基层政权，为适应当地乡村社会的发展，要积极转变传统管理型治理方式，明确自身的职责，找准自己的定位，构建服务型乡镇政府，为乡村社会提供系统性、制度性以及可持续性的公共产品和公共服务，促进乡村治理走向现代化。首先，牢固树立服务型政府的理念，促进其职能由管理向服务转变。在乡村治理实践中，乡镇政府要及时有效地转变"全能政府"传统观念，树立服务型政府的权威，减少乡镇政府行政干预，将公共服务理念融入具体治理工作中，从各个方面加大服务力度，以达到治理的预期效果。其次，根据有所为、有所不为的原则对乡镇政府职能进行明确定位。在乡村治理中，要厘清乡镇政府与村民委员会的权力边界，促进政府权力向乡村社会的让渡，赋予乡村更多的治理自主权，使乡镇政府真正扮演好指导村民委员会的治理角色，确保其为乡村治理提供全方位、立体化的公共服务。

3. 优化乡镇干部队伍

乡镇政府服务能力的提升根本在于乡镇干部能力的提升。乡镇干部队伍的好坏直接影响着乡村社会发展。优化乡镇干部队伍，需要做好以下两个方面工作。一方面，加强教育培训，提升乡镇干部的综合素质。当前，在乡镇干部队伍中还有相当比例是中专生、高中生，具有本科和研究生学历的乡镇干部人数极其有限，乡镇干部的专业素质能力有待加强。在乡村振兴背景下，只有不断提升乡镇干部的综合素质，才能为政府职能转变提供强大的智力支持和源源不断的发展动力。为此，要建立健全乡镇干部教育培训的长效机制，制订翔实的乡镇干部培训计划，提高他们的政策水平和执行能力。针对不同层次、不同岗位乡镇干部的工作职责和特点，采取不同的培训方式和内容，力求实现培训精准化。在培训方式上，可依托党校、社会主义学院、行政学院等干部培训教育机构，采取定期学习、短期培训以及外出考察交流学习等多种方式，让更多的乡镇干部有机会参加教育培训，更新知识体系，不断提升乡镇干部为村民服务的水平。在培训内容上，按照干什么学什么、缺什么补什么的原则，开展党政理论知识培训和工作能力培训，加强对各项政策的理解和支持，建立一支高素质的乡镇干部队伍。另一方面，完善激励机制。由于当地基层交通不便，生活条件艰苦，在很大程度上增加了乡镇政府的工作难度。这就需要通过薪酬激励和晋升激励等方式，提高乡镇干部工作待遇，让他们拥有更多的归属感和获得感。古人云："仓廪实而知礼节，衣食足而知荣辱。"建立科学合理的薪酬激励机制，可以充分调动乡镇干部工作热情，提高工作质量。优化晋升激励机制，为乡镇干部搭建一个合理的晋升阶梯，使他们有一定的成就感，在乡村治理中充分发挥好服务作用。

(二) 提升驻村帮扶干部治理能力

驻村帮扶干部作为脱贫攻坚和乡村振兴的主力军,在乡村治理中发挥着重要的帮扶作用。他们工作成效的好坏直接关系着乡村治理体系和治理能力现代化的实现。进一步提升驻村帮扶干部治理能力,树立起自我权威,有利于全面推进乡村振兴战略。

1. 完善驻村帮扶干部选派机制

选派是驻村帮扶干部管理的首要关键环节。在乡村振兴背景下,要不断完善驻村帮扶干部选派机制,规范选拔标准,确保选优配强。在驻村帮扶干部选派上,要严格按照《驻村工作队员管理办法》中"一村一队、一队三人"的要求,通过开展组织考核、同事互评和个人自评相结合的考核方式,全面考察各单位人员的思想素质和业务能力,选拔出政治素质好、工作能力强、有基层工作经验的优秀人才进行驻村帮扶,为实现乡村有效治理提供坚实的人才保障。驻村帮扶干部的选派除了要着重考察选派人选的自身条件外,还应对派驻村进行深入考察和调研,研判振兴路径,明确其实际发展需求,根据村情精准选派驻村帮扶干部,使派出单位的业务特征、驻村帮扶干部个人业务专长与对象村的具体发展需求相结合,切实做到因需设岗、因事选派,这样才能有针对性地进行驻村帮扶,不断提升乡村治理的成效。

2. 合理配置驻村帮扶干部权责体系

乡村振兴背景下,国家政府要进一步明确驻村帮扶干部在乡村治理中的权限与职责。国家政府应根据驻村帮扶干部的工作难易程度、任务量等实际情况,赋予驻村帮扶干部相应权力,形成清晰完整的权力清单和责任清单并予以公示,逐项分解落实到位、到人,实现权力与责任相互匹配。在乡村治理中,若对驻村帮扶干部赋权不够,就难以应对所要承担的职责和任务,会在很大程度上影响驻村帮扶干部治理作用的发挥。同时,驻村工作队作为村级组织的协助者,在治理中要清晰界定驻村帮扶干部与村两委干部的工作权责,避免权力交叉、治理低效。驻村帮扶干部应在乡党委领导班子的领导和指导下,紧紧依靠村党组织,协助村两委进行乡村治理,在治理中充分发挥帮扶带领作用,又要注重一定的权力下放,赋予当地村委会相应的权利职责，有效促进乡村事务工作的开展。

3. 建立沟通合作机制

驻村帮扶干部和村两委干部是政策执行、开展帮扶工作中的核心队伍。在乡村治理中，他们经常在一起办公，一起开展各项村务工作。由于大多数政府文件对驻村帮扶干部工作职责的规定是较为粗略和笼统的，不够深入和具体，导致在遇到突发的情况时，存在究竟由谁处理、由谁负责等职责问题。由此，驻村帮扶干部在治理工作中必须增强与村两委干部的沟通，坚持信息公开，协调各方面的利益及关系，避免出现因信息不对称而产生信任危机。建立完善的沟通制度，在制度上对驻村帮扶干部和村两委干部的治理行为进行较为合理且合法的规制，从而使乡村振兴工作更好地开展。为更好地促进驻村帮扶干部和村两委干部沟通合作，一方面，应建立定期的沟通制度。通过召开周会、月会、季度会的形式，着重掌握近期治理工作进展情况，协调驻村帮扶干部和村"两委"干部之间的矛盾分歧，从而进一步提高工作积极性。另一方面，应建立不定期的会议制度。面对一些乡村治理中的突发情况，及时召开会议，全面剖析问题，厘清各自的工作责任，以便于顺利解决问题。

4. 加强科学考核制度

为避免个别态度不端正的人借用挂职基层的机会套取国家荣誉，这就需要加强科学考核制度，以考核传递压力、增强动力，促进驻村干部在乡村治理中充分发挥帮扶作用。实施科学有效的考核机制是驻村干部有序开展工作的重要保障，其不仅具有评价功能，还具有导向和激励功能。一要制订完善的驻村干部考核办法。因地制宜，根据民族地区不同乡村的发展实际，采取平时督查考核、年度考核、期满考核相结合的考核形式，以出勤情况、群众满意度、履职尽责及遵章守纪情况作为主要考核指标，对驻村干部进行从严从实考核，确保考核的真实性，并及时对考核结果进行公开通报。在考核中要坚持以问题为导向，形成发现问题清单，限期做好整改工作。二要重视考核结果。将考核结果作为评选先进、驻村补助发放、绩效奖励、提拔使用的重要依据。对工作表现优秀、群众满意度高的驻村干部，派出单位要优先考虑提拔重用；对履职不力，工作不到位的驻村干部，应予以约谈，情节特别严重的要进行退回、召回，且当年不得评先评优，两年内不得提拔使用。

（三）巩固乡村基层党组织的核心领导地位

乡村基层党组织作为党在乡村治理工作中的组织基础和领导核心，党组织和党员是否政治过硬、本领高强，直接决定乡村振兴目标能否顺利实现。不断巩固和强化乡村基层党组织的领导核心地位，提高党在乡村基层组织建设质量，确保基层党组织在乡村社会"领路者"角色的发挥。

1. 优化乡村基层党组织结构

基层党组织是党的基础单位，是党同人民建立血肉联系的核心纽带。为更好地适应乡村振兴战略发展需要，乡村基层党建要加强优化乡村基层党组织结构，构建"横向到边、纵向到底"的基层党组织的组织体系，消除"空白点""不匹配"现象，以突出党组织在乡村治理中的领导核心作用。在传统行政村设立党支部的基础上，应根据乡村社会发展实际需要在农民专业合作社、村办企业以及各类协会组织中设立基层党支部，不断扩大乡村基层党组织的覆盖率，进一步强化党对乡村各类组织与各项事务的领导。与此同时，按照村民及党员的居住特点，积极建立党小组，设立党小组长，使基层党组织更加贴近广大农民群众，更方便实时了解他们的思想动向和实际情况，准确把握群众所思、所盼、所急、所忧，更好地服务农民群众。

2. 抓好乡村基层党组织带头人队伍建设

在乡村治理中，乡村基层党组织带头人是基层党建的"定盘星"、党员队伍的"领头雁"，其能力和素质直接决定了乡村基层党组织建设的质量和效果，也直接影响着农民对党和国家的信任和认同。塑造一支思想政治素质优良、能力突出、群众认可的乡村基层党组织带头人队伍，是夯实执政之基和落实党中央各种惠农政策重要抓手和关键环节。首先，明确带头人队伍选任标准。在乡村基层党组织带头人的选拔上，以选优、配强、严管作为选人用人的出发点，秉承任人唯贤的政治标准，将理想信念坚定、有干劲、作风淳朴、办事公道、熟悉党务配备进带头人队伍。其次，拓宽带头人队伍选拔渠道。注重将本村致富能人、退伍军人、毕业大学生等敢于担当的优秀党员纳入乡村基层党组织。同时，也要着重借助外部资源，突破行业、地域、身份等界限，通过乡党委委派、面向社会公开选拔等方式，选拔青年党员骨干到乡村基层党组织任职，为党组织发展注入活力。最后，加强带头人队伍教育培训。在乡村基层党建的长期实践中，要充分重视教育培训这一关键环节，不断提升党员干部的思想觉悟、政治理论水平和实际工作能力，永葆党组织的先进性。按照"应上尽上、应培尽培"的原则，制订和落实培训计划、丰富教育培训内容，改进教育培训方法，切实提升带头人解决矛盾和发展经济的能力，发挥在乡村社会"领路者"的治理作用。

（四）增强村民委员会自治功能

村委会作为一级村民自治组织，实行村民的自我管理、自我教育、自我服务，依法独立开展工作。通过强化村民委员会组织建设，突出服务职能，不断增强村民委员会自治功能，提升自我管理水平，才能解决民族地区乡村治理中的一系列难题，树立自我权威，同村民开展良好的互动。

1. 强化村民委员会组织建设，规范村务管理

根据《中华人民共和国村民委员会组织法》，建立健全民主选举与竞争上岗相结合的选人用人机制，拓宽选人用人渠道，采用灵活多样的教育与培训方式，不断强化村民委员会组织建设。村委会干部是乡村社会管理创新的核心力量，直接关系到乡村的发展和村民的利益。要严格选拔标准条件，全面提高选人用人质量，选拔政治素质好、年轻有为、群众认可的优秀人才进入班子。同时，通过依据本村发展的实际需求，采取实地党校学习、线上业务培训等灵活多样的学习方式，更好地巩固政治理念，丰富业务理论知识，全面提升村委会干部管理乡村事务的综合能力。在管理乡村事务时，村委会干部要认真履行《村"两委"干部公开承诺制度》，始终坚持把乡村和村民的利益放在首位，强化责任意识，严格执行民主决策程序，认真汲取村民意见，吸收村民的利益诉求，提升决策科学性和合理性。详细梳理制定村级事务公开清单，主动接受村民监督，规范行使自身职权，确保村务管理的程序化、透明化和公开化，获取村民的信任和支持。

2. 突出服务职能，做好为民服务

在乡村振兴战略背景下，加强服务供给是村民委员会职责的应有之义。一要树立服务意识。摒弃"官本位"思想，促使村民委员会由传统的管理者向乡村治理的服务者转变，强化与村民之间的互动，牢固树立服务群众理念，把村民作为一切工作的出发点和落脚点，以服务村民、做村民工作为主要任务，切实维护村民的利益，致力于服务乡村发展与村民需求。二要贯彻落实国家的相关惠农政策，满足多层次的村民利益诉求和公共服务需求。经济是基础，也是乡村农民最为关心的问题，只有把经济发展好，村民委员会才能真正获得农民群众的支持和信任。村民委员会作为向农民落实国家惠农政策最强有力的后盾，要根据群众需求及时开展服务工作。村民委员会要充分利用上级支农、惠农等政策，积极带领村民发展优势特色产业，改变小农户产品产量低、销售难、收益少等状况，促进农民增产增收，推动乡村经济社会又好又快发展。同时，也要运用国家的相关惠农政策，大力开展乡村基础设施建设以及各类文化活动，满足村民生产生活需求，构建"生产发展、生活宽裕、乡风文明、村容整洁、管理民主"的美丽乡村。

（五）积极培育发展乡村社会组织

在乡村振兴背景下，应高度重视乡村社会组织参与乡村公共事务的治理作用，健全社会组织相关政策法律环境，加大政府购买社会组织服务力度，加强社会组织自身能力建设，为乡村社会组织创造良好发展环境，发挥好社会组织在乡村公共事务中"协助者"的治理角色。

1. 健全社会组织相关政策法律环境

随着乡村振兴战略的全面展开，乡村社会组织也随之进入蓬勃发展阶段，而相关法律法规的不健全往往会导致社会组织选择依附政府以获取政府的认可。深入贯彻党的十九大关于"创新社会治理"的要求，完善相关法律法规才能保证"政社分离"的有效实施。一方面，加强国家层面的立法，完善乡村社会组织的法律体系。当前我国尚未制定一部关于乡村社会组织的专门法律。没有法律的保障和规范引导，社会组织在乡村社会的发展寸步难行。通过制定与时俱进、因地制宜的法律法规从根本上保障社会组织在乡村治理中履行相应的权力与责任，更好地推进乡村振兴的实现。加紧出台乡村社会组织法，以法律规范形式明确社会组织在乡村治理中的性质、地位、职权、义务，使社会组织参与乡村治理事务有法可依，以及从立法层面降低社会组织准入门槛，突破双重管理体制，赋予社会组织以更大的自主权和发展活力。另一方面，创新地方特色立法，提升立法的针对性。在当前相关性法律制度不完备的情况下，当地立法机关要根据乡村振兴战略的实际需要，在不违背上位法的原则下，结合当地地方特色，制定地方性的法规，在具体操作层面上对乡村社会组织的治理行为给予有针对性的引导与规范，真正实现法律统一性与地方特性的有机结合。同时，也要不断完善涉农相关政策，为当前乡村社会组织的发展创设良好的发展空间和环境，逐步提高对乡村治理的参与水平。

2. 加大基层政府购买社会组织服务力度

当前针对乡村社会组织对政府的依赖性强、发展能力不足、经费缺乏等问题，基层政府应加快"放管服"改革，推进职能转变，厘清政府、市场与社会的权力边界，将一部分公共权力让渡给乡村社会组织，从全能型管理模式向政府主导、多元主体共同参与的乡村治理模式发展，促使具备专业能力的高水平社会组织参与到乡村治理中。然而，从目前实际发展情况来看，在传统管理思维的制约下，基层政府依然掌握着几乎所有乡村公共产品与服务的提供权，严重制约社会组织参与民族地区乡村社会治理的效果。为此，政府必须加大向乡村各类社会组织购买服务力度，以"清单化"的方式规范购买服务的行为和内容，着力推进"政社脱钩"，充分激发社会组织参与乡村公共服务的自主性、积极性、主动性，进一步拓宽公共服务范围，使社会组织成为乡村公共服务的重要提供者。同时，由于社会组织具有典型的公益性特征，因而在乡村治理中，社会组织不会因为考虑利润而试图削弱服务质量，从而使政府可用有效的资源为乡村社会提供更高效、更优质、更全面的公共服务。这样，既可以促进乡村基层管理体制改革，也可以提升乡村社会组织参与乡村治理的活力和动力。

3. 加强社会组织自身能力建设

加强社会组织自身能力建设，夯实社会组织参与公共服务的实力，才能充分发挥社会组织在乡村社会治理中的主体地位，更好地为村民提供公共服务。首先，乡村社会组织要加强人才队伍建设，确保"有人服务"。人才是社会发展第一生产力，人才队伍的整体素质对乡村社会组织发展具有重要的影响作用。加强社会组织人才队伍建设，构建完善的人才培养体系，加强对组织成员的教育培训，促使社会组织人才队伍走向职业化、专业化，以增强组织实力。同时，尽管社会组织本身具有非营利性和公益性等特征，但是政府需要制定相应个性化优惠政策，畅通住房申请、薪酬待遇、户籍落地、社会保障等方面的通道，打破长期以来社会组织就是"志愿者组织"的认识，积极吸引高素质专业人才参与当地乡村社会组织建设，并让其产生强烈的归属感，为乡村社会组织发展提供重要的人才支撑。其次，拓宽资金来源，确保"有力服务"。充足的资金是乡村社会组织生存与发展的基础与保障。一方面，政府要加大投入。基层政府要积极设立乡村社会组织发展专项基金，对发展前景好、治理作用显著的社会组织项目进行有力的经济支持。同时，乡村社会组织要合理利用政府资助，通过提供高质量、高标准的社会公共服务，进一步吸引政府的资金支持。另一方面，乡村社会组织不能只单纯依靠政府的拨款，要不断拓宽资金来源，谋取更多的资源。乡村社会组织可通过提升自身公信力，获取更多企业与个人的支持，高效顺利地筹集更多的社会资金，增强社会组织参与乡村事务的协助作用。

（六）提升村民主体性

乡村建设为村民，村民既是参与主体，也是受益主体。村民主体性的提升作为乡村建设的重要内容长期备受关注。通过吸引村民返乡建设、提高村民的参与意识等方式，充分调动提高村民的积极性、主动性、创造性，形成多元治理主体良好的互动关系，推动乡村社会的发展。

1. 吸引村民返乡建设

村民主体的严重缺位，以及深层次的参与自觉和行动自觉缺失，是制约乡村实现有效治理的关键要素。当前，乡村青壮年流失还较为严重，而仅靠留守群体难以实现乡村有效治理。据调查，大多数青壮年都在广东务工，在长期的城市文化熏陶下，思想理念更为先进和开放，知识储备和工作能力也更为丰富。返乡村民作为乡村治理的骨干，将自身先进的价值理念和管理方法贯穿至具体工作之中，增强村民集体意识，改变村民"读书无用论""在城读书比不上回家放牛"的传统落后思想，使其生存心态从"宿命意识"转为"创造意识"，更为注重读书教育，进而促进村民群体治理能力的提升，让村民成为乡村振兴的真正主导者。同时，返乡村民具有较高的科学文化知识且具备较强的市场竞争意识，通过创业带动就业，引领群众共同致富，推动乡村经济发展。因此，基层政府应通过多种措施吸引更多的农民返乡进行建设，充分释放他们的潜能，提升乡村治理现代化水平。一方面，国家和各级政府要出台相关政策，加大政府资源支持，吸引高校毕业生、返乡农民工和退役士兵等群体返乡参与乡村治理，调节失衡的乡村人口结构，充分发挥返乡村民在乡村治理中的引领作用，强化振兴乡村的智力支撑。另一方面，通过项目下乡等方式加强对乡村基础设施的建设与完善，改善村民生活条件，为促进更多村民返乡提供良好的环境条件。

2. 提高村民的参与意识

当前，面对乡村村民的政治参与意识普遍较为薄弱，缺乏公民意识和公共精神的重要问题，应采取多种方式增强村民的综合素质，提高村民的参与意识，激发村民参政热情，助力乡村治理现代化的有效实现。首先，加强乡村振兴政策的宣传引导。在国务院和农业农村部的主导下，通过调动中央、省、市、县等各级政策宣讲团、农村大学生等群体下乡宣传与讲解乡村振兴战略的相关政策和文件精神，以获取广大农民对乡村振兴战略的坚定认同。同时，鼓励村两委干部、各类乡村社会组织成员通过线上、线下等多种理论培训方式，不断加强对乡村振兴战略的认识，为村民传递更加丰富、准确的乡村振兴内容。其次，以各种喜闻乐见、生动形象的方式对村民进行民主选举规程、民主管理制度、民主决策程序等方面的教育培训，提高村民的公共文化素质，培育村民的现代公民精神，促进村民积极参与乡村治理事务，在乡村内部形成共治共享的良好氛围。在对村民进行教育培训的同时，提升村民参与效能感的也很重要，如经常性举办"座谈会""茶话会"，让村民畅所欲言地表达对乡村治理事务的看法和意见，并在决策过程中充分重视村民的建议,制定出一个能够反映大部分村民利益的决策。最后,建立专门发布国家乡村振兴政策的信息共享平台,让村民及时获知乡村治理政策的相关信息,凝聚共识,激发村民参与民族地区乡村治理的能动性。

二 制度要素:实现乡村正式制度与非正式制度的有效互补

(一)促进正式制度在治理实践中的普适性内嵌

在乡村治理中,随着乡村振兴战略的全面展开,以法治为基础的正式制度在乡村社会的重要性和地位日益凸显,但不可否认,以礼治为核心的非正式制度仍具有强大的生命力,对乡村村民的行为及社会秩序仍然发挥着重要的作用。当前,"仁、义、礼、智、信""忠、信、诚、义""广父慈子孝"等观念体系在乡村社会依然广泛存在,对乡村社会发展起到一定的积极作用。为此,在"熟人"的乡村社会中,正式制度要尊重和善待这些被村民广泛认同的非正式制度,并在制定、执行及反馈等环节有效吸纳非正式制度中的积极成分,实现正式制度与非正式制度的耦合,增强制度设计的科学性与执行的有效性,这也是在乡村振兴背景下制度建设所必须遵循的客观规律。也只有各种正式制度安排真正反映乡村村民的利益诉求,才会做到坚不可摧,更好地解决乡村治理问题。

1. 在乡村正式制度的制定上要体现"乡土气息"

在乡村正式制度制定过程中,制定者要做好政策调研,深入了解乡村社会风土人情、生活习俗,收集、分析乡村非正式制度的内容与形式,并积极听取广大村民的实际政策需求,把村民共同遵守且被大家普遍认可、能有效促进乡村社会发展的积极地方性规范予以充分体现,以获取村民的认同,促使正式制度有效地嵌入乡村治理场域中。当前所实施的"农事村办"制度、"村务监督委员会"制度、"四议两公开"制度等之所以会产生良好的治理效果,关键在于制度设计者将乡村社会中非正式制度中的积极成分充分渗透至正式制度条文中,使得乡村振兴战略与风俗乡规紧密结合,正式制度与非正式制度间协调互动,共同嵌入乡村治理场域,促进乡村社会发展。

2. 在乡村正式制度的执行过程中给予积极的非正式制度预留空间和范围

"天下之事，不难于立法，而难于法之必行。"诚然，"制度的生命力在于执行"，在乡村正式制度的执行过程中，要充分发挥民族地区乡村社会中伦理道德、风俗习惯、乡土文化等非正式制度对乡村治理的积极作用，对正式制度进行相应的调整、补充和完善。"为政以德，譬如北辰，居其所而众星共之。"如若强制执行乡村正式制度，只关注程序正义，则会带来较高的执行成本，甚至无法贯彻落实。在正式制度的执行过程中，各个屯的屯长承担着举足轻重的重要作用。基于乡村地理位置偏僻，经济发展速度较慢，在以血缘与地缘为基础的"熟人社会"中，道德评价始终在乡村社会评价上具有优先性。为此，作为乡村道德权威的屯长更能获得村民的信任，对正式制度的解释和具体执行发挥着重要作用。此外，屯长作为乡村社会受信任的权威，他们既是乡村正式制度的直接接触者，也对乡村社会的非正式制度较为了解和熟悉，最有能力向正式制度的设计者和安排者反馈正式制度在乡村社会的运行状况，为乡村正式制度的完善提供可靠的依据，促进正式制度有效吸纳积极的乡村非正式制度。由此可见，在乡村正式制度的执行过程中，要给予积极的非正式制度预留空间和范围。

（二）促进非正式制度在治理实践中的与时俱进变迁

乡村振兴战略的全面开展与实施，不仅需要一系列相关的正式制度作为基础和保障，也需要一系列非正式制度来协调推进。诺斯认为，非正式约束可以防止交易中的机会主义行为，以减少交易后果的不确定性，帮助交易主体形成稳定的预期，从而较少交易费用。[①] 在乡村治理中，以正式制度保障乡村基层治理民主化、自治化的同时，不应当只看到非正式制度对于乡村治理的消极影响，更需要充分释放非正式制度的积极力量，以发挥非正式制度治理的优越性，助力乡村振兴战略的实现与发展。非正式制度有积极和消极之分，其中一些非正式制度与正式制度的思想导向是不相

---

① ［美］道格拉斯·C. 诺斯：《制度、制度变迁与经济绩效》，刘守英译，上海三联书店1994年版。

吻合甚至是相互冲突的。为了更好地发挥非正式制度在乡村治理中的积极作用，探索非正式制度与正式制度相契合的路径，应以法律为基础的正式制度为红线，摒弃腐朽落后的封建糟粕内容，积极促进与乡村正式制度不相适应的非正式制度变迁，培育、建构与正式制度相匹配、有助于正式制度实施的非正式制度体系。

1. 加强主流意识形态的合理引导

由于村民整体文化素质偏低，对于陌生、复杂、抽象的正式制度往往难以理解，导致在乡村治理中产生各种与正式制度不相吻合的思潮和价值观念，严重制约乡村治理现代化进程，加强乡村社会意识形态教育刻不容缓。思想意识的转变是非正式制度变迁的关键要素，而教育对村民的意识形态、价值观念的改变是其他手段所无法比拟的。为了使村民更好地接受和认同正式制度，切实使正式制度在乡村治理中发挥有效作用，政府应在对非正式制度综合整理、分析、评判的基础上，通过对各种伦理规范、价值信念、伦理道德、意识形态进行整合，建构具有思想吸引力和政治凝聚力的系统的社会主义意识形态。加强主流意识形态宣传教育，帮助村民更好地认识和判断哪些是对他更好的制度，什么事情可以做，什么事情不可以做，进而提升村民自治能力。当前，推进社会主义核心价值观建设是我国意识形态建设的主要战略举措。社会主义核心价值观是社会主义思想文化、意识形态、道德规范的综合体，既为国家的经济、政治、文化、社会等方面指明了方向和目标，也明确提出了对全体公民理想信念、价值取向和行为方式的基本要求。通过传统与现代多种宣传媒介，并结合村民实际情况，突出本土化的方式和手段，在乡村社会进行主流意识形态宣传教育，促进村民的传统价值观念变迁，以使村民在意识形态上与乡村治理正式制度达成共识，形成合力。同时，在乡村治理实践中，村干部要深入调研乡村社会发展的现状，准确知晓农民群体的思想观念和实际需求，以便有针对性地开展意识形态教育与引导。

2. 以乡村精英和社会组织为载体，营造有利于公民意识成长的环境

当前，从整体来看，作为非正式制度的公民意识还较为匮乏，多数村民遇事只考虑自身利益，缺少对社会责任和集体责任的担当，即使对乡村

社会的发展有些想法，也不会在村民聚居的"人们场"表达出来，很容易形成被"他人"所表达的局面，严重影响非正式制度在治理实践中的正当性演化。村民公民意识的培育与发展，不仅需要政府的积极参与和适度引导，更需要民间的启蒙与生成的沃土。通过加强乡村精英的引领示范作用以及社会组织建设，构建新型人际关系网络，进一步增进村民在治理中的信任与合作，更好地促进公民意识的形成。一方面，乡村精英的示范与引导在村民公民意识的形成中起着举足轻重的作用。乡村精英受过良好教育，道德水平较高，他们往往是在乡村正式组织中掌握有话语权和资源的人，对于乡村正式制度能够有较好的理解和把握，是乡村社会受信任的权威，力图为公共利益服务，带动乡村公共性的回归，推动乡村全面振兴。由于乡村地理位置偏僻，村民整体文化素质偏低，鉴于此，公民意识的培育在很大程度上要靠乡村精英进行传递和输送。通过乡村精英的示范与引导，激发村民的权利意识、责任意识和国家民族意识，使村民明晰自身的治理角色，也能够更好地理解和支持乡村正式制度，促进不合时宜的非正式制度变迁。另一方面，乡村社会组织在村民的公民意识培育中也起着重要作用。当前乡村社会组织发展迅速，为村民公民意识的形成提供了良好的条件。村民在社会组织中通过积极参与乡村公共事务、社会公益事业、社会慈善事业，不断进行技术交流、信息共享、生产互助，培育集体意识与合作精神，进而促进村民自主权利、责任、自由、平等等公民意识的构建与发展。作为非正式制度的村民公民意识的觉醒对乡村正式制度的制定与实施具有实质性的影响，可从根本上改变村民对乡村事务漠不关心的现状，更好地推进乡村治理民主化、法治化的进程。

3. 引导村民有序参与治理实践，培育民主意识

目前，村民的知识化、现代化程度还较低，民主意识较为薄弱。村民民主意识的不足及缺失直接影响乡村治理的进一步发展，因此，需要培育村民民主意识，以走出村民自治的困境。村民民主意识的形成和培育源于有序参与乡村各种实践活动。只有通过各种有效社会参与，让村民逐渐认识到参与乡村社会治理实质是对自身权益的切实维护，充分激发他们的参政积极性与能动性，增强责任感和使命感，进而促使村民民主权利意识的

形成和发展，改变其在乡村治理中的行为取向。在乡村治理中，村民通过参加乡村社会公益事业、乡村社会慈善事业、乡村社会公共事务等，能够更加意识到自己的责任和主体地位，感知基层政府在维护村民根本利益中的重要地位和作用，从而更好地理解和支持正式制度，进一步增强民主意识。由此可见，拓展村民政治参与的平台对于培育村民民主意识尤为重要，意义深远。通过促进村民积极参与村民会议、村民代表会议、村小组会议、民主恳谈会、评议会等方式，表达自己的利益诉求，增加与基层政府的互动交流，并在参与的经验中逐渐形成和巩固现代民主意识。除了传统"面对面"的乡村治理参与方式，也要将现代信息技术与传统实践形式实现有效结合，如以微博、微信、论坛、手机客户端等为载体与村民进行良好互动，深入了解农民的需求与愿望，及时为村民答疑解惑。当村民投入乡村治理实践并实现自身利益诉求，可使他们能更主动参与乡村社会公共事务，逐渐将现代民主意识内化为自身价值观念。与此同时，伴随村民民主意识的逐步增强，传统宗族关系、人际关系等传统非正式制度对于乡村治理的消极影响也逐渐消逝，乡村基层协商民主质量得以提升。

三　文化要素：增强村民对乡村文化的认同

（一）健全乡村公共文化服务体系

在乡村振兴战略背景下，建立健全乡村公共文化服务体系是实现乡村文化振兴的重要内容。健全乡村公共文化服务体系要始终坚持由人民群众共建、发展成果由人民群众共享。近年来，各级政府高度重视当地乡村公共文化服务体系建设，并通过制度建设、法律条规来保障乡村公共文化服务体系建设落地实施，取得了巨大的成效，但仍然不可避免地存在着一些薄弱之处。在乡村治理实践中，不断探究乡村公共文化服务体系建设提质增效的途径，以进一步健全公共文化服务体系，提升公共文化服务水平，最大限度地发挥公共文化的社会效益，全面推动乡村振兴的发展。

1. 加强乡村公共文化基础设施建设

自党的十九大提出乡村振兴战略以来，党和政府制定了一系列政策，不断推进民族地区乡村公共文化服务体系的建设。乡村公共文化基础设施是构建乡村公共文化服务体系的重要基础和载体，是村民文化娱乐、社会交往、接受教育等方面的重要平台。如果乡村公共文化基础设施不完善，就会严重影响乡村公共文化服务体系建设进程。在乡村文化治理中，要立足于乡村社会的发展实际，加强乡村公共文化基础设施建设，提高公共文化服务的质量，推动乡村文化振兴。乡村公共文化服务基础设施包括图书馆、博物馆、农家书屋等学习基础设施，有文化馆、歌舞室、儿童游乐园和老年之家等文娱活动设施，还有乒乓球台、篮球场、羽毛球场和健身中心等体育设施。随着乡村振兴战略的不断推进，党和政府大力实施文化惠民工程，在乡村初步形成了相对完备的公共文化基础设施网络，但仍然存在"空有形而无实质"的问题。当前，加强和完善乡村公共文化服务基础设施建设，提升乡村公共文化基础设施的利用率，需要当地政府充分重视乡村文化服务基础设施建设，加强人、财、物投入，改变重城市、轻乡村的局面，着力解决乡村公共文化服务基础设施的短板，使每位村民都能享受到同等的公共文化服务。同时，在进行乡村公共文化基础设施建设时，要充分考虑到村民的文化需求。乡村公共文化基础设施的使用对象是村民，只有结合村民自身的实际需求，才会有"市场"。当地政府要做好扎实的调研工作，准确掌握村民的现实文化需求，坚持以村民为中心的工作原则，注重公共文化基础设施布局的合理性与实用性，不断提升公共文化基础设施的使用效率。同时，建立乡村公共文化基础设施的长效管护机制，设置专业的文化工作人员对公共文化基础设施进行管理和监督，实行目标化管理，促进公共文化基础设施的有效运转与可持续发展。

2. 保障乡村公共文化资金运行

乡村公共文化服务体系建设必须有深厚的物质基础作为保障。政府应按照相关政策文件公布的公共文化服务项目标准，不断增大对乡村公共文化建设经费投入的力度，满足乡村开展群众性文化活动需求，提升乡村公共文化服务质量。乡村公共文化服务的公共性、社会性、多样性等特征，要求建立以政府为主导、多渠道资金的投入机制，形成多元主体、多措并举的乡村公共文化投融资格局。当地政府作为乡村公共文化建设的主导力量，应不断完善财政投入机制和监督机制，保证每一笔资金都用在"刀刃"上,切实落实公共文化服务资金有效使用,打通公共文化服务"最后一公里"。目前,鉴于乡村公共文化建设相对薄弱,当地政府要进一步加大对乡村公共文化资金的投入比例,使乡村公共文化支出在财政总支出中占合理比重。目前,乡村公共文化建设资金的主要来源是国家专项拨款,但政府投入乡村公共文化建设方面的资金却相对有限。在这种情况下,政府需要对传统获取资金的方式进行创新改革,在坚持政府为乡村公共文化服务体系的主导地位前提下,优化投资环境,充分调动社会组织、企业和村民积极参与乡村公共文化供给,不断拓宽公共文化资金的投入方式与渠道,减轻政府的财政压力,保证有充足的、稳定的资金被投入乡村公共文化服务体系的项目中,推动乡村公共文化的长远发展。

3. 重视乡村公共文化服务人才队伍建设

健全乡村公共文化服务体系,人才培养是关键。着力培养一批德才兼备的乡村公共文化服务人才队伍,是推动乡村公共文化繁荣发展的必然要求和有力保障。在加强乡村公共文化人才队伍建设,改变乡村基层文化人才匮乏、文化人才素质不高、文化人才结构不合理等问题的实践过程中,我们要从多方面着手,努力造就一支高质量的文化专业人才队伍,推动乡村社会的发展。第一,完善乡村公共文化服务选人用人制度。切实落实乡镇综合文化站编制配备不少于 2 名工作人员的要求,提升乡村公共文化服务工作人员的质量,需要建立健全人才入口制度、人才培养制度、人才晋升制度。坚持公平、公正与公开的原则,采取公开招聘、竞聘上岗等方式选用人才,选拔出服务乡村公共文化建设所需要的专业人才。当前,乡村文化振兴不仅需要人才,更加需要专业人才。要积极推动人才教育培训的常态化和规范化,通过各种知识讲座、技能培训等方式全面提高专业人才的文化素质和业务水平,构建一支具有高水准的文化工作队伍。不断拓宽乡村公共文化服务人才晋升渠道,调动其积极性,为乡村文化振兴培育一批优秀的文化人才队伍。第二,建立健全乡村公共文化服务人才激励保障体系。激励保障机制的不健全是制约乡村公共文化服务人才队伍发展的重要因素。建立健全乡村公共文化服务人才激励保障体系,可充分调动基层文化人才的主观能动性,带来的效果能更加立竿见影,让更多的文化人才立志扎根于乡村文化事业。通过建立激励性报酬机制，正确处理工作业绩和薪酬体系的内在关系，形成以政府奖励为主、用人单位和社会力量协同发力的奖励体系，促使基层文化工作者积极参与到乡村建设中，助力乡村文化振兴。同时，当地政府应向乡村文化人才给予更多政策优惠，包括住房、工资、保险等各个方面，激励更多的文化人才参与乡村公共文化服务建设。第三，积极培育当地农民文化骨干。我国乡村拥有大量的农民文化骨干，包括非物质文化遗产传承人、民间文化传承人、业余文化骨干等。要注重挖掘这一股力量，充分发挥农民文化骨干在活跃文化生活、传承乡村传统文化方面的引领作用，这有利于缓解乡村文化人才短缺困境，为新时代乡村文化建设注入新的能量。

（二）保护传承乡村优秀传统文化

在乡村社会，各民族和睦相处，各民族交往交流交融，形成了特色鲜明、丰富的乡村优秀传统文化。乡村优秀传统文化在一定程度上赓续着中华文化的根脉，承载着乡村的价值观念、审美意识和情感诉求，是乡村赖以存在与发展的重要资源和精神力量。传承发展乡村优秀传统文化，需要深入挖掘优秀传统文化基因，培育乡土文化人才，并结合时代要求，注入新的内涵，丰富表现形式，使乡村优秀传统文化展现出永久魅力和时代风采，有利于增强乡村文化认同，助推乡村振兴战略的实现。

1. 唤醒民族主体意识，促进村民主动保护传承

唤醒民族主体意识，就是费孝通所说的"文化自觉"意识的唤醒，有了文化自觉，就能对本民族文化的历史有所了解，知道自己的特色及优势并努力传承它，从而实现本土文化与主流文化的和谐对接，极大推动本民族传统文化的发展。如果民族主体没有这种内在动力与需要，外界提供多少社会支持也只是隔靴搔痒，难以从根本上推进民族社会的发展。唤醒民族主体意识，推进乡村文化建设，就要在尊重乡村优秀传统文化基础上，结合时代发展和乡村特点，促进其创造性转化和创新性发展，回应时代诉求，充分调动广大村民作为乡村文化建设主体的积极性、主动性和创造性。当前，在乡村治理中，可以充分借助壮族"三月三"歌节、苗族春社节、苗族拉鼓节、瑶族盘王节、重阳节等民族传统节日，坚持以村民为中

心的乡村文化建设理念，开展形式多样的民族优秀传统文化活动，推进乡村优秀传统文化传承和发展，打造民族优秀传统文化品牌，彰显乡村优秀传统文化顽强的生命力和超强魅力，促使广大村民真正体会到乡村优秀传统文化的价值意义，增强其发自内心的文化认同感和自信心，不断探索保护传承乡村优秀传统文化的新途径。

2. 培养乡村优秀传统文化保护传承的专业人才

当前，随着城市化进程的日益加快，乡村人口大量向城市流动。乡村人口空心化导致乡村优秀传统文化传承后继乏人，使乡村优秀传统文化在代际的传承产生断裂。对乡村优秀传统文化进行保护与传承，关键在于人才。术业有专攻，专业人才在乡村优秀传统文化建设中发挥着重要的引领作用。只有加强对专业人才的培养，才能更好地发展乡村优秀传统文化。一是挖掘与培养非物质文化遗产传承人。当前，老一辈的非物质文化继承人正在老去，而受城市文化的影响，村民的思维和价值理念逐渐产生功利主义倾向，由此引发村民对乡村优秀传统文化的认同危机，很多年轻人不愿意学习继承非物质文化遗产，反而更喜爱城市文化娱乐活动。通过政策引导、资金支持，以及"一行一训""一技一训"专业培训等多种渠道与方式，建立非物质文化遗产传承的长效发展机制，号召更多青年投身于非物质文化遗产传承事业中来，深入挖掘乡村文化能人、艺人和技术传人，培育乡村非物质文化遗产新一代的传承人。二是吸纳引进社会专业文化人才。通过创新评价机制、打通晋升渠道、健全各类社会保障制度、提高工作待遇等多条途径、多种方法、多样方式来引进专业文化人才，尤其要注重促进本土专业文化人才"回流"。当前，在乡村优秀传统文化建设中，要充分发挥这类人才的专业优势，为乡村优秀传统文化建设提供理念、技术等智力支撑，助力乡村优秀传统文化的保护与传承。

参考文献

一 中文著作

曹锦清：《黄河边的中国一个研究者对乡村社会的观察与思考》，上海文艺出版社 2000 年版。

陈家刚：《基层治理》，中央编译出版社 2015 年版。

陈家谅：《融安县志》，广西人民出版社 1996 年版。

陈路芳、徐方治：《民族自治地方政府与民族和谐》，民族出版社 2008 年版。

褚建芳：《人神之间——云南芒市一个傣族村寨的仪式生活、经济伦理与等级秩序》，社会科学文献出版社 2005 年版。

丁卫：《复杂社会的简约治理》，山东人民出版社 2009 年版。

邓正来：《国家与社会：中国市民社会研究》，中国法制出版社 2018 年版。

狄金华：《被困的治理：河镇的复合治理与农户策略》，生活·读书·新知三联书店 2015 年版。

费孝通：《江村经济》，上海人民出版社 2006 年版。

费孝通：《乡土中国》，北京出版社 2005 年版。

费孝通：《中华民族多元一体格局》，中央民族大学出版社 2018 年版。

风笑天：《社会学研究方法》，中国人民大学出版社 2001 年版。

高化民：《农业合作化运动始末》，中国青年出版社 1999 年版。

高万芹：《中农治村：传统农业村庄的权威与秩序》，华中科技大学出版社 2018 年版。

高永久：《民族学概论》，南开大学出版社 2009 年版。

高永久：《民族政治学概论》，南开大学出版社 2008 年版。

何少林、白云：《中华民族全书——中国傣族》，宁夏人民出版社 2012 年版。

《广西历史文化简明读本》编写组：《广西历史文化简明读本》，广西人民出版社 2013 年版。

广西壮族自治区编辑组编：《广西壮族社会历史调查》（1—7），民族出版社 2009 年版。

广西壮族自治区地方志编纂委员会：《广西通志·民俗选》，广西人民出版社 1992 年版。

广西壮族自治区地方志编纂委员会：《广西通志·文化志》，广西人民出版社 1999 年版。

郭于华：《受苦人的讲述：骥村历史与一种文明的逻辑》，香港中文大学出版社 2013 年版。

国家民委经济司：《中国特色少数民族特色村寨保护与发展经验研究》，民族出版社 2014 年版。

和沁：《中国民族自治县政府经济职能与效能》，中国经济出版社 2013 年版。

贺雪峰：《乡村的前途》，山东人民出版社 2007 年版。

贺雪峰：《乡村治理的社会基础》，中国社会科学出版社 2003 年版。

贺雪峰：《乡村治理与秩序》，华中师范大学出版社 2003 年版。

黄健英：《少数民族地区农村经济发展研究》，中央民族大学出版社 2006 年版。

黄少安：《产权经济学导论》，山东人民出版社 1995 年版。

贾东海、赵健君：《马克思主义民族理论与民族政策研究 中国化的实践》，甘肃民族出版社 2007 年版。

贾东海：《马克思主义民族理论与政策五十年研究回顾》，甘肃人民出版社 2000 年版。

金炳镐、王铁志：《中国共产党民族纲领政策通论》，黑龙江教育出版社 2002 年版。

金炳镐：《民族地区和谐社会建设》，中央民族大学出版社2006年版。

金炳镐：《民族理论通论》，中央民族大学出版社2007年版。

金炳镐：《中国民族理论研究二十年》（1978.12—1998.12），中央民族大学出版社2000年版。

靳凤林：《追求阶层正义——权力、资本、劳动的制度伦理考量》，人民出版社2016年版。

罗强强：《土地制度变革与乡村社会治理》，中国社会科学出版社2023年版。

罗强强：《新时代国家治理理论与实践——跨学科视角》，中国社会科学出版社2021年版。

黎昕：《转型中的城市社区建设》，福建人民出版社2004年版。

李富强：《中国壮学》（第1—4辑），民族出版社2010年版。

李建平：《广西文化图史》，广西人民出版社2009年版。

李建平：《文化软实力与经济社会发展——基于广西壮族自治区发展视角的文化研究》，江苏大学出版社2013年版。

李勇华：《乡村治理现代化中的村民自治权利保障》，中国社会科学出版社2015年版。

李颀：《三农问题与社会主义新农村建设读本》，陕西科学技术出版社2009年版。

梁漱溟：《梁漱溟全集》（第一卷），山东人民出版社1989年版。

林耀华：《金翼：中国家族制度的社会学研究》，生活·读书·新知三联书店2008年版。

林耀华：《义序宗族的研究》，生活·读书·新知三联书店2000年版。

刘汉成、夏亚华：《乡村振兴战略的理论与实践》，中国经济出版社2019年版。

刘汉成：《乡村振兴战略的理论与实践》，中国经济出版社2019年版。

刘祥学、刘玄启：《走向和谐：广西民族关系发展的历史地理学研究》，民族出版社2011年版。

鲁建彪：《民族社会学研究》，中国社会科学出版社2010年版。

陆学艺:《"三农论"当代中国农业、农村、农民研究》,社会科学文献出版社2002年版。

陆学艺:《中国国情丛书——百县市经济社会调查·陵县卷》,中国大百科全书出版社1993年版。

吕红平:《农村家族问题与现代化》,河北大学出版社2008年版。

马启成:《民族学与民族文化发展研究》,中国社会科学出版社1995年版。

马戎、刘世定、邱泽奇:《中国乡镇组织变迁研究》,华夏出版社2000年版。

马戎:《中国少数民族地区社会发展与族际交往》,社会科学文献出版社2012年版。

欧阳静:《策略主义——桔镇运作的逻辑》,中国政法大学出版社2011年版。

潘琪:《广西文化符号》,广西民族出版社2018年版。

秦红增:《乡土变迁与重塑——文化农民与民族地区和谐乡村建设研究》,商务印书馆2012年版。

荣敬本、崔之元、王拴正:《从压力型体制向民主合作体制的转变县乡两级政治体制改革》,中央编译出版社1998年版。

史亚峰:《复合治理——产权分置与社会秩序的建构》,中国社会科学出版社2020年版。

宋伟轩:《隔离与排斥:封闭社区的社会空间分异》,中国建筑工业出版社2013年版。

覃圣敏:《壮泰民族传统文化系统比较研究》(第1—5册),广西人民出版社2003年版。

田汝康:《芒市边民的摆》,云南人民出版社2008年版。

王沪宁:《当代中国乡村家族文化——对中国社会现代化的一项探索》,上海人民出版社1991年版。

王明珂:《华夏边缘历史记忆与族群认同》,社会科学文献出版社2006年版。

王铭铭:《社区的历程——溪村汉人家族的个案研究》,天津人民出版社1997年版。

乌小花、王伟:《马克思主义民族理论经典论著解读》,中央民族大学出版社 2018 年版。

吴伟峰：《广西非物质文化遗产系列丛书——壮族织锦技艺》，北京科学技术出版社 2014 年版。

吴毅：《村治变迁中的权威与秩序——20 世纪川东双村的表达》，中国社会科学出版社 2002 年版。

吴毅：《小镇喧嚣：一个乡镇政治运作的演绎与阐释》，生活·读书·新知三联书店 2018 年版。

吴泽霖总纂：《人类学词典》，上海辞书出版社 1991 年版。

项飙：《跨越边界的社区——北京"浙江村"的生活史》，生活·读书·新知三联书店 2018 年版。

肖镛、朱佩明、李鸿渊：《无行政权力依托基层党组织建设研究》，上海三联书店 2009 年版。

肖永孜：《壮族人口》，广西人民出版社 2008 年版。

熊培云：《一个村庄里的中国》，新星出版社 2011 年版。

徐杰舜：《族群与族群文化》，黑龙江人民出版社 2006 年版。

徐平等：《大瑶山七十年变迁》，中央民族大学出版社 2006 年版。

徐勇：《乡村治理的中国根基与变迁》，中国社会科学出版社 2018 年版。

许烺光：《祖荫下》，南天书局 2001 年版。

许倬云：《我者与他者：中国历史上的内外分际》，生活·读书·新知三联书店 2015 年版。

徐铜柱：《乡村治理现代化研究》，中国社会科学出版社 2021 年版。

严庆：《冲突与整合：民族政治关系模式研究》，社会科学文献出版社 2011 年版。

姚伟：《耕地经营权流转风险的村庄复合治理研究》，社会科学文献出版社 2021 年版。

杨懋春：《一个中国村庄：山东台头》，江苏人民出版社 2001 年版。

杨胜慧：《新型城镇化进程中的人口流动与农村家庭发展》，中国工人出版社 2010 年版。

应星：《"气"与抗争政治——当代中国乡村社会稳定问题研究》，社会科学文献出版社2011年版。

于建嵘：《岳村政治——转型期中国乡村政治结构的变迁》，商务印书馆2001年版。

俞可平：《增量民主与善治》，社会科学文献出版社2005年版。

俞可平：《治理与善治》，社会科学文献出版社2000年版。

俞可平：《中国公民社会的兴起与治理的变迁》，社会科学文献出版社2002年版。

玉时阶：《壮族民间宗教文化》，民族出版社2004年版。

张震声：《壮族通史》（上、中、下），民族出版社1996年版。

赵树凯：《农民的政治》，商务印书馆2011年版。

折晓叶：《村庄的再造——一个"超级村庄"的社会变迁》，中国社会科学出版社1997年版。

钟文典：《广西通史》（1—3），广西人民出版社1999年版。

周明甫、金星华：《中国少数民族文化简论》，民族出版社2006年版。

朱信凯等：《国之根基——大国"三农"总论》，中国农业出版社2019年版。

庄孔韶：《银翅：中国的地方社会与文化变迁》，生活·读书·新知三联书店2016年版。

张晓艳：《乡村治理共同体建设研究》，人民出版社2022年版。

二　中文译著

［法］埃米尔·涂尔干：《社会分工论》，渠东译，上海三联书店2000年版。

［英］爱德华·泰勒：《原始文化：神话、哲学、宗教、语言、艺术和习俗发展之研究》，连树声译，广西师范大学出版社2005年版。

［英］安东尼·吉登斯：《民族—国家与暴力》，胡宗泽、赵力涛译，生活·读书·新知三联书店1998年版。

［英］安东尼·吉登斯：《社会的构成》，李康、李猛译，生活·读书·新知三联书店1998年版。

［英］安东尼·吉登斯：《现代性与自我认同》，夏璐译，中国人民大学出

版社 2016 年版。

［美］白苏珊：《乡村中国的权力与财富：制度变迁的政治经济学》，郎友兴、方小平译，浙江人民出版社 2009 年版。

［英］波兰尼：《大转型：我们时代的政治与经济起源》，冯钢、刘阳译，浙江人民出版社 2007 年版。

［法］布迪厄：《文化资本与社会炼金术——布迪厄访谈录》，包亚明译，上海人民出版社 1997 年版。

［加］布莱登、科尔曼：《反思共同体 多学科视角与全球语境》，严海波等译，社会科学文献出版社 2011 年版。

［澳］陈佩华、［美］赵文词、［澳］安戈：《当代中国农村历沧桑，毛邓体制下的陈村》，孙万国、杨敏如、韩建中译，香港牛津大学出版社 1996 年版。

［美］丹尼尔·哈里森·葛学溥：《华南的乡村生活——广东凤凰村的家族主义社会学研究》，周大鸣译，知识产权出版社 2012 年版。

［美］道格拉斯·C. 诺思：《制度、制度变迁与经济绩效》，杭行译，格致出版社 2008 年版。

［美］杜赞奇：《文化、权力与国家：1900—1942 年的华北农村》，王福明译，江苏人民出版社 2010 年版。

［英］F. 哈耶克：《致命的自负》，冯克利等译，中国社会科学出版社 2000 年版。

［美］费正清：《美国与中国》，张理京等译，世界知识出版社 2008 年版。

［美］费正清：《中国：传统与变迁》，吉林出版集团有限责任公司 2008 年版。

［英］弗里德利希·冯·哈耶克：《法律、立法与自由》（第一卷），邓正来译，中国大百科全书出版社 2000 年版。

［美］弗里曼、毕克伟、塞尔登：《中国乡村社会主义国家》，陶鹤山译，社会科学文献出版社 2002 年版。

［美］黄宗智：《长江三角洲小农家庭与乡村发展》，中华书局 2000 年版。

［美］克利福德·格尔兹：《地方性知识》，王海龙、张家瑄译，中央编译

出版社 2000 年版。

［美］克利福德·吉尔兹：《地方性知识：阐释人类学论文集》（第二版），王海龙、张家瑄译，中央编译出版社 2004 年版。

［美］李怀印：《华北村治：晚清和民国时期的国家与乡村》，岁有生、王士皓译，中华书局 2008 年版。

［美］露丝·本尼迪克特：《文化模式》，王炜等译，社会科学文献出版社 2009 年版。

［美］罗伯特·A. 达尔：《多元民主的困境——自治与控制》，周军华译，吉林人民出版社 2011 年版。

［美］罗伯特·阿格拉诺夫、迈克尔·麦圭尔：《协作性公共管理——地方政府新战略》，李玲玲等译，北京大学出版社 2007 年版。

［美］罗伯特·达尔：《民主的前言理论》，顾昕、朱丹译，生活·读书·新知三联书店 1992 年版。

［美］罗尔斯：《正义论》，何怀宏等译，中国社会科学出版社 1988 年版。

［德］马克斯·韦伯：《儒教与道教》，洪天富译，江苏人民出版社 1993 年版。

［德］马克斯·韦伯：《新教伦理与资本主义精神》，马奇炎、陈婧译，北京大学出版社 2012 年版。

［英］迈克尔·曼：《社会权力的来源》（第二卷，上、下），刘北成、李少军译，上海人民出版社 2007 年版。

［法］孟德拉斯：《农民的终结》，李培林译，社会科学文献出版社 2010 年版。

［美］明恩溥：《中国的乡村生活》，陈午晴、唐军译，电子工业出版社 2016 年版。

［英］莫里斯·弗里德曼：《中国东南的宗族组织》，刘晓春译，上海人民出版社 2000 年版。

［法］莫里斯·哈布瓦赫：《论集体记忆》，毕然、郭金华译，上海人民出版社 2003 年版。

［美］欧爱玲：《饮水思源：一个中国乡村的道德话语》，钟晋兰、曹嘉涵

译，社会科学文献出版社 2013 年版。

［美］欧文·戈夫曼：《日常生活中的自我呈现》，冯钢译，北京大学出版社 2008 年版。

［英］齐格蒙特·鲍曼：《共同体》，欧阳景根译，江苏人民出版社 2003 年版。

［爱尔兰］瑞雪·墨菲：《农民工改变中国农村》，黄涛、王静译，浙江人民出版社 2009 年版。

［美］塞缪尔·亨廷顿：《变化社会中的政治秩序》，王冠华译，生活·读书·新知三联书店 1989 年版。

［美］塞缪尔·亨廷顿：《劳伦斯哈里森文化的重要作用——价值观如何影响人类进步》，程克雄等译，新华出版社 2010 年版。

［美］施坚雅：《中国农村的市场和社会结构》，史建云、徐秀丽译，中国社会科学出版社 1998 年版。

［英］特瑞·伊格尔顿：《文化的观念》，方杰译，南京大学出版社 2006 年版。

［英］托尼·本尼特：《文化与社会》，王杰等译，广西师范大学出版社 2007 年版。

［美］西奥多·舒尔茨：《论人力资源投资》，对外经济学院出版社 1990 年版。

［美］亚历克斯·英克尔斯：《什么是社会学会》，陈观胜、李培莱译，中国社会科学出版社 1981 年版。

［美］杨美惠：《礼物、关系学与国家》，赵旭东、孙珉译，江苏人民出版社 2009 年版。

［加］伊莎白·柯鲁克、［英］大卫·柯鲁克：《十里店（二）：中国一个村庄的群众运动》，安强、高建译，上海人民出版社 2007 年版。

［美］詹姆斯·罗西瑙：《没有政府的治理：世界政治中的秩序与变革》，张胜军等译，江西人民出版社 2001 年版。

［美］詹姆斯·斯科特：《农民的道义经济学：东南亚的反叛与生存》，程立显、刘建等译，译林出版社 2001 年版。

三 外文著作

E. Stein, *Fiscal decentralization and government size in Latin America*, Journal of Applied Economics, 1999.

L. de Mello, *Fiscal federalism and government size in transition economies: the case of Moldova*, Journal of International Development, 2001.

J. Rodden, *Reviving Leviathan: fiscal federalism and the growth of government*, International Or Lanization, 2003.

R. J. Campbell, *Leviathan and fiscal illusion in local government overlapping*

BovairdTony, Loffier, Eike, *Public management and governance*, New York: Routled Le, 2003.

Box, Richard C, *Citizen governance: leading American communities into the 21st century*, Thousand Oaks, Calif.: Sage Publications, 1998.

Fox, LreLory H. &Roth, Brad R., *Democratic governance and international law*, New York: Cambridge University Press, 2000.

Hood, Christopher C., *Thetools of government*, London: Macmillan Pr. Ltd., 1983.

Michael, Barzelay., *Breaking through bureaucracy: a new vision for managingin government*, Berkeley: University of California Press, 1992.

Rosenau, JamesN. *governance without government: order and changeinworld Polities*, New York: Cambridge University Press, 1992.

UNDP, *Human development report 2002: deepening democracyina fragmented world*, New York: Oxford University Press, 2002.

Skinner, L. Willian, *Marketing and Social Structure in Rural China*, 1st Part, Jounal of Asian Studies, 1964.

Richard Madsen, *Morality and Power in a Chinese Village*, Berkeley: University of Califomia Press, 1984.

Inkeles and Smith, *Becoming modern: individual change in six developing countries*, Mass: Harvard University Press, 1974.

四 中文期刊文献

卜宪群：《中国古代"治理"探义》，《政治学研究》2018年第3期。

曹正汉、薛斌锋、周杰：《中国地方分权的政治约束——基于地铁项目审批制度的论证》，《社会学研究》2014年第3期。

陈兵兵、李炳程：《广西实施乡村振兴战略的金融支持研究》，《区域金融研究》2021年第7期。

陈德顺、胡俊：《民族地区村干部政治认同水平及其对乡村治理的影响》，《云南行政学院学报》2018年第1期。

陈丽湘：《论新时代民族地区国家通用语言文字的推广普及》，《陕西师范大学学报》（哲学社会科学版）2021年第6期。

陈文烈、查妍：《民族地区发展悖论的破解与发展要素的时代赋值》，《湖北民族大学学报》（哲学社会科学版）2021年第6期。

陈文琼、韦伟：《民族自治地区的"民间嵌入式"乡村司法模型——"黄登林多元调解法"的理论分析》，《贵州民族研究》2015年第11期。

池建华：《通过村规民约促进生态宜居建设——以南方主要少数民族村规民约为考察对象》，《贵州民族研究》2020年第9期。

党国英：《我国乡村治理改革回顾与展望》，《社会科学战线》2008年第12期。

邓大才、万磊：《分权式治理何以形成——对粤、川、鄂、鲁、湘六类村庄的观察和研究》，《中州学刊》2015年第5期。

邓丽、薛娇：《民族地区农业现代化与信息化的同步特征及协同发展研究》，《民族学刊》2021年第6期。

方素梅：《宗族、宗教与乡村社会治理——基于广西桂林市草坪回族乡潜经村的个案考察》，《广西师范大学学报》（哲学社会科学版）2015年第3期。

郭家骥：《民族文化推动民族关系亲密融洽的云南经验》，《云南社会科学》2016年第6期。

郭景福、蓝广荣：《边疆民族地区发展机制创新及特色产业富民路径优化》,《中南民族大学学报》(人文社会科学版)2021年第9期。

郭媛丽、仪强:《跨区连片民族贫困地区自我发展能力测度及时空演变——基于湘鄂渝黔毗邻民族地区研究》,《西北民族大学学报》(哲学社会科学版)2021年第5期。

何阳:《多元主体互动视域下民族地区"三治合一"乡村治理体系建设》,《西南民族大学学报》(人文社会科学版)2020年第12期。

贺东航:《"简约治理"与林改政策在乡村的实践》,《华中师范大学学报》(人文社会科学版)2012年第5期。

贺雪峰:《乡村治理研究的三大主题》,《社会科学战线》2005年第1期。

黄东辉:《边疆民族地区经济发展路径研究——基于西藏自治区的分析》,《贵州民族研究》2021年第5期。

黄开腾:《论乡村振兴与民族地区农村"空心化"治理》,《北方民族大学学报》(哲学社会科学版)2019年第2期。

黄锐、王飞、章安琦、周坤:《民族地区防返贫机制研究——基于多维返贫视角》,《中央民族大学学报》(哲学社会科学版)2022年第1期。

黄伟:《民族自治地方政府与其他地方政府行政权力的比较研究》,《民族研究》2008年第5期。

黄中显、吕芝慧:《乡村振兴背景下民族地区生态产业化法治路径选择——以广西自治县域为例》,《广西民族大学学报》(哲学社会科学版)2021年第6期。

黄宗智:《集权的简约治理——中国以准官员和纠纷解决为主的半正式基层行政》,《开放时代》2008年第2期。

季晨、周裕兴:《乡村振兴背景下少数民族农村社会治理面临的新问题及应对机制》,《贵州民族研究》2019年第4期。

姜士伟:《论转型中国社会治理的复合性及复合治理》,《湖北行政学院学报》2016年第5期。

蒋慧、孙有略:《铸牢中华民族共同体意识与民族地区基层治理现代化》,《湖北大学学报》(哲学社会科学版)2022年第1期。

柯尊清、赵晓菲、杨苏琳:《西部民族地区乡镇政府执行力问题及对策研究——昭通市 X 乡个案》,《云南行政学院学报》2013 年第 5 期。

孔凯、杨桂华:《民族地区乡村文旅融合路径研究》,《社会科学家》2020 年第 9 期。

孔祥成、刘芳:《中国乡村治理现代化的演进逻辑与路径选择》,《江淮论坛》2022 年第 2 期。

罗强强、张淼:《农村贫困治理中的政策依赖行为及其矫正》,《行政论坛》2023 年第 3 期。

罗强强、杨茹:《寓情于理:基层情感治理的运行逻辑与实践路径》,《江淮论坛》2022 年第 5 期。

罗强强、王燕子:《制度优势向治理效能转化中的情感培育——以新疆"访惠聚"驻村工作队实践为例》,《北方民族大学学报》2022 年第 6 期。

罗强强、王燕子:《基层治理中的情感沟通与和谐民族关系建构——基于新疆哈密一个多民族社区的田野考察》,《民族研究》2021 年第 3 期。

罗强强、王扬:《构建社会治理共同体的四重意蕴、时代价值及着力方向》,《中州学刊》2020 年第 10 期。

黎杰松、李键江:《乡村振兴视域下民族地区特色产业高质量发展研究》,《学术交流》2021 年第 9 期。

李斌雄、兰培坤:《中国共产党在民族地区进行党的建设百年基本经验研究》,《贵州民族研究》2021 年第 6 期。

李久军、巴登尼玛:《职业教育赋能民族地区乡村人才振兴的四个维度》,《民族教育研究》2021 年第 6 期。

李军、龚锐、向轼:《乡村振兴视域下西南民族村寨多元协同反贫困治理机制研究——基于第一书记驻村的分析》,《西南民族大学学报》(人文社科版)2020 年第 1 期。

李俊杰、王平:《民族地区应在小康社会与现代化建设中同步铸牢中华民族共同体意识》,《中南民族大学学报》(人文社会科学版)2021 年第 8 期。

李斯颖:《全域旅游视域下壮族乡村文化资源保护与开发——以国家级非

物质文化遗产"布洛陀"为例》,《社会科学家》2019 年第 9 期。

李铜山:《论乡村振兴战略的政策底蕴》,《中州学刊》2017 年第 12 期。

李尧磊、李春成:《实现乡村有效治理的复合机制——以浙江桐乡"三治融合"治理实践为研究对象》,《农村经济》2022 年第 10 期。

李玉雄、李静:《壮族乡村文化振兴的现实境遇与路径选择——基于广西河池市宜州区石别镇的田野调查与思考》,《广西民族研究》2019 年第 4 期。

李媛:《"社会"视角下新疆南部少数民族乡村治理的困境与路径》,《民族论坛》2021 年第 1 期。

李增元:《民族地区乡村治理体系创新探索及新时代重点内容》,《湖北民族大学学报》(哲学社会科学版)2020 年第 6 期。

廖林燕:《乡村振兴视域下边疆民族地区乡村治理机制创新研究》,《西北民族大学学报》(哲学社会科学版)2018 年第 1 期。

林克松:《民族地区职业教育发展的资本逻辑与行动理路》,《贵州社会科学》2021 年第 10 期。

林琳:《新时代推动边疆地区民族团结进步事业的五维进路》,《学术探索》2021 年第 12 期。

刘超、唐婷:《乡村振兴中民族地区乡村治理的传统制度性资源:价值、困境与转型路径》,《四川行政学院学报》2019 年第 1 期。

刘春荣:《国家介入与邻里社会资本的生成》,《社会学研究》2007 年第 2 期。

刘达、王奕:《彝族村社协同治理模式建构研究——以楚雄武定白路镇平地村为例》,《云南行政学院学报》2019 年第 3 期。

刘东、荆蕙兰、王家斌:《后脱贫时代边疆民族地区相对贫困治理:逻辑理路、价值转向及战略选择》,《广西民族研究》2021 年第 5 期。

刘洪、张再杰、王元博:《贵州构建解决民族地区农村相对贫困的长效机制研究》,《贵州民族研究》2021 年第 4 期。

刘婷婷、罗强强:《简约抑或复合:乡村治理范式再思考》,《江淮论坛》2023 年第 2 期。

刘婷婷、俞世伟：《乡村德治重构与归位：历史之根和现代之源的成功链接》，《行政论坛》2020年第1期。

刘婷婷、俞世伟：《实现乡村治理现代化的伦理之道》，《行政论坛》2021年第4期。

马鸿霞、朱德全：《民族地区职业教育服务乡村振兴研究的知识图景与发展前瞻——基于CNKI数据库的分析》，《西南民族大学学报》（人文社会科学版）2022年第1期。

马赛萍：《试论乡村振兴中民族地区人才培养和使用——以闽东畲族地区为例》，《福建省社会主义学院学报》2020年第6期。

马正立、朱仁印：《少数民族村干部成长进路选择——基于场域、机制与角色分析框架》，《贵州社会科学》2018年第2期。

牛绿花、马俊：《民族地区民事习惯嵌入乡村治理经验与模式研究——从甘肃民族地区几例民事习惯现存样态谈起》，《原生态民族文化学刊》2022年第2期。

彭永庆：《社区营造与民族地区乡村文化建设》，《华南农业大学学报》（社会科学版）2017年第3期。

史云贵、薛喆：《简约治理：概念内涵、生成逻辑与影响因素》，《中国人民大学学报》2022年第1期。

孙萍、张春敏：《再组织化与民族地区农村基层治理创新——以贵州L县"十户一体"抱团发展的村治实践为例》，《西南民族大学学报》（人文社会科学版）2020年第11期。

孙秀玲：《新时代西部民族地区铸牢中华民族共同体意识的文化方略》，《新疆师范大学学报》（哲学社会科学版）2022年第4期。

覃晚萍、王世奇：《民族地区乡村公共法律服务体系建设的困境与出路》，《华南理工大学学报》（社会科学版）2020年第5期。

覃小华、黄武、徐少癸：《广西边境贫困地区乡村旅游助力乡村振兴的机制与路径》，《江苏农业科学》2021年第10期。

谭安、文军：《广西乡村旅游助推乡村振兴研究》，《安徽农业科学》2022年第1期。

谭新雨：《边疆民族地区民间组织在乡村治理中的作用探析——以河口县 A 村老年协会为例》，《山东行政学院学报》2013 年第 6 期。

唐钱华：《乡村文化振兴中的移风易俗主题与政府角色转换》，《深圳大学学报》（人文社会科学版）2019 年第 6 期。

唐钱华：《乡村文化振兴中的移风易俗主题与政府角色转换》，《深圳大学学报》（人文社会科学版）2019 年第 6 期。

陶自祥：《论民族地区文化振兴的价值认知——基于云南的考察》，《中南民族大学学报》（人文社会科学版）2021 年第 4 期。

王鹏飞、夏杰长，胡典成：《边疆民族地区旅游业发展模式与对策》，《社会科学家》2021 年第 12 期。

王若溪：《社会资本、民族团结进步创建视角下的民族地区社区治理——基于宁夏回族自治区的实证研究》，《回族研究》2021 年第 3 期。

王晓梅、崔莹：《推进民族村治理模式的创新》，《理论观察》2019 年第 4 期。

王欣、王焕午：《乡村都市化背景下傣族村社制度的再生产与社区治理——以云南西双版纳州曼村为例》，《中国农业大学学报》（社会科学版）2021 年第 2 期。

王莺桦、吴大华：《西南民族地区新型城镇化进程中乡村治理的法治化困境——基于独山县基长镇的调研与思考》，《贵州社会科学》2016 年第 12 期。

王振杰、宗喀·漾正冈布：《文化交融视域下的乡村文化变迁与振兴——基于青海民和县杏儿乡 7 个村的探析》，《西北农林科技大学学报》（社会科学版）2020 年第 3 期。

韦正富、吴大华：《民族地区生态治理法治化的机制论析：基于民族、自然及政府关系的梳理》，《贵州民族研究》2021 年第 4 期。

徐世栋：《传承与创新：民族地区社会治理机制优化研究——以青海省六个民族自治州为例》，《青海民族研究》2021 年第 3 期。

俞水香、娄淑华：《边疆民族地区中国化马克思主义民族理论的实践逻辑》，《学术探索》2021 年第 11 期。

袁方成、余礼信：《国家变迁过程中乡村权力结构的民主化转型》，《华中农业大学报》（社会科学版）2014年第4期。

袁明旭：《论民族自治地方政府政策执行力的提升》，《云南行政学院学报》2010年第3期。

袁同凯、吴军军：《"后扶贫时期"民族地区教育扶贫的内涵转变与困境突破——基于教育公益慈善的视角》，《河北学刊》2021年第6期。

张紧跟、张旋：《基层简约治理何以失灵？——以A省C县"一村一警务助理"为例》，《中共天津市委党校学报》2023年第2期。

张露露：《多民族乡村视野中家族成员的行为逻辑考察——基于我国西南民族地区水村的田野调研》，《贵州民族研究》2019年第4期。

张晓山：《实施乡村振兴战略的几个抓手》，《人民论坛》2017年第33期。

张玉强、杨蕾：《边疆民族地区乡村振兴战略实施模式研究 基于协同治理的视角》，《实事求是》2020年第1期。

郑长德、张玉荣：《民族地区融入新发展格局研究》，《西南民族大学学报》（人文社会科学版）2021年第8期。

周丹丹：《少数民族乡村治理中的传统社会组织研究——以侗族寨老组织为例》，《江淮论坛》2016年第6期。

周济南：《迈向共生治理：新时代民族地区社会治理困境的破解之道》，《广西民族研究》2021年第5期。

朱战辉：《富人治村与悬浮型村级治理——基于浙东山村的考察》，《中共浙江省委党校学报》2017年第4期。

宗喀·漾正冈布、王振杰：《民族杂居地区乡村文化振兴与社会治理的耦合逻辑——基于文化资本视角的分析》，《西北农林科技大学学报》（社会科学版）2021年第5期。

黄宗智：《集权的简约治理——中国以准官员和纠纷解决为主的半正式基层行政》，《开放时代》2008年第2期。

五 学位论文

曹岚：《城市新型社区复合治理模式研究》，硕士学位论文，华东理工大学，2014年。

陈鹏：《城市网格化管理与居民自治的复合治理机制研究》，硕士学位论文，华中师范大学，2014年。

丛培龙：《杭州城市管理复合治理制度建设研究》，硕士学位论文，宁波大学，2013年。

狄金华：《被困的治理》，博士学位论文，华中科技大学，2011年。

丁洁莹：《乡村振兴背景下新乡贤参与民族地区乡村治理研究》，硕士学位论文，湖北民族大学，2021年。

范巧：《区域经济一体化与行政区经济矛盾突破的新视角》，硕士学位论文，兰州大学，2008年。

黄梦思：《"农业龙头企业＋农户"渠道"复合治理的挤出效应"研究》，博士学位论文，华中农业大学，2018年。

焦红超：《"干部进村"：第一书记在民族地区乡村治理中的功能研究》，硕士学位论文，华中师范大学，2020年。

李小艺：《复合经营：乡村社会的再组织》，博士学位论文，华东师范大学，2021年。

林莉莉：《"第一书记"嵌入式参与乡村治理问题研究》，硕士学位论文，河南大学，2021年。

毛媛丽：《杭州社会复合主体实践中存在的问题及对策研究》，硕士学位论文，广西师范学院，2013年。

牛泽青：《Z县新乡贤参与乡村治理研究》，硕士学位论文，西北农林科技大学，2021年。

宋连婷：《乡村振兴进程中佤族寨老组织的协同治理功能研究》，硕士学位论文，云南大学，2019年。

孙云霞：《历史唯物主义视域中的乡村社会治理研究》，博士学位论文，中央民族大学，2018年。

王勇：《网络公共领域的复合治理研究》，博士学位论文，西南政法大学，2020年。

王正阳：《我国城市社区复合治理模式研究》，硕士学位论文，河北工业大学，2015 年。

韦自如：《乡村振兴背景下民族地区农村公共事务治理制度化分析》，硕士学位论文，广西民族大学，2019 年。

吴雯雯：《构建党建牵引型乡村复合治理新格局》，博士学位论文，中共中央党校，2019 年。

夏可恒：《城乡结合部村庄治理中"规则复合"问题研究》，硕士学位论文，吉林大学，2020 年。

杨涛：《共同行动的逻辑从自主自治到复合共治的层次转换》，博士学位论文，南京大学，2013 年。

张丽：《西北民族走廊汉藏交融地带乡村社会变迁研究》，博士学位论文，兰州大学，2021 年。

张艳红：《复合治理：中国城市管理变革的新路径》，硕士学位论文，浙江师范大学，2012 年。

赵阳：《乡村振兴战略背景下乡村治理问题研究》，硕士学位论文，湖北省社会科学院，2021 年。

附录一　访谈提纲及访谈对象列表

一　乡镇政府工作人员访谈提纲

1. 民族相关政策的落实情况

（1）推进乡村社会发展的少数民族政策有哪些；

（2）国家针对乡村社会的特殊照顾政策具体有哪些，在乡村治理中发挥了什么效用；

（3）对于这些民族政策是否认可，谈谈具体看法；

（4）近年来的民族政策对乡村社会发展的影响；

（5）这些民族政策在实施中是否有困难，如果有，具体表现在哪些方面。

2. 乡村社会的发展变化情况了解

（1）乡村近年来在哪些方面有了发展变化；

（2）和本乡镇其他村相比，本村的发展具有哪些优势和劣势；

（3）实现乡村发展的关键治理要素有哪些；

3. 乡镇政府在乡村治理中的情况

（1）乡镇政府对乡村的治理方式有哪些变化；

（2）乡镇政府在乡村治理中的优势有哪些；

（3）乡镇政府在乡村治理中的困难有哪些，如何去解决；

（4）乡镇政府对于各项职能的履行情况；

（5）乡镇政府在指导村级自治运行中发挥何种作用。

二　驻村帮扶干部访谈提纲

1. 驻村帮扶干部的自身状况；
（1）驻村帮扶干部的年龄；
（2）驻村帮扶干部的最高学历是什么；
（3）驻村帮扶干部参加工作的时间；
（4）驻村帮扶干部现任的岗位职务是什么，开始担任这个职务的时间；
（5）驻村帮扶干部现在负责哪些工作；
（6）驻村帮扶干部现在的岗位级别是什么。

2. 驻村帮扶干部的工作任务
（1）工作任务的具体负责内容；
（2）工作任务的落实情况；
（3）对这些工作任务的评价。

3. 驻村帮扶干部的工作方式
（1）如何处理好与乡镇干部之间的关系；
（2）如何处理好与村"两委"干部之间的关系；
（3）工作中采取哪种工作方式能较好地取得村民的信任。

4. 驻村帮扶干部的工作内容
（1）具体工作内容有哪些；
（2）工作的重点和难点体现在哪些方面；
（3）工作内容的落实情况；
（4）在帮扶过程中面临的困境有哪些，如何解决。

三　村"两委"干部访谈提纲

1. 乡村基本情况
（1）人口（常住人口、流动人口、男女比例）；
（2）乡村面积（总面积、居住面积、农业面积）；
（3）产业种类（三大产业比重，主要农作物、水产养殖的产量）；

（4）产业经济发展状况；

（5）各个屯的分布状况；

（6）社会组织的种类及发展状况。

2. 村治基本情况

（1）近年来乡村社会在哪些方面有了显著的发展变化；

（2）近年来工作内容和方式的变化；

（3）治理过程中存在的问题有哪些；

（4）对基础设施建设、环保建设等工作的开展情况；

（5）产业项目有哪些以及发展现状；

（6）产业项目带来的贡献有哪些；

（7）近年来文化建设给乡村带来的变化；

（8）乡村社会组织有哪些以及运行情况；

（9）认为村里的未来治理还需要哪些方面的改进；

（10）村级自治运行过程中是否存在缺点与不足。

四　村民访谈提纲

1. 对驻村帮扶干部的评价

（1）驻村干部应该在乡村振兴工作中做些什么；

（2）村民和驻村帮扶干部的熟悉程度；

（3）驻村帮扶干部给乡村带来哪些变化；

（4）对驻村帮扶干部的工作方式是否满意；

（5）在生活中是否信任驻村帮扶干部；

（6）是否支持驻村帮扶干部的工作；

（6）谈谈驻村帮扶干部对村民生活上的影响和帮助；

（7）驻村干部对村民之间矛盾纠纷解决的效果如何。

2. 对村"两委"干部的评价

（1）村"两委"干部工作方式有哪些变化；

（2）村"两委"干部的工作能力如何；

（3）与村"两委"干部的关系如何。

3. 对屯长的评价

（1）会推选什么类型的人担任屯长；

（2）本屯屯长的工作能力；

（3）屯长在村民心中的社会地位；

（4）屯长在村民生活中的作用。

4. 产业项目的参与状况

（1）对产业项目的了解程度；

（2）产业项目给自己生活带来的变化有哪些；

（3）对产业项目实施的满意程度，如果不满意，谈谈具体原因。

5. 乡村文化活动的开展情况

（1）乡村开展的文化活动有哪些；

（2）是否会积极参与乡村文化活动；

（3）喜欢哪些类型的文化活动；

（4）乡村文化活动给生活带来哪些变化。

6. 乡村社会组织的发展情况

（1）乡村社会组织有哪些；

（2）自己是否加入了社会组织；

（3）乡村社会组织的发展给生活带来哪些变化；

（4）对乡村社会组织的发展状况是否满意。

7. 如何处理邻里之间的关系

（1）邻里关系是否和睦；

（2）如果发生矛盾如何去解决；

（3）生活中都会在哪些方面相互帮助。

访谈对象列表

序号	访谈编号	姓名	年龄（岁）	民族	访谈时间	身份
1	1-1-01	YMX	35	汉族	2019年10月19日	驻村第一书记
2	2-1-02	QQJ	52	壮族	2019年10月19日	村主任
3	1-1-03	WQS	30	汉族	2019年10月19日	包村干部
4	2-1-04	YHL	45	汉族	2019年11月20日	村支书
5	2-2-05	LQD	29	壮族	2019年11月20日	团支书
6	2-2-06	LHF	40	壮族	2019年11月20日	村妇女主任
7	1-1-07	LDY	32	壮族	2019年11月21日	乡镇干部
8	1-1-08	QHY	35	壮族	2019年11月21日	乡镇干部
9	1-1-09	LTT	38	壮族	2019年11月21日	乡镇干部
10	3-1-10	QZ	38	壮族	2019年10月22日	村民
11	3-1-11	LDG	45	壮族	2019年10月22日	村民
12	3-2-12	QXF	30	壮族	2019年10月22日	村民
13	3-1-13	LYF	48	壮族	2020年10月22日	村民
14	3-1-14	QYA	43	壮族	2020年10月24日	村民
15	3-2-15	WC	37	苗族	2020年10月24日	村民
16	3-1-16	LZH	39	壮族	2020年10月24日	村民
17	2-1-17	LHY	52	壮族	2020年10月24日	屯长
18	2-1-18	QFB	48	壮族	2020年10月24日	屯长
19	3-1-19	QMT	55	壮族	2020年10月25日	屯长
20	3-1-20	QHJ	43	壮族	2020年10月25日	村民
21	3-2-21	QYG	41	壮族	2020年11月3日	村民
22	3-1-22	LMF	42	壮族	2020年11月3日	村民
23	3-1-23	QSB	29	壮族	2020年11月3日	村民
24	3-1-24	LDW	51	壮族	2020年11月4日	村民
25	3-1-25	QFH	53	壮族	2020年11月4日	村民
26	3-2-26	QHT	43	壮族	2020年11月4日	村民

续表

序号	访谈编号	姓名	年龄（岁）	民族	访谈时间	身份
27	3-1-27	LDY	34	壮族	2020年11月4日	村民
28	3-1-28	LYB	64	壮族	2021年6月1日	村民
29	2-1-29	LHF	42	壮族	2021年6月1日	屯长
30	1-1-30	YMX	37	汉族	2021年6月1日	驻村第一书记
31	3-1-31	QYA	44	壮族	2021年6月1日	村民
32	3-1-32	QDY	38	壮族	2021年6月2日	村民
33	3-2-33	LYY	49	壮族	2021年6月2日	村民
34	2-1-34	QSC	37	壮族	2021年6月2日	屯长
35	3-2-35	LHY	34	壮族	2021年6月2日	村民
36	1-1-36	LHW	42	壮族	2021年6月4日	驻村干部
37	3-1-37	LCY	48	壮族	2021年6月4日	村民
38	3-1-38	QHG	43	壮族	2021年6月4日	村民
39	3-1-39	QXS	22	壮族	2021年6月7日	村民
40	3-1-40	LZJ	60	壮族	2021年6月7日	村民
41	3-1-41	WCY	52	苗族	2021年6月7日	村民
42	3-1-42	QF	57	壮族	2021年6月7日	村民
43	2-1-43	QHC	54	壮族	2021年6月8日	屯长
44	3-1-44	QLK	39	汉族	2021年6月8日	村民
45	3-1-45	LYT	56	壮族	2021年6月8日	村民
46	3-2-46	LHY	34	壮族	2021年6月9日	村民
47	3-1-47	HQD	32	壮族	2021年6月9日	村民
48	3-2-48	YHE	65	苗族	2021年11月3日	村民
49	1-1-49	YMX	37	汉族	2021年11月3日	驻村第一书记
50	2-1-50	QQJ	54	壮族	2021年11月4日	村主任
51	3-1-51	QAL	45	壮族	2021年11月4日	村民
52	3-1-52	LGS	44	壮族	2021年11月4日	村民
53	2-1-53	QJH	42	壮族	2021年11月5日	村副主任

续表

序号	访谈编号	姓名	年龄（岁）	民族	访谈时间	身份
54	3-1-54	QJM	38	壮族	2021年11月5日	村民
55	3-2-55	QDJ	34	壮族	2021年11月5日	村民
56	3-1-56	LYR	52	壮族	2021年11月7日	村民
57	3-2-57	QHR	56	汉族	2021年11月7日	村民
58	3-1-58	QHB	40	壮族	2021年11月7日	村民
59	2-2-59	LHF	42	壮族	2021年11月8日	村妇女主任
60	3-2-60	LYM	46	壮族	2021年11月8日	村民
61	3-2-61	LHZ	40	壮族	2021年11月8日	村民
62	3-1-62	QHG	43	壮族	2021年11月9日	村民
63	3-2-63	QHJ	35	壮族	2021年11月9日	村民
64	3-1-64	QXS	22	壮族	2021年11月9日	村民

注：被访者编号规则为"身份-性别-序号"。其中，在身份的信息标注中，"1"为政府工作人员，"2"为村组干部，"3"为村民及其他；在性别的标注中，"1"为男性，"2"为女性；序号的标注根据访谈时间顺序为准。绝大多数访谈都在被访者家中完成。

附录二　发展田螺养殖产业可行性报告

一　发展田螺养殖基本条件

一是占有地利，自然环境优越。水资源丰富，水质优异，水质综合评分达到91分。自然条件优越，气候温和湿润，土壤肥沃，土层较厚，有着养殖田螺得天独厚的条件。

二是占有人和，农民发展田螺养殖意愿强烈。全村无法耕作的丢荒水泡田超过1000亩，农田资源利用率极低，给该村造成严重的经济损失，使乡村抱着优秀的生态资源而得不到利用，守着青山绿水受穷。经过长期的民意调查，大多数村民对田螺养殖意愿强烈，既可以把原来的荒田利用或流转出去，又可以通过养殖或租金收益增收。

三是占有天时，田螺养殖形成产业条件逐步成熟。市委、市政府大力发展螺蛳粉产业，螺蛳粉产业年产值突破百亿，螺蛳的需求量逐年上升。野生螺蛳在安徽、湖北、湖南等多个省份已经立法禁止捕捞，野生资源日渐枯竭，国内市场供不应求，价格持续上扬，人工养殖田螺个头大、肉质鲜美，是野生田螺无法比拟的，发展田螺人工养殖是市场的需要，养殖前景非常广阔。

二　田螺养殖的投资与收益

田螺肉是一种营养丰富的天然保健品，还具有美容食品之称，可做家常肉食，也可加工成系列食品、烹制多种药膳佳肴、防病治病。田螺养殖生长快，产量高，养殖田螺"钱"途广。由于农民资金、技术有限，应以粗放式养殖为主，田螺粗放式养殖投资与收益具体如下：

1. 每亩引种费：每亩放养 6 万只幼螺，重约 100 千克，每千克 4 元，共 400 元；放养大螺（按 3 公 8 母的比例，每只 15—20 克）1100 只，重约 21 千克，每千克 6 元，共 126 元，合计种苗费 256 元。

2. 培养水生资料费用：每亩放粪肥 1400 千克，支出 140 元。

3. 蚯蚓等活体饲料生产开支 100 元。

4. 消毒药品 50 元。

5. 水电 30 元。

6. 不可预测的开支（以上 1—5 项的总和 ×15%），共 126.9 元。

以上共合计 973 元。

一年亩产量最低在 1200 斤左右，每斤售价 4 元，共收入 4800 元，扣除成本 973 元，净利润 = 3827 元/亩。如果在资金和技术达到标准的情况下，可以对其进行高密度养殖，产量和利润是粗放式养殖的 2 倍以上。

三　田螺养殖的产业扶持

驻村工作队员主动联系市农业农村局寻求田螺养殖产业相关扶持，该局承诺给予田螺加工设备和冷库建设支持；县农业局对连片 50 亩以上的田螺养殖给予每亩 1200 元的一次性种苗补助。县委、县政府出台《就业扶贫车间建设工作实施方案》，对建立田螺加工基地最高给予 50 万元的建设补助。

村两委积极争取相关资金和产业扶持，努力建成田螺养殖基地和田螺加工厂，帮助农民发展田螺养殖产业，使农民真正脱贫致富，助力乡村振兴。

附录三 村"两委"干部公开承诺制度

为了激励村"两委"干部干事创业，认真履行职责，进一步提高工作的积极性和创造性，特制定本制度。

1. 年初将本村各项工作任务目标以《公开承诺书》的形式向镇党委、政府和村民做出公开承诺。

2. 承诺的内容主要是村"两委"对在任期或年度内要完成的目标任务，按照工作分工分解量化到村"两委"班子的每一位成员，明确每项工作的负责人、完成时间、具体要求等。

3. 承诺形式实行上对党委、政府，下对广大村民的双向承诺制。村党支部书记、村委会主任要向镇党委、政府通过签订责任书的形式，并在村支部党员大会及村民代表会上做出承诺；其他村"两委"干部，根据各自的分工，向村党支部做出承诺。

4. 村"两委"干部的《公开承诺书》，要在村务公开栏内向村民进行公开展示，接受群众监督。

5. 实行村级工作季报。村"两委"每季度对工作展开情况特别是承诺书规定任务进展情况进行一次梳理，分条列出，经镇党委审查后，在村务公开栏内展示。年底召开村"两委"干部公开承诺兑现会，在村民代表会议上逐项说明公开承诺的落实情况，接受群众质询，对客观原因难以兑现的承诺，必须向村民解释清楚，赢得村民谅解。

附录四　基层综合性文化服务中心场馆管理制度

第一章　总则

第一条　为进一步加强村文化阵地管理，切实维护好、管理好村文化服务重心，确保党员群众基本公共文化服务权益，按照有关规定制定本制度。

第二条　各包村干部为农村基层综合性文化服务中心管理的第一责任人，各村党支部书记、村委会主任为直接管理责任人，管理员为具体责任人。

第二章　使用管理

第三条　文化服务中心的场地设施与设备主要为党员群众开展学习、培训、议事、文化娱乐服务。

第四条　文化服务中心所有场地设施与设备须按规定使用，一律不准出租，任何单位、组织或个人不得擅自占用、挪用、借用，室内外严禁存放与公共文化服务无关的其他设备或物品。

第五条　文化服务中心免费为村民开放，并根据当地生产生活习惯做到错时开放，周累计开放时间不少于36小时。在醒目位置公示各功能室开放时间及开放内容、注意事项。不能开放的，应提前5日向居民公告，并向乡镇（街道）综合文化站备案。

第六条　保持场馆内外环境卫生干净整洁，使用后要及时整理。院内严禁圈养牲畜，未经县文体广旅局或乡镇政府同意，院内一律不准私自建房。

第七条　严禁在活动室内酗酒、闹事和赌博，严禁播放内容不健康的音像品。若出现各种违法行为，要严究村支书、村主任与管理员的直接责任。

第三章 设施设备管理

第八条 室内设施设备、藏书资料要实行专人管理。

第九条 加强设施设备正确使用、维护保养及维修管理。设施设备应按规范使用、操作、保养，长期不使用的设备应定期开机检测，文化信息共享工程设备应报专业人员维修。

第十条 购置各种设备，要保证进货渠道合法、质量合格，杜绝三无产品。安装设置合理，确保安全使用。

第四章 图书报刊音响管理

第十一条 根据本村发展需要和群众生产生活需要，制订图书、报刊、音像等出版物采购计划，多渠道逐年增加藏书屋。

第十二条 新购图书应及时造册，加盖图书专用章，按农家书屋分类方法做好分类编号、贴签，尽快上架流通。

第十三条 严格做好图书防蛀、防火、防晒、防尘、防潮、防霉、防盗，并及时做好经常性的图书修补工作，提高书刊利用率。

第十四条 加强阅览室与图书室建设与管理。大力开展图书报刊入户服务活动，提高图书流通量。拓展服务领域，开展形式多样的读书、征文活动，广泛开展新书推荐、图书代购、报刊代订等免费服务活动。

第十五条 定期组织集中观看教育、科普或党建音像资料，禁止收集、传播内容违法的音像资料。

第十六条 实行图书报刊音像资料借阅制度。

第十七条 自觉爱护文化服务中心所藏出版物，借阅图书不得折角、涂写、撕页、损毁。如有发现，视情节轻重责令修补或照价赔偿。

第十八条 文明借阅，保持阅览室整洁、安静，严禁在室内吸烟、吐痰、乱丢杂物、乱刻乱画，严禁用脚蹬踏桌椅、使用各种电热器件。

第五章 安全管理

第十九条 建立健全"防火灾、防建筑事故、防垮塌、防踩踏、防自然灾害、防恐怖、防暴乱、防爆炸、防滋事、防黄赌毒"等"十防"安全突发事件应急防范机制。

第二十条　文化服务中心房屋、场地、设施的使用要符合有关安全管理规定，相关手续、资料齐全。各专用功能室使用时必须把门打开，确保通道畅通。

第二十一条　加强设施设备安全检查。管理员负责中心房屋、场地、设施设备的定期安检与保养维护，发现故障及时设立警示标志并报请检修。

第二十二条　文化服务中心管理员和群众性活动承办者要开展安全隐患排查，及时整改，隐患未消除不得举办活动。

附录五 村民合作社章程

第一章 总则

第一条 为规范本社资产的经营和管理，保障集体和社员的合法权益，依照《广西壮族自治区村民合作社管理暂行办法》，结合实际，制定本章程。

第二条 本社地址：村委会。

第三条 本社遵守相关法律法规规章和政策，实行民主选举、民主决策、民主管理、民主监督，促进集体资产保值增值。在保障本社及社员合法权益的基础上，合理安排村级公共事务和公益事业所需的资金。

第四条 本社实行自主经营、独立核算、自负盈亏、独立承担民事责任。

第二章 社员及其权利义务

第五条 户籍在本村，且符合本章程规定的农村居民，依法一般为本村村民合作社社员。

第六条 依照本章程确认为本社社员的，由村民合作社管理委员会负责登记造册。

第七条 本社社员依法享有下列权利：

（一）十八周岁以上的社员享有选举权、被选举权和表决权；

（二）享有对本社集体资产承包经营的权利；

（三）享有本社提供的生产生活服务、收益分配和集体福利；

（四）监督本社经营管理活动，提出意见和建议；

第八条 本社社员应当承担下列义务：

（一）遵守法律法规规章和政策及本社章程规定；

（二）执行村民合作社社员大会或社员代表大会及其执行机构的决议；

（三）维护本社的合法权益；

（四）相关法律法规规章和政策规定的其他义务。

第三章　组织机构

第九条　本社设立村民合作社社员大会（以下简称社员大会）、村民合作社管理委员会（以下简称社管会）、村民合作社监督委员会（以下简称社监会）。

第十条　社员大会是本社的权力机构。社员大会由年满十八周岁、具有完全民事行为能力的全体社员组成。凡涉及社员切身利益的重大事项，必须提交社员大会讨论决定。

第十一条　社员大会行使下列职权：

（一）通过、修改章程；

（二）讨论决定社员资格的有关事项；

（三）选举、罢免社管会成员和社监会成员；

（四）听取、审查社管会和社监会工作报告；

（五）讨论决定本社经济发展规划、生产经营计划和年度财务预算等；

（六）讨论决定集体资产处置方案；

（七）监督从财务管理工作；

第十二条　社员大会由社管会召集，每年至少召开一次。有五分之一以上有选举权的社员提议或社管会、社监会提议，应当临时召开社员大会。社员大会应当有本社有选举权社员的半数以上（含委托）参加，或者有本社三分之二以上用户的代表（含委托）参加，所做决定应当经到会人员（含委托）的半数以上通过。

第十三条　根据需要，本社设立社员代表大会。社员代表大会由本社三分之二以上的社员代表参加，所做决定应当经到会代表三分之二以上通过。社员代表大会表决通过的事项应当公示七天。社员代表由各村民小组推选，经社员大会选举产生，原则上社员代表名额与村民代表大会的代表名额一致。

第十四条　社管会是社员大会的执行机构，对社员大会负责，具体负责村民合作社日常工作。社管会由5人组成，设社长1人，副社长2人，委员2人。社管会成员由社员大会或社员代表大会以差额直选方式选举产生，任期三年，可连选连任。

第十五条　社管会履行下列职责：

（一）筹备和组织召开社员大会、社员代表大会并报告工作，执行社员大会、社员代表大会决议（定）；

（二）起草本社经济发展规划、生产经营计划、内部管理规章制度等，提交社员大会或社员代表大会审议；

（三）起草财务预决算、收益分配和亏损弥补等方案，提交社员大会或社员代表大会审议；

（四）管理资产和财务，保障财产安全；

（五）决定聘任或解聘本社工作人员；

（六）接受、答复、处理社监会或社员代表提出的有关建议；

第十六条　社监会是社员大会的监督机构，设立监事长1名，副监事长1名，监事1名。社监会成员的选举产生和任期与社管会成员相同。社管会成员、财务人员及其直系亲属不得参加社监会。

第十七条　社监会履行下列职责：

（一）检查监督社管会执行社员大会、社员代表大会的决议（定）；

（二）检查监督集体资产经营管理的财务活动，行使财务预决算初审权、财务开支监督权和不合理开支否定权；

（三）检查监督集体资产的经营、招投标、出租、流转等各项经济活动及合同的签订和履行；

（四）提议召开临时社员大会；

（五）法律法规规章和政策规定的其他职责。

第四章　财务管理和收益分配

第十八条　本社在乡农村信用社开立基本账户，禁止违规收款用款。

第十九条　本社依法实行会计核算，财务人员采用选聘制、委托代理制或委派制。

第二十条　本社执行有关财务公开的规定，年初公布当年和上年各项财务收支、各种财产、债权债务、收益分配等预决算，每季度公布财务收支情况。

第二十一条　本社年度收益分配方案必须经过社员大会或社员代表大会表决通过。

第二十二条　本社接受乡人民政府财务监督。

附录六　村规民约

为把我村建设成为乡风民风美、人居环境美的新农村，经村"两委"研究，村民代表大会讨论通过，现制定本村规民约，望全体村民共同遵守。

1. 要树立安全第一观念，不违规操作机器、从事劳动等，在日常生活中定期自查电路、房屋等安全隐患。

2. 父母要支持教育事业，尊师重教、言传身教，自觉履行受教育义务。

3. 严禁村民参加任何非法组织和邪教组织活动。

4. 爱护公共财产，不得损坏水利、道路交通、供电、通信、生产等公共设施。

5. 鼓励村民进行合法经营生产，严禁经营或参与黄、赌、毒，一经发现将移交公安机关。

6. 全体村民要积极防控柑橘黄龙病，做好统一用药灭杀木虱，农户要积极主动砍除、销毁黄龙病树，对拒不统一扑杀木虱和不砍除病树的农户，将由村委会督查小组进行处理，一切费用由该户承担。

7. 不得捕野蜂，违反者视情况罚款1000—2000元。

8. 垃圾统一投放到附近垃圾池内，生活污水不乱排，不向河道内、河岸边乱倒垃圾或乱扔病死畜禽，违法者罚款1000元。

9. 自觉做好屋前屋后卫生，爱护公共卫生，不乱涂乱画，确保村容整洁美观，争创文明村。

10. 不乱搭乱建，不得在家门口、道路边堆放废土、乱石、杂物，涉及"两违"的将严格按照规定提请相关执法部门处罚。

11. 子女要尽赡养老人义务，父母要尽抚养、教育未成年子女义务，严禁家庭暴力和虐待老人、儿童现象发生。

12. 村民要勤劳致富，严禁好吃懒做、游手好闲，要争当富裕户，不当贫困户。

13. 村民要重信用、守承诺，说过的话，承诺的事说到做到；要按时偿还所欠他人财物，不得随意损坏或侵占公共设施及财产。

14. 倡导喜事新办、丧事从简新风尚，严禁大操大办、铺张浪费，尤其是在疫情防控时期，要严格遵守相关规定，有特殊情况需向村委会报备。

15. 积极参与信用户、文明户、自强户等创评活动，争当好婆婆、好媳妇、好儿女等典型，对于好的文明典范，村委会给予相应奖励。

本村规民约如有与国家法律、法规、政策相抵触的，按国家规定执行。

后　记

经过我们多次修改校对，几经波折，终于定稿，其间许多热心的老师与同学都提供了热情的帮助，在此，对他们表示深深的感谢！要特别感谢宁夏大学的俞世伟教授，他为本书的撰写提供了非常宝贵的指导意见。中国社会科学出版社的刘亚楠编辑为本书的出版做了大量工作，在此一并表示诚挚的谢意！同时，也要感谢田野调研点的那些质朴的村干部和乡亲们。每次往返于田野调研点，乡亲们都热情招待，待笔者如家人。村干部以及屯长们会在每天忙完自己的事情之后，聚集起来为我讲述村里的各种事情，一起分析乡村的治理问题，帮助我们更深刻地了解民族地区乡村的治理现状。乡亲们用他们最通俗、质朴的语言讲述他们的"故事"，每天带着笔者走很远的路去了解村里的每一个屯的发展状况，很早起床为笔者打油茶，临走时拉着笔者的手问笔者什么时候还能再来，等等所有让笔者倍受感动。笔者深知这部著作也凝聚着他们的心血，所以从不敢懈怠，期望能给他们交上一份满意的答卷。

做学问，归根结底要服务于社会，服务于我们生活的这个美好时代，而这也正是对习近平总书记的号召"把论文写在祖国大地上"的最好响应。本书主要探讨乡村社会的复合治理，在分析复合治理理论的同时，也对该理论进行了相应的补充与创新，主要体现于对乡村治理过程中嵌入性治理主体与内生性治理主体的互动、正式制度与非正式制度之间的关系和文化治理共同造就的复合治理体系进行剖析，为乡村治理创新提供可行的发展道路。本书分为六个部分。第一部分是绪论，分别从研究背景和意义、国内外研究综述、研究思路与方法、核心概念的界定以及创新点与不足来撰写。第二部分立足于乡村振兴背景，从选点依据、田野点概述以及乡村治理生态来撰写。第三部分研究多元主体与互动治理，分别从乡村的嵌入性治理主体、乡村的内生性治理主体以及乡村多元治理主体的互动分析等方面展开论述。第四部分研究制度协同与秩序重构，分别从乡村正式制度与非正式制度的关系、治理制度形塑下的乡村社会秩序以及正式制度与非正式制度的协同与冲突进行深入论述。第五部分是文化互嵌与情感治理，分别从乡村文化的概述、乡村文化治理的情感建设路径以及乡村文化情感治理的反思来进行研究。第六部分是结论与建议，在前文深入研究的基础上，有针对性地提出了相应的政策建议。可以说，本书所探讨的"复合治理"为乡村治理创新提供了一个理论视角，对巩固拓展脱贫攻坚成果与乡村振兴战略的有效衔接也具有重要的参考价值。

  本书也得到了云南大学政治学学科双一流建设项目、云南省"兴滇英才支持计划"文体人才专项项目、云南省"彩云博士后计划"创新项目的经费资助。本书涉及大量的统计和调研数据，由于田野调研持续时间跨度大，可能存在不尽一致的情形，请在引用时加以认真核对。由于时间仓促，加上作者能力有限，书中难免存在疏漏，敬请各位读者批评指正！

作者

2023 年 6 月